高等院校学前教育专业精品系列丛书
"互联网+"新形态一体化精品教材

幼儿语言教育与活动指导

总主编　张家琼

主　编　胡秋梦　罗腊梅

副主编　刘晓红　肖　幸

南开大学出版社

图书在版编目（CIP）数据

幼儿语言教育与活动指导 / 胡秋梦，罗腊梅主编.
—天津：南开大学出版社，2019.1
ISBN 978-7-310-05741-2

Ⅰ.①幼…　Ⅱ.①胡…②罗…　Ⅲ.①学前教育－语
言教学－幼儿师范学校－教材　Ⅳ.①G613.2

中国版本图书馆 CIP 数据核字（2019）第 012459 号

南开大学出版社出版发行

出版人：刘运峰

地址：天津市南开区卫津路 94 号　　邮政编码：300071

营销部电话：（022）23508339　23500755

营销部传真：（022）23508542　　邮购部电话：（022）23502200

*

北京荣玉印刷有限公司印刷

全国各地新华书店经销

*

2019 年 1 月第 1 版　　2019 年 1 月第 1 次印刷

787×1092 毫米　16 开本　14.5 印张　319 千字

定价：45.00 元

如遇图书印装质量问题，请与本社营销部联系调换，电话：（022）23507125

前　言

　　"幼儿语言教育与活动指导"是学前教育专业非常重要的一门必修课程。本教材的编写思路是基于对幼儿园语言教育活动开展情况的调研之后形成，根据当前幼儿园语言教育活动常见问题设计的主要板块。其基本框架为：第一章到第三章是基础知识和基本理论板块，详细介绍了幼儿语言发展以及幼儿园语言教育的基本知识和支撑性理论，为发展学习者的核心能力打下扎实的理论基础；第四章到第九章是核心能力板块，这部分的内容围绕幼儿园常组织的不同类型幼儿语言教育活动编写，目的是培养学习者在未来的教学中引导幼儿语言发展的核心能力；第十章为幼儿语言教育评价，体现了理论与技能的有机结合。

　　本书有以下几个亮点：第一，全书编写基于学习者（未来幼儿教师）的视角和思路。第二，内容选择和编排着力解决当前幼儿园语言教育活动常出现的问题（例如，目标不清晰，活动未反映幼儿语言发展的关键经验，活动的持续性和生活关联性不强等）。第三，书中的重难点理论以及实践操作案例，均以文字案例和二维码视频案例的形式呈现，以促进学习者融会贯通。

　　本书的编写得到了重庆第二师范学院和南开大学出版社相关领导的大力支持和帮助。感谢南开大学出版社及负责编辑对本书出版付出的巨大努力，以及重庆第二师范学院学前教育学院刘小红博士对本书的极大贡献。

　　本书由重庆第二师范学院学前教育学院院长张家琼教授、胡秋梦老师、罗腊梅博士，六盘水师范学院刘晓红老师，重庆市幼儿师范高等专科学校肖幸、吴琼、熊彩云老师，山东英才学院孟萍老师编写。尽管我们力求把幼儿语言教育领域的问题用理论和实践相结合的思路更好地加以呈现和解决，但鉴于各方面的局限，书中仍有许多需要改进的地方，敬请广大读者批评和指正。

编　者

目　录

第一章 幼儿语言教育相关理论

◀ 关键词

语言构成要素；语言发展观；语言教育观

◀ 学习目标

1. 了解语言的构成要素。
2. 掌握语言发展的主要理论。
3. 掌握语言教育的基本观念。
4. 了解语言发展与儿童发展的关系。

◀ 知识结构图

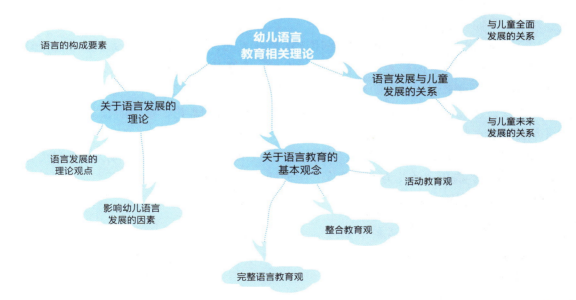

　　本章共分三节，分别介绍了关于语言发展的理论、关于语言教育的基本观念，以及语言发展与儿童发展的关系。学习本章首先要了解语言的含义及其构成要素。本章学习的难点是关于语言发展和语言教育的不同理论观点。

第一节　关于语言发展的理论

1920 年，在印度加尔各答东北部一个名叫米德纳波尔的小城，人们发现了狼孩"卡玛拉"。她被发现时大约七八岁，但只懂得一般 6 个月大的婴儿所懂得的事，2 年后才会直立，6 年后才艰难地学会独立行走，但快跑时还得四肢并用。卡玛拉死时 16 岁左右，她直到死也未能真正学会讲话：4 年内只学会了 6 个词，能听懂几句简单的话，第 7 年时才学会 45 个词并能勉强地说几句话。①

印度狼孩卡玛拉
资料来源：探秘志

问题

为什么获得语言对于卡玛拉来说如此困难，对于普通的婴幼儿来说又似乎是一件自然而然、毫不费力的事情呢？语言发展究竟是先天遗传还是后天环境决定的？哪些因素影响着儿童语言发展？

语言是什么？幼儿是如何习得语言的？影响幼儿语言发展的因素有哪些？带着这些问题，我们一起走进这一节的学习。

语言是一种特殊的社会现象，是用于信息交流的音义结合的符号系统。②儿童获得语言后，便开始掌握社会交往和思维的工具，逐渐开始使用语言来表达自己的需要和情感，用语言来调节自己的动作和行为，用语言来认识整个世界。鉴于语言的特殊性和重要性，了解语言的构成要素，学习儿童语言发展的理论，掌握语言发展的规律，对儿童的语言发展具有非常重要的理论意义和实践意义。③《3—6 岁儿童学习与发展指南》明确指出"幼儿期是语言发展，特别是口语发展的重要时期"。④《幼儿园教师专业标准（试行）》提出"幼儿为本"理念，强调幼儿发展的整体性，包括语言、认知、社会性、情感等方面的发展。⑤

一、语言的构成要素

语言构成有三大基本要素：语音、词汇、语法。这三大要素紧密联系，彼此依存，组成语言。

---

① https://baike.baidu.com/item/ 卡玛拉 /12803011?fr=aladdin
② 李玉峰，李志行，侯红霞 . 幼儿园语言教育与活动指导 [M]. 北京：北京师范大学出版社，2017：2.
③ 王振宇 . 学前儿童发展心理学 [M]. 北京：人民教育出版社，2004：163-164.
④ http://old.moe.gov.cn/publicfiles/business/htmlfiles/moe/s3327/201210/xxgk_143254.html.
⑤ 教育部教师工作司 . 幼儿园教师专业标准（试行）解读 [M]. 北京：北京师范大学出版社，2013：43.

（一）语音

语音是由人的发音器官发出并负载一定意义的声音。比如，我们发出"ba"（不标音调均为第一声，下同），必须与其意义"八"或"巴"等对应才能称为语音。所以，并不是人发出的所有声音都是语音。如，新生儿在哭声稍停顿时，偶尔会发出"ei""ou"的声音，这些呻吟属于反射性的，不带有符号意义，所以不属于语音范畴。再比如说，淘气的小朋友会使用咳嗽声来暗示小伙伴"老师来啦"，这种"咳嗽声"也不是语音，因为它不是社会约定俗成的声音系统的一部分，而是小朋友之间约定的。所以，语音不仅是人发出的、负载一定意义的声音，而且这种声音还必须是社会约定俗成的声音系统的一部分。

（二）词汇

词汇，又称语汇，是语言中所有的（或特定范围的）词和固定短语的总和。词汇是语言的"建筑材料"，即基本构成单位。词汇是否丰富，使用是否恰当，将直接影响语言表达能力。[1] 词汇可分为实词和虚词两大类。实词是指意义比较具体的词，包括名词、动词、形容词、数量词、代词、副词等。虚词是指意义比较抽象的词，包括连词、介词、助词、语气词等。词汇也可分为基本词汇和一般词汇。基本词汇是语言的核心词汇，用于表达生活中的基本事物，如山、水、江、河、湖、海、日、月等。基本词汇是构成新词的基础，如"天""地"是基本词汇，以它们为基础可以构成很多新词，如"天空""天下""地毯""地下室"等。一般词汇是指那些变化较迅速、缺少稳定性、构词能力较差的词汇，包括方言词、外来词、网络词等，如"爱豆""颜值""打call"等。

理解词汇需要注意两点。一是词汇既具有普遍性又具有民族性。词汇的普遍性是指诸如太阳、月亮、天空、河流这样的事物，无论在哪种语言中，都会有相对应的词汇去表达。词汇的民族性是指词汇能够在一定程度上体现不同民族的文化特性。比如一些表示我国古代器物、典章、称谓的词语"鼎""八仙桌""轿子""科举""贵妃"等，一些政治色彩浓厚的词语"一国两制""三个代表""中国特色"等，这些词语在英语或其他语言中是没有对应词语的。同样的，英语中的"hippy"（嬉皮士）、"cathedral"（大教堂）、"Christmas"（圣诞节）等词语所代表的概念在我国本土文化中也是不存在的。二是词汇既具有稳定性又具有变化性。词汇的稳定性是指一个词语在某一阶段的含义是相对固定的。词汇的变化性是指在漫长的发展过程中，时代可能会赋予某些词语新的含义。比如"丈夫"在中国古代指"成年男子"，而当代是指"女子的配偶"。

（三）语法

语法是组词造句的规则。中国古语云："无规矩不成方圆。"要掌握一门语言，进行语言交流，必须掌握其语法体系，否则很难正确理解他人的语言，也不能很好地表达自己的思想。不同语言的组词造句规则即语法是有差异的。比如，汉语讲究意义，

① 卢伟. 学前儿童语言教育活动指导 [M]. 3 版. 上海：复旦大学出版社，2013：34.

同样表达哭泣，不管是过去哭泣、现在哭泣、将要哭泣，都是"哭泣"；而英语讲究形式，过去哭泣是"cried"，现在哭泣是"crying"，将要哭泣是"going to cry"。因此，要真正掌握一门语言并进行有效沟通，必须熟练掌握其语法规则。

总之，语音、词汇、语法是构成语言的三大基本要素，三者相互联系、缺一不可。

二、语言发展的理论观点

儿童在生命最初的几年，便基本掌握了成人语言的基本体系，这是一种以非常惊人的速度实现的跨越式的进步。然而，儿童是如何在短短的几年中积累大量的词汇并学会复杂的语法规则的呢？这是一个在语言学、心理学，甚至哲学上争论不休，且至今尚未得出一致结论的话题。学界争论的焦点主要为：语言是先天形成的还是后天建构的，儿童是主动创造语言还是被动学习语言的，语言与认知发展的关系等。根据研究者在这些问题上的不同观点，大致可以把语言发展理论划分为以下三种流派。

（一）先天决定论

先天决定理论强调人的先天语言能力，强调遗传因素对儿童语言发展的决定性因素。先天论者倾向于认为，人类在进化过程中通过遗传获得先天的语言能力，只要条件满足，这些通过遗传获得的先天能力就会自然成熟，儿童自然也就获得语言能力。

1. 笛卡尔的天赋假说

早在 17 世纪，笛卡尔（René Descartes）与后来的莱布尼茨（Gottfried Wilhelm Leibniz）就提出了"天赋假说"，认为普遍必然的理性知识是人心中固有的或与生俱来的"天赋观念"或"天赋原则"。笛卡尔的"天赋观念"提出：语言是一系列符号的总和，是比较完善的观念的代替物。观念具有普遍性，所以语言也具有普遍性，与之相对应也存在着一种"普遍的语法"。[①] 早期的一些语言学家，如安托万·阿尔诺（Antoine Arnauld）和洪堡特（Wilhelm von Humboldt）等人都倾向于支持天赋假说。

2. 乔姆斯基的"LAD 理论"

"LAD 理论"，即生成转化理论，又称先天语言能力说，是乔姆斯基（Avram Noam Chomsky）在其《句法结构》一书中提出的语言理论，也是当前影响最大的语言获得理论。乔姆斯基认为，人类具有语言获得装置（Language Acquisition Device，LAD），这是一种与生俱来的学习语言的内部结构，也叫普遍语法。普遍语法适用于各种语言，在后天语言经验的作用下，具有转化成为关于某一具体语言的知识和使用某一具体语言的能力。其主要观点可概括为以下几点。

（1）语言是根据规则理解和创造的，尽管句子形式不同，但都具有普遍的语法结构。

（2）语言能力是儿童与生俱来的，人类具有发现和分析语言的先天语言获得装置。

（3）语言的习得具有一定的规律，儿童习得语言的速度和能力比成人更快更强，

4

儿童掌握语音、词汇和语法的程序和时间几乎一致。

（4）语言具有创造性，这种创造性体现在一个会说话的人能够讲出并理解他从未听过的句子，这种能力在儿童身上体现得尤为明显。[①]

虽然很多生物学的研究在不同程度上为乔姆斯基的观点提供了支持，如脑科学研究显示，语言发展更多受到遗传因素的影响，但是这一学说也存在一些不足：第一，乔姆斯基所说的语言获得装置是完全抽象的术语，不具有任何实际模型，即还是一个无法验证的假设。第二，没有注意普遍语法的建构过程，即忽视了环境的影响作用。有研究证明，儿童语言的发展同成人与其交流的语言成正相关。

3. 伦内伯格的自然成熟说

目前比较有影响的另一种先天决定论是哈佛医学院心理学家伦内伯格（E. H. Lenneberg）提出的自然成熟说，也称关键期理论。该理论的核心观点如下：一是人类的语言能力是先天的，是大脑功能成熟的产物。伦内伯格把儿童的语言发展看成是受发音器官和大脑神经机能制约的自然成熟过程。随着年龄的增长，儿童的发音器官和大脑神经机制逐渐发育成熟，受适当外界条件的激活，人的潜在语言机能就可以转化成为实际运用语言的能力。二是儿童语言发展具有关键期（也称最佳敏感期）。伦内伯格认为，在儿童语言发展期间，语言能力开始受大脑右半球支配，后来逐渐转移到左半球，形成左半球的语言优势（也称左侧化），左侧化的过程发生在 2~12 岁，因此这个阶段被称作儿童语言发展的关键期。

尽管世界各地关于"兽孩"的报道在一定程度上证明了错过语言发展关键期的儿童确实很难学习和掌握人类语言，但伦内伯格的自然成熟说依然存在一些明显不足：第一，强调语言发展的先天性，而忽视了环境对儿童习得语言的重要影响。例如，有的发音和听觉器官完全正常的儿童，由于父母聋哑或被隔绝，没有充分的输入语言信息，且缺乏与人交流的语言经验，最终也无法或者很难掌握语言。第二，关于语言能力早期受右半球支配的观点有待商榷。根据目前脑科学研究进展，比较倾向于认为大脑两半球都具有发展语言的潜能，且在儿童青春期之前，二者都处于竞争状态，尚不存在单侧优势。[②]

（二）环境决定论

环境决定论，又称外因论或经验论，该理论流派以亚里士多德（Aristotle）为代表的经验主义哲学和以华生（John H. Watson）为代表的行为主义学习理论为依据，认为语言是后天学习的结果，是一种行为而非思维现象。根据语言获得方式和途径的不同观点，又可将环境决定论细分为模仿说、强化说和中介说。

1. 模仿说

模仿说认为儿童语言的获得是通过对成人语言行为的模仿。机械模仿说是美国心

[①] 王振宇. 学前儿童发展心理学 [M]. 北京：人民教育出版社，2004：195-196.
[②] https://baike.baidu.com/item/ 语觉论 /548538?fr=aladdin.

图 1-1　儿童的模仿能力 / 图片来源：
凤凰网

理学家弗劳德·亨利·奥尔波特（F. H. Allport）于1924 年提出的儿童语言获得机制理论。他认为，儿童是通过模仿成人语言的方式进行语言学习的，儿童语言是成人语言的简单翻版。由于这样的观点完全否定了儿童在学习语言过程中的创造性，所以遭到许多学者的批判。因此，一些学者进一步对儿童模仿行为的原则及应用进行了深入研究。1975 年，怀特赫斯特（G. J. Whitehurst）和互斯托（R. Vasta）提出了"选择性模仿"的概念，认为儿童可以通过模仿获得语法框架，而且儿童对成人的模仿是有选择性的，而非机械的，儿童能够将成人示范句中的语法结构应用于新的语境以表达新的内容，从而产生儿童自己的话语。此外，社会学习理论创始人班杜拉（A. Bandura）还尝试用社会学习理论解释儿童的语言学习，认为儿童语言发展不是一个内部成长和自我发现的过程，而是通过社会模式的呈现、社会训练和实践构成的。班杜拉认为儿童在观察和模仿模式语言行为（主要为成人语言行为）的基础上，能够得出模式语言行为的基本原则，并利用这些基本原则创造出全新的语言行为。[1] 我国学者林崇德、庞丽娟等人将儿童语言学习过程中的模仿行为划分为四种类型：①即时的、完全的"临摹"；②即时的、不完全临摹；③延迟模仿；④选择性模仿。[2]

2. 强化说

强化说是行为主义学习理论体系的具体表达，认为语言是一种刺激—反应学习，儿童是通过不断强化学会语言的。强化说源于苏联心理学家巴甫洛夫（I. P. Pavlov）的经典条件反射和两种信号系统学说，经美国心理学家斯金纳（B. F. Skinner）的操作性条件反射学说发展，成为颇具影响力的一种语言发展理论。斯金纳于 1957 年提出：语言像任何其他行为一样，都是通过操作条件作用（即强化）获取的。例如，当婴儿发出一些类似于成人语言的语音或词汇时，父母常常用微笑、拥抱等积极反馈来强化婴儿的这一发音行为。[3] 久而久之，婴儿发出的接近成人语言的语音和词汇经强化会变得越来越多，而其他一些不合乎成人语法规则的音节、词汇等则因为没有得到强化而变得越来越少，甚至消失。由此，婴儿便逐渐学会了合乎成人语法规则的语言。

3. 中介说

中介说又称传递说，是对传统强化说的改进。传统强化说认为语言学习是简单的"刺激—反应"，而中介说在中间加上了"传递性刺激"的概念。也就是说，中介说认为在"刺激—反应"中间有一系列由联想引起的隐含的"刺激与反应"，这一系列"刺激与反应"构成中介体系。儿童语言的学习便是刺激和反应通过中介体系建立的联系。比如，当儿童听到"小明今天生病了"这句话，他 / 她便可能联想"小明为什么生病

---

① 潘宏宇 . 儿童语言发展理论在俄语教学中的应用 [D]. 东北师范大学，2005.
② 卢伟 . 学前儿童语言教育活动指导 [M]. 3 版 . 上海：复旦大学出版社，2013：22.
③ 劳拉·E. 贝克 . 儿童发展 [M]. 5 版 . 吴颖，等，译 . 南京：江苏教育出版社，2002：495.

了？""生病了是什么感受？""生病了应该怎么办？"等，而这一系列的联想便是"小明今天生病了"这句话所隐含的刺激与反应，即中介体系。儿童通过这一系列的联想，建立了与"生病"相关的许多联系，从而实现语言的学习和扩展。当然，传递性中介（也就是"小明今天生病了"）也不一定能够成为隐含的刺激，引起新的反应，因为如果儿童听到这句话，但是并不去做相关联想的时候，这个中介学习的过程就无法实现。

环境决定论强调后天学习和教育在儿童语言和发展过程中起决定性作用。然而，儿童语言发展依旧存在着许多无法用环境决定论解释的现象：第一，语言单位和语法规则是有限的，但是由它们组成的话语却是无限的。话语的无限性决定了儿童学习语言不可能只靠对成人行为的模仿，且成人也不可能对儿童所有话语进行强化。第二，年幼的儿童有时会使用一些不符合成人语法规则的话语，这是成人无法为其提供模仿蓝本的，通常成人也不会去强化这些语言。第三，有一些语言现象即使成人反复强化，儿童也不一定能够掌握，比如文言文。由此可见，环境决定论在一定程度上否定了儿童学习语言的主动性和创造性。①

（三）交互作用论

先天决定论和环境决定论在"语言学习究竟是先天决定的还是后天决定的"问题上争论不休，而二者都各有其明显的优势与不足。为了更好地解释语言的学习与发展问题，学者们在调和先天决定论与环境决定论矛盾的基础上，提出了语言发展的交互作用论。交互作用论既不绝对肯定，也不绝对否定语言发展中的先天因素和后天因素的作用，而是倾向于认为二者是联合起作用的。也就是说，交互作用论认为，儿童语言学习是儿童生理因素的成熟（如大脑、发音器官的生长发育）、认知发展和外界环境相互作用的结果。根据交互侧重点的不同，可将其分为认知与语言交互作用论和社会与语言交互作用论两大类。

1. 认知与语言交互作用论

认知与语言交互作用论的代表人物是瑞士著名心理学家皮亚杰（Jean Piaget，1896—1980），皮亚杰强调自我调节机制，从认知结构的发展来说明语言的发展。其核心观点如下：第一，思维的产生先于语言。从个体发展来看，语言出现于1.5岁左右；而在此之前个体已经有了感知运动智慧，即个体建立在感知觉基础之上的"动作化思维"。可见，思维先于语言而产生。第二，智力运算促进了语言发展。皮亚杰的合作研究者辛克莱（Sinclair）对5~8岁儿童的运算阶段和语言阶段之间的关系的研究结果表明，儿童通过语言训练掌握的表达方法并不能保证逻辑运算结构的获得与发展，是智力运算促进了语言发展。第三，认知结构制约语言发展水平。皮亚杰认为，语言依赖于思维。儿童必须先掌握一定的认知规则之后，才能理解相对应的字词、短语和句子。例如，幼儿园的小朋友很难理解"抽象"这个词语，而中学生能够轻松理解其含义。

以皮亚杰为代表的认知学派，试图从认知与语言的相互作用来说明儿童认知能力

① 卢伟. 学前儿童语言教育活动指导 [M]. 3 版. 上海：复旦大学出版社，2013：23.

与语言发展的关系，认为儿童语言的获得既要依赖于生理成熟，又必须有一定的认知基础，但过分强调思维和认知水平对语言发展的制约，却忽视了语言发展对思维和认知的反作用，以及社会交往对儿童语言发展的影响。

2. 社会与语言交互作用论

20 世纪 70 年代以后，以布鲁纳（Jerome S. Brunner）、鲁利亚（A. R. Luria）、班杜拉等为代表的一些心理学家特别重视儿童与成人的交往在儿童语言习得中的作用，随即出现了社会与语言交互作用论。该理论认为，儿童与成人的语言交流在儿童语言习得过程中起决定性作用，如果一个儿童从小生活在没有语言交流的环境，那么他 / 她就不可能学会说话。社会与语言交互作用论和认知交互作用论的不同之处在于，它扩大了交互的范围，即不再局限于认知单一因素，而认为与语言交互作用的还有社会环境、语言知识和先天成熟等综合因素。社会与语言交互作用论吸收了先天决定论和环境决定论的一些合理成分，认为儿童与社会语言环境是一个动态系统，儿童在系统中主动观察并参与到与他人的社会交流中。语言获得需要先天的语言能力，也需要一定的生理成熟和认知发展，更需要在社会交往中发挥语言的实际交际职能。

社会与语言交互作用论综合各家之长，是一种调和的新理论，具有许多合理性，但它过于强调语言环境和语言交流经验的作用，而语言环境究竟在儿童语言习得过程中起多大作用、如何起作用，至今尚无定论。可见，儿童语言的获得和发展，是一个十分重要而复杂的过程。迄今为止，关于儿童语言获得的过程和机制，学界尚未得出普适性的一致结论。

三、影响幼儿语言发展的因素

儿童语言的习得和掌握是一个十分复杂的过程。不仅受到遗传素质、气质类型等先天因素的影响，而且与语言环境、语言教育等后天因素相关。而对于第二语言的习得而言，语言本身作为一种文化符号，其性质、特点、难易程度等也对儿童语言的习得和掌握具有举足轻重的作用。

（一）先天因素

如前文所述，先天决定论者认为儿童语言的习得是由先天因素决定的。尽管这种观点受到环境决定论者的批判，但先天因素对儿童语言发展的重要影响作用是不可忽视的。

1. 遗传素质

只有身体各器官发育健全的儿童，才能较好地掌握语言。语言的掌握通常包括听、说、读、写四个方面的能力。因此，就遗传素质而言：第一，儿童应具备发育正常的听觉器官，即耳。因为在出生的头一年，婴儿主要是通过听觉输入周围环境中的语言信息的。在学会说话之前，幼儿往往已经能够听懂成人的大部分话语。第二，儿童应具备发育正常的发音器官，包括喉、声带、咽、口、唇等。这些部分既要完整，还应当具有正常的功能，否则可能出现口吃、口齿不清等语言障碍。第三，儿童最好能够有发育正常的视觉器官。因为对于任何一门语言的掌握，都离不开阅读能力。盲童虽然可以同过盲文进行阅读，但其阅读速度不仅较普通儿童慢，而且学习难度也大大提高了。第四，儿童最好能够有发育正常的手，包括手臂、手腕、手指等部位功能正常，因为对语言的书写通常是通过手来完成的。一些手部不方便的人士，虽然也可以用口、脚等部位代替手进行书写，但书写效率比较低。第五，儿童还应具备发育正常的大脑，尤其是语言中枢必须健全。因为不管是通过听觉还是通过视觉获得的语言信息，最终都是输入我们的大脑，并由语言中枢对这些信息进行分析处理，再通过神经传达指令。如果大脑，尤其是语言中枢受到损伤，将会出现不同程度的语言障碍。

2. 气质类型

关于气质类型，当前用得较多的是在古希腊著名医生希波克拉底（Hippocrates）的"气质体液说"和罗马帝国时期著名生物学家、心理学家盖伦（Galen）的气质学说的基础之上发展起来的经典的"气质四类型"，即多血质、黏液质、胆汁质和抑郁质。多血质的人表现为活泼、好动、反应迅速、喜欢与人交往等；黏液质的人表现为安静、稳重、反应缓慢、沉默寡言等；胆汁质的人表现为精力旺盛、脾气暴躁、情绪兴

气质四类型
资料来源：搜狐网

奋性点高、易冲动等；抑郁质的人表现为孤僻、行动迟缓、善于观察他人、具有很强的感受性等。气质类型是一种较为稳定的心理特征，主要是由先天因素决定的。根据不同气质类型的特点可知，多血质和胆汁质的儿童行为表现具有外向性，更喜欢与他人交往，这在一定程度上促进他们语言的掌握。相反地，由于黏液质和抑郁质的儿童行为表现具有内向性，所以这在一定程度上不利于他们对语言的掌握。

（二）后天因素

在影响儿童语言发展的后天因素中，最为重要的要数儿童所处的语言环境，其中包括家庭环境、学校环境、社区和社会环境等。其次，儿童所接受到的语言教育也是一重要因素，包括教育观念、教育内容、教育方式等要素。此外，语言作为一种特殊的文化符号，其性质、特点和难易程度等对儿童第二语言的习得同样具有重要影响。

1. 语言环境

遗传素质为儿童学习语言提供了可能性，语言环境则决定了这种可能性的开发程度。根据布朗芬布伦纳（Urie Bronfenbrenner）提出的生态系统理论（Ecological Systems Theory）的观点①，影响儿童语言潜能开发的环境因素有以下几点：首先，儿童的第一语言环境是家庭，父母是儿童语言的启蒙者。在幼儿出生的头三年里，成人是否经常对幼儿说话、家庭环境中是否充满了能够听到、看到的语言信息，对于儿童语言的获得尤为重要。许多"兽孩"的例子已经充分证明了在幼儿早期，语言环境对于语言获得的关键作用。其次，对儿童来说，教育机构（主要指幼儿园和学校）是除家庭以外对他们影响最大的微环境。除了在家的时间之外，儿童的其他时间多半是在教育机构

---

① https://baike.baidu.com/item/ 布朗芬布伦纳

中度过的。儿童与教师、同伴的交往情况如何，语言交流的机会和氛围怎么样，教育机构的环境中是否充满了可听、可视、可用的语言信息，这些对儿童语言的学习和运用是至关重要的。最后，社区和社会环境是儿童语言发展的基础和背景。就国内大部分地区目前的情况而言，独具特色和相对稳定的社区文化尚未形成。但作为儿童所处的人文环境，社区和社会中所包含的环境信息、人际交往和社会群体行为等，都是儿童语言发展的基础和背景。

2. 语言教育

图 1-2　幼儿园语言教育 / 图片来源：素材公社

教育是一种有目的、有计划、有组织的社会活动，而语言教育就是一种旨在促进学习者语言能力的提高的社会活动。语言教育的质量对幼儿的语言发展起着至关重要的作用，语言教育的质量和效果又是由其构成要素决定的，即学习者（主要指儿童）、教育者（主要指父母和教师）、教育观点、教育内容和教育方式等。高质量的语言教育应该具备以下几点：①具有正常语言发展潜能的学习者，即儿童具备良好的遗传素质、健康的身心以及学习语言的兴趣和意愿。②具有良好素质的教育者，即家长和教师都应该具备良好的语言沟通能力，以及一定的教育素养。③具有科学的教育观念。当前，幼儿语言教育具有小学化、功利化的不良倾向，这些情况在很大程度上是由不正确的教育观点造成的。我们应当正确认识幼儿期的语言教育，幼儿期是语言发展特别是口语发展的关键时期，所以语言教育的重点应该放在倾听与表达能力的培养、阅读兴趣的激发，而不必刻意追求书写能力的掌握。④具有丰富的教育内容。幼儿的语言能力是在交流和运用的过程中发展起来的，这个阶段的语言教育内容主要包括轻松愉快的语言交流环境、充足的符合幼儿年龄特点的图画书等。⑤具有适当的教育方式。游戏是幼儿最主要的活动，因此，用语言游戏的方式进行语言教育有很好的教育效果。此外，与幼儿交谈、共同阅读等也都是非常好的教育方式。

3. 文字符号影响

语言本身是一种文字符号，不同语言在拼读和构字等方面是存在差别的，而这些差别对第二语言的学习具有较大影响。一般情况下，学习与母语相似性高的外语难度相对小，学习与母语差异较大的外语难度相对大。比如，对于母语是汉语的中国学生来说，学习受汉语影响较大的日语较容易，而学习与母语差异较大的阿拉伯语比较难。再比如，英语、德语、荷兰语、瑞典语、丹麦语等都属于日耳曼语族，那么这些国家的人在学习这些语言的时候就会比中国人学起来容易。此外，语言也是文化的缩影，语言中饱含着国家、民族的历史、哲学、文学和艺术等的演变和特点。因此，对于国家、民族的历史和文化的了解程度，也在一定程度上影响着对该语言的学习和掌握。

第二节 关于语言教育的基本观念

案例导入

张老师在开展学习"蝴蝶"活动时，分别组织了观察蝴蝶、学习关于蝴蝶的文学作品并分角色表演蝴蝶、开展"假如我是蝴蝶"的谈话，以及绘画蝴蝶等活动。

问题

案例体现了张老师秉持什么样的语言教育观念？

语言教育的基本观念是对于语言教育是什么，以及语言教育应该怎么做等问题的主客观认识的集合，是整个语言教育过程的指导思想，决定了语言教育的内容和方式，直接影响着语言教育的质量和效果。语言教育是什么？语言教育与其他领域的教育有什么关系？如何实施语言教育？这是语言教育的三大基本问题，对这些问题的回答构成了语言教育的三大基本观念，即完整语言教育观、整合教育观和活动教育观。

一、完整语言教育观

（一）完整语言教育观的内涵

完整语言教育观是指语言教育的目标、内容及过程是完整的。具体来说，一是认为语言教育的目标应当是完整的。也就是说，完整的语言教育目标应当包括有关语言的听、说、读、写四个方面的情感态度、认知和动作技能。而在幼儿阶段，倾听与表达能力是重点。幼儿能够认真听并听懂常用语言、愿意讲话并能清楚地表达、养成文明的用语习惯，这些应该作为语言教育的最主要目标。而阅读与书写能力在幼儿期还是一个准备阶段，重点在于培养幼儿对听故事、看图画书的兴趣，使幼儿具有初步的阅读理解能力，具有书面表达的愿望和初步技能就可以了。二是语言教育内容是全面的。即儿童在重点学习口语表达的同时，也应当接触一些书面语言；儿童在理解和运用日常交往语言的同时，也要进行一些文学作品的倾听和图画书阅读活动。语言教育内容在选择和编排时也要注意完整性和联系性，语言的听、说、读、写的内容都要有，而且字、词、句子的学习要循序渐进、关联学习。比如，可以由字组词、把词放在句子中进行学习，赋予句子具体的语用情境，帮助儿童更好地理解和掌握其含义。三是语言教育过程是真实的，多种多样的。语言教育目标和内容的完整性要求语言教育过程必须具有真实性，形式必须具有多样性。真实性是指真实语言交流情境的创设。真实的语言情境不仅符合幼儿的学习特点，而且能够最有效地锻炼幼儿的听、说能力。而活动的多样性不仅能够激发幼儿的学习兴趣，而且能够将听、说、读、写的内容贯

11

穿于不同的活动形式之中，真正实现完整学习。[①]

（二）完整语言教育观的理论依据

完整语言教育观的理论依据主要为全语言理论（Whole Language Theory），又称"整体语言""全语文"，是20世纪中期兴起于美国的语言教育思潮，引发了一场关于语言教学的改革。全语言理论指导下的语言教育坚持以下原则：第一，儿童的语言学习是整体性的学习。首先，早期语言教育不仅应当重视儿童听说能力的发展，同时也要注意为他们读写能力的发展做准备。其次，完整的语言应有完整的意义和情境，不能孤立地去学习单字或词组等。全语言主张儿童从整体到局部的学习语言，即由文而句，由句而词，由词而字。第二，儿童的语言学习是自然而然的学习。儿童是通过与他人互动的方式学习和使用语言的，因此，要为儿童提供各种学习和运用语言的机会和资源，让儿童被充满语言和文字信息的环境所包围。第三，儿童的语言学习是有效和有用的学习。对幼儿来说，只有当他们用所学的语言来沟通时，这种学习才能对他们产生意义，而沟通时的意义表达比语言形式的精确更加重要。因此，要重视儿童运用语言表达意义的能力发展，而不必过分强调表达形式的精确性。第四，儿童的语言学习是整合的学习。全语言理论认为人的学习是复合型学习，就儿童语言学习而言，语言既是儿童学习的对象，又是儿童学习其他内容的工具。儿童的语言学习应当打破学科界限。比如，在语言教育中，可以运用绘画、舞蹈、音乐、戏剧等手段促进儿童的学习；同时，儿童语言能力的提高也能促进他们更好地学习绘画、舞蹈、音乐和戏剧等。第五，儿童的语言学习是平等开放的学习。也就是说，学习是学生自己的选择，要学什么、怎么学、何时学、为什么学、从哪里学，儿童对于这些问题有相当的自主权，拥有足够的自由和空间，是学习的主人。

二、整合教育观

（一）整合教育观的内涵

整合的语言教育观是指把儿童的语言学习看成一个整合的系统，充分认识到儿童语言发展与认知、情感、社会性等方面发展是整合一体的关系，离开了其他方面的发展，儿童的语言学习是不可能成功的。同样，儿童其他方面的发展也离不开语言能力的发展。因此，整合教育观提倡始终把儿童的语言教育看作是幼儿教育整体的一个部分，并加强幼儿语言教育与其他方面教育之间的联系，具体包括三个方面的整合：一是语言教育目标的整合。即在制定幼儿语言目标时，既要考虑完整语言要素（听、说、读、写）的情感态度、认知和动作技能三个方面的发展目标，也要考虑语言教育可以实现哪些其他相关领域的目标，同时还可以思考还有哪些领域的活动可以促进语言发展目标的实现。这样，语言教育目标就逐渐形成以语言发展为主线，同时其他方面共同发展的整合目标体系。二是语言教育内容的整合。当代幼儿语言教育内容应是社会

---

① 周兢，余珍有.幼儿园语言教育[M].北京：人民教育出版社，2004：35-37.

知识、认知知识和语言知识的整合。这就要求教育者在设计、选择教学内容时，充分考虑这三种知识的有效结合，考虑学习知识在这个三个方面对于幼儿来说都具有一定的挑战性，考虑幼儿对这些内容的接受程度和学习效果。总之，语言教育内容的整合既包括语言教育中融合进其他方面的教育内容，也包括其他领域的教育中对语言学习提出的要求。三是语言教育方式的整合。教育目标与内容的整合引发了语言教育方式的整合趋势。教育方式整合方式的突出特点是活动性，语言教育内容的整合决定了必须通过多样化的活动形式来呈现，不仅专门的语言教育活动形式应多样化，而且还应与其他领域的活动相结合，促进幼儿在整合的语言教育环境中获得语言和其他方面的共同发展。

（二）整合教育观的理论依据

整合的语言教育观的理论依据主要为"三环学说"和"四范畴说"。美国儿童语言发展学家路易斯·布伦姆（Louis Bremen）和玛格丽特·莱希（Margaret Leany）率先提出以系统性方式研究儿童语言的构成，并提出儿童语言学习的三环学说。他们认为，儿童语言学习系统主要是由语言内容、语言形式和语言运用三个方面构成的，它们承担着不同任务并相互作用。语言内容指的是词和词在传递信息及含义时的表征关系，即人们说话的语义部分。它的发展取决于儿童知识与生活内容的相互作用。语言形式是指语言中约定俗成的符号系统和语法规则，包括语音、词法和句法三个部分。语言形式与语言内容密切相关，说话的目的和内容常常决定儿童选用某种适当的语言形式。语言运用主要包括两个要素：一是语言的功能目的，即说话的原因；二是语言情境，即语境，语境对语言所表达的含义及其呈现方式有重要影响。语言运用是认知和社会性两方面共同决定的行为选择，并根据说话人的目的和说话情境而产生。

四范畴说是由美国学者伊丽莎白·卡洛－乌尔福克（Elizabeth Carlo-Ulfork）和琼·伦奇（Joan Rerch）于1982年提出的，他们尝试从更大范围对语言学习系统进行整合思考，并阐述了儿童语言学习和发展涉及的四个相互联系的范畴，即语言规则范畴、语言内容的认知范畴、语言操作范畴和语言交际环境范畴。语言规则范畴包含了语言信息传递时所需要的语音、词汇、语法、语义和语用等一切语言系统因素的规则。儿童必须学会这些规则才能使用语言。语言内容的认知范畴囊括了儿童学习语言时参与的感觉、知觉、记忆、表征、概念化和符号化等认知因素，是儿童语言发展不可或缺的能力，并与语言学习系统的其他方面相关联。语言操作范畴是指运用语言进行交往的行为过程，包括言语感知、理解、语言制作和说话等几个方面。语言结构、概念和基本需要在操作中得以实现，且语言操作是一个有认知参与的过程。语言交际环境范畴是指儿童进行交谈时，支撑他们说话的交流关系。良好的语言交际环境不仅能够促使人们产生交流的动机、愿望和需要，而且能够激发和保持人们参与语言互动的积极状态。四范畴说是在批判继承三环学说的基础之上发展起来的，它突破了语言学习系统是语言规则知识的局限，将参与儿童语言学习的其他方面纳入进来，突出了语言学习的社会性和交互性。

三、活动教育观

（一）活动教育观的内涵

图1-3 幼儿园探秘"影子"活动 /
图片来源：红梅东村幼儿园 叶丽敏

幼儿语言的活动教育观是指发挥幼儿学习语言的主观能动性，以活动的方式来组织幼儿的语言教育过程。具体来说，其内涵包括以下几点：一是为幼儿提供充分操作语言的机会。儿童的语言发展是通过儿童个体与外界环境中的各种语言和非语言材料交互作用得以逐步获得的。这些材料和信息不应由成人灌输，而应由儿童通过自身积极与外界互动而主动获得的。语言教育活动便是引导幼儿积极与环境中的语言及其相关信息进行相互作用的过程。

二是通过多种形式的操作，促进儿童语言的发展。众所周知，幼儿主要是从做中学，即幼儿在动手、动脑、动嘴的学习过程中获得亲身体验，从而更好地掌握学习内容。因此，用活动的形式帮助幼儿学习语言，可以使他们学得更灵活、更有趣、更深入。三是发挥幼儿在语言学习活动中的主体地位和教师的主导作用。幼儿的主体地位体现在所有的学习活动应充分考虑并适应幼儿的年龄及身心发展特点，使幼儿在活动中始终保持积极性和主动性。教师的主导作用体现在教师是环境的创设者、材料的提供者、活动的引导者。

（二）活动教育观的理论依据

幼儿语言教育的活动观是以心理学有关活动以及认知与活动之间关系的理论，特别是以皮亚杰的认知发展理论作为主要依据。可概括为以下三个基本观点：第一，儿童的发展有赖于其自身的活动。正如苏联心理学家列昂节夫（Alexei Nikolaevich Leontyev）所言，人类的活动"是以活动或者活动链锁的形式存在的"。这种活动既可以是物质的、操作的，也可以是精神的、智力的；既包括外部的，也包括内部的。儿童的智慧产生于各种形式的活动的操作，产生于与外部世界的相互作用之中。语言学习从本质上来说是一种行为活动，是儿童的认知机能与他所处的语言及非语言环境相互作用的结果。第二，同化和顺应是儿童认知和语言发展的两种机制。人的智慧（包括语言）都是对外界适应的一种形式。人的认知是在遗传下来的一些反射活动的基础上发展起来的，并不断通过同化和顺应两种方式与外界新刺激进行相互作用。一方面将外界的信息融入自身的认知结构之中，即同化作用；另一方面又不断地改变原有的认知结构或建构一种新的认知结构以容纳新鲜刺激，从而达到对外界环境的适应，即顺应。第三，儿童认知与语言发展受到成熟、物质环境的经验、社会环境的作用和平衡化四大因素的影响。成熟主要是指神经系统和内分泌系统的发展对认知发展的影响，是儿童认知发展的生理基础；物质环境的经验是指儿童通过与外界物质环境相互作用而得到的经验，包括通过感官获得的直观认识、通过抽象获得的事物属性，以及运用数理逻辑在操作和协调外界客体的过程中获得的主客体关系经验；社会环境的作用主要是指儿童参与的社会生活、语言信息的交换和文化教育的影响；平衡化是对上述三个因素之间的相互作用所需要的协调，它作为一种过程，总是把儿童的认识水平推向更高阶段，从而实现儿童认知的发展。

第三节　语言发展与儿童发展的关系

案例导入

　　球球是一名6岁的小女孩，上幼儿园大班，长相甜美，声音清脆响亮，自信能干，语言能力较强，能指挥其他小朋友做事，有一定的社交策略，愿意分享，班上的小朋友都很喜欢她。

　　问题

　　球球为什么能够受到班上小朋友的普遍欢迎呢？和她语言能力强、有一定社交策略有关吗？幼儿语言发展与其他方面的发展有什么联系呢？

　　儿童的语言发展是指儿童对母语的语言形式、语言内容和语用技能的掌握随着时间推移而发生变化的过程和现象。无论母语多么复杂，通常来说，发展正常的儿童在3岁左右能够基本掌握母语的口语部分；到上小学前，他们已经能够使用语言与他人进行简单、浅显的交际。但从严格意义上来说，语言的发展是贯穿人的一生的。对儿童而言，语言的发展不仅对道德感、认知能力和社交能力的发展有着重要影响，而且对儿童的未来发展也有密切关联。

一、语言发展与儿童全面发展的关系

（一）儿童语言发展与道德发展

　　儿童的道德判断和道德行为是在儿童掌握语言以后才逐步产生的，而且或多或少包含了一些意志行动的成分在里面。语言获得之初，由于在日常生活当中儿童良好的行为获得成人的言语肯定，如"做得好""真棒""好孩子"等，他们开始理解哪些是好的行为，哪些是不好的行为，并能在成人的要求下做出一些合乎道德要求的行为，比如"不随地大小便""不乱扔垃圾"等。随着语言和思维能力的进一步发展，3岁以后儿童的道德感开始形成，通过交往、模仿和学习，他们逐渐掌握了一些行为规范和各种道德标准，并开始注意他人的行为是否符合道德标准，且形成自己的道德判断，由此产生满意或不满意的情绪。此外，儿童的各种道德习惯也随着时间的推移逐渐养成。

（二）儿童语言发展与认知发展

儿童语言发展与认知发展是相互促进、共同发展的关系。一方面，儿童的认知发展水平决定儿童语言发展水平。当儿童处于前运算阶段（约两岁至六七岁），儿童只能掌握情境性很强的语言；处于具体运算阶段（约六七岁至十一二岁）时，才有可能掌握连贯性的语言。抽象的词语和语法的掌握取决于抽象性思维的发展，认知能力的提高促进语言能力的发展。另一方面，作为一种心理表征符号，语言一旦被个体所理解和掌握，就能够对认知的发展起到推动和促进作用。主要表现为：语言能力较高的儿童可以通过倾听、阅读、讨论等方式获得更多信息，从而增加认知的速度、广度和强度，提高认知过程的机动性和普遍性。如果没有语言工具，个体的认知始终会停留在个体心理层面。正如皮亚杰所言："语言具有双重意义，它既是一种凝缩的符号，又是一种社会调节。语言在这种双重意义中便称为思维精密度发展不可或缺的因素。"①

（三）儿童语言发展与社交能力发展

图1-4　幼儿社会交往／图片来源：新
浪博客

社交能力，又称人际交往能力，是指个体感受、适应、协调和处理与他人关系的能力，主要包括人际感受能力、人事记忆力、人际理解力、人际想象力、风度和表达能力、合作与协调能力等，而这些能力的提高均有赖于儿童语言的发展。在没有学会一种语言形式之前，人与人之间的关系仅限于身体与其他外部姿势的模仿和一种笼统的情感交流关系，而没有分化为各种特殊的交流。有了语言之后，个人的内心活动就可以彼此表达和交流了，思维的发展能够促使个体把自己的想法告诉别人，所以说"语言（发展）导致了行为的社会化，从而产生思维动作不再单独只跟产生思维的自我有联系"②。一方面，儿童可以使用语言表达自己的感受和需要，引起他人注意，并使成人或同伴了解自己的想法；同时，善于表达自己想法的儿童，往往更能引起成人的注意，并受到同伴的欢迎和喜爱，使其社会情感需要得到极大满足。另一方面，语言能够在一定程度上调节儿童的行为，帮助儿童处理人际冲突。例如，在表达自己不开心的时候，儿童可以直接告诉成人，而不必采用"哭泣""摔东西"等过激行为；在与同伴发生矛盾时，也可以通过语言协商而非肢体冲突来解决争端。

二、语言发展与儿童未来发展的关系

（一）儿童语言发展与学业表现

儿童语言发展与其学业表现有着密切联系。一方面，儿童口头语言能力的提高有

---

① 皮亚杰.儿童心理的发展[M].傅统先，译.济南：山东教育出版社，1982：124.
② 皮亚杰.儿童心理的发展[M].傅统先，译.济南：山东教育出版社，1982：41.

利于他们流利地表达自己的观点，促进其与教师和同学之间的交流和互动。另一方面，儿童学业语言能力的增强是其在读写学习中取得成功的关键。哈佛大学研究团队认为：学业语言是儿童语言发展过程中所学习运用的一种特别的语言能力，是一种可以通过口头语言进行交流，但是具有书面语言特征的语言。也就是说，学业语言是学习各门学科内容文本的语言，无论是用口头语言方式表现，还是用书面语言方式呈现，均具有书面语言的特征。近年来，学习科学的研究发现，学习者使用的学习语言已经成为儿童学业学习和终身发展的重要条件。学业语言能力决定了儿童未来阅读和理解教科书、撰写研究型文章、抓取文献主要内容等重要能力的发展。①

（二）儿童语言发展与职业选择

儿童语言发展对其未来职业选择具有重要影响。首先，语言能力在一定程度上决定了儿童的未来职业方向。在其他条件相同的情况下，口语表达能力相对较强的儿童更有可能从事诸如教师、律师、翻译官、主持人、导游、销售员等对口语表达能力要求较高的职业；书面语能力相对较强的儿童更有可能从事作家、秘书、记者等职业；而口语表达能力相对较弱的儿童更有可能从事诸如程序员、工程师、厨师、科研人员、档案管理等不需要太多人际交往的工作。其次，语言发展对于儿童未来取得职业成功也有一定的影响。因为不管是在面试找工作，还是在工作中与领导、同事或客户沟通，处理各种工作文件等，都离不开口语或书面语言。通常情况下，语言发展较好的人，在大多数工作面试、人际关系处理中更占优势。

（三）儿童语言发展与人际关系

对于儿童而言，其主要的人际关系体现在与父母、同伴、教师和其他社会成员的交往之中。而对于成人而言，其主要的人际关系体现在与家庭成员、同事、朋友和其他社会成员的交往之中。不管是哪个阶段、哪种类型的人际交往，都离不开语言。一些浪漫主义者喜欢用"一切尽在不言中"来表达人与人之间的默契，但现实生活中人与人之间的交往是离不开语言的。如果没有良好的交流和沟通，人们很难知道和理解对方的想法，也就是"知人"和"知面"都很难，更谈不上"知心"了。而离开了语言交流，常常会造成人与人之间的误解，不利于良好人际关系的形成。所以说，儿童语言的发展不仅有利于儿童期的人际交往，长远来看，同样有利于成人以后建立良好的人际关系网络。所以，儿童语言发展对维系良好人际关系至关重要。

综上所述，儿童语言的发展特别是学业语言的发展对其取得学业成功起着关键性作用，而且其语言能力的发展对未来职业选择、人际关系也具有重要影响。

📖 本章小结

语言是一种特殊的社会现象，是用于信息交流的音义结合的符号系统。鉴于语言

---

① 周兢，陈思，Catherine Snow，等. 学前语言教育的新取向：重视儿童学业语言的发展 [J]. 学前教育研究，2014（6）：39-44.

的特殊性和重要性，了解语言的构成要素，学习儿童语言发展的理论，掌握语言发展的规律，对儿童的语言发展具有非常重要的理论意义和实践意义。

语言构成有三大基本要素：语音、词汇、语法。这三大要素紧密联系，彼此依存，组成语言。关于幼儿语言获得有两大针锋相对的流派，即先天决定理论和后天决定理论，还有调和二者观点的交互作用理论。先天论具有代表性的主要有三种理论：笛卡尔的天赋假说、乔姆斯基的"LAD理论"和伦内伯格的自然成熟说；后天论具有代表性的也主要有三种理论：模仿说、强化说和中介说；交互作用论主要分为两种：认知与语言交互作用论和社会与语言交互作用论。影响幼儿语言发展的因素可归纳为遗传素质和气质类型等先天因素，以及环境、教育和文字符号本身特点等后天因素。

语言教育的基本观念是对于语言教育是什么以及语言教育应该怎么做等问题的主客观认识的集合，是整个语言教育过程的指导思想。目前主要有三大语言教育观：完整语言教育观、整合教育观和活动教育观。

儿童语言发展不仅对道德感、认知能力和社交能力的发展有着重要影响，而且对儿童未来发展也有密切关联。儿童语言的发展特别是学业语言的发展对其取得学业成就起着关键性作用，而且其语言能力的发展也对未来职业选择、人际关系具有重要影响。

思考与练习

1. 语言发展是先天决定的还是后天形成的？你赞成哪种观点？结合具体事例，阐明自己的理由。

2. 影响幼儿语言发展的因素有哪些？

3. 试论述完整语言教育观、整合教育观和活动教育观的优缺点。

4. 简述语言发展与儿童发展之间的关系。

第三章　0~6岁儿童语言发展特点及规律

◀ **关键词**

语言发展阶段；语言发展障碍；语言发展超常

◀ **学习目标**

1. 了解 0~3 岁儿童语言发展特点。
2. 掌握 3~6 岁儿童语言发展特点。
3. 了解儿童语言发展的异常表现。

◀ **知识结构图**

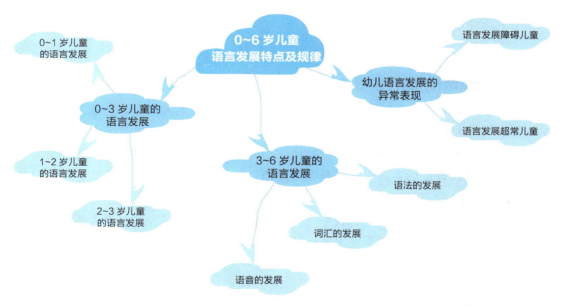

19

　　本章共三节，首先分析了 0~3 岁儿童语言发展的阶段性特点，其次从语言构成要素的角度阐述了 3~6 岁儿童语音、词汇和语法三方面的发展特点，最后分别介绍了儿童语言发展障碍和语言发展超长的情况。学习本章首先要理解 0~6 岁儿童语言发展的一般规律，然后再对幼儿语言发展异常的情况进行了解。

第一节　0~3 岁儿童的语言发展

案例导入

　　一天，当我在邮局排队时，前面是一位母亲和她 7 个月大的女儿。小女孩儿发出牙牙学语的声音，这引起了大家的注意。孩子妈妈周围的其他人和我开始对这个婴儿说话，"哎呀，你是一个小女孩，今天出来帮妈妈寄信啦？"婴儿发觉我们在逗她，便向我们微笑并发出了更多的牙牙语。

　　问题

　　案例中 7 个月大的婴儿发出的牙牙语是语言吗？婴儿从多大开始学会说话？不同阶段婴儿的语言发展有什么特点？

　　出生的头 3 年，是儿童语言能力发展最迅猛、最关键的时期。他们从一无所知的新生儿，到逐渐能听懂成人的语言，再到学说简单的字、词、句，最后发展到基本能用简单的语句表达自己的意思，整个过程只用了 3 年左右。基于每个阶段的发展特点，按照婴儿的年龄将儿童的语言发展划分为以下三个阶段。

一、0~1 岁儿童的语言发展

（一）简单音节阶段（0~3 个月）

　　0~3 个月是儿童语言发展的简单音节阶段，这 3 个月是大脑语言功能区迅速发育的时期，特别是语言信息吸收储存神经系统高度兴奋。这个时期的婴儿具有一定的辨音能力，能分辨言语声音和其他声音的区别。当成人对着新生儿讲话时，他们常常会睁开眼睛，并盯着说话者，有时甚至会发出声音；出生几天后的婴儿便能识别自己母亲的声音。[1]满 1 个月后，婴儿会对耳边的摇铃、敲钟声做出改变身体运动强度的反应；满 2 个月后，会出现对铃声等的眨眼、微笑等反应；到 3 个月左右，婴儿听到声音会转头寻找声源。这个时期的婴儿主要运用哭声来表达自己的生理需求，也开始发出一些咿咿呀呀的声音，如类似元音的 a（啊）、o（哦）、e（呃）等声音。这个阶段发出的多是韵母，如：a、ai、e、ei、i、ou 等，很少出现声母。

（二）连续音节阶段（4~9 个月）

　　4~9 个月的婴儿明显变得更加活跃。一是当婴儿吃饱了且感到舒适时，常常会主动发出声音，尤其是当成人逗婴儿玩时，他们的发音会更加频繁。二是辨音能力增强，

20

---

① David R. Shaffer. 发展心理学 [M]. 邹泓，等，译. 北京：中国轻工业出版社，2005.

能在一定程度上感知说话者的情感态度。4 个月的婴儿能够辨别愉快和冷淡的语调；6 个月能感知愉快、冷淡、愤怒等，并可以做出相应的反应。三是逐渐出现与人交流的倾向。如 8 个月左右的婴儿会对着玩具或镜子里的自己模仿成人的发音。这个阶段发出的元音更加丰富，如 u、ue、ou 等；并且出现了 b、d、g、p、n、f 等声母；还会发出一些连续音节，如 hei、heng、bu、ge 等，有些音节和词音很像，如 ma-ma、ba-ba 等，成人常常将这些音与具体的事物相联系，使其具有意义。

（三）学话萌芽阶段（10~12 个月）

学话萌芽阶段阶段的婴儿不同的连续音节明显增加，近似词的发音也增多，如 hei-hei、ou-ou-ou、jie-jie 等。他们还能模仿一些非语言的声音或成人发出的新声音，如咳嗽或用舌头打出响声。从语音方面来说，10 个月左右能模仿说出 ba-ba、ma-ma 等，11 个月左右能说出个别有意义的字或词，12 个月左右能说出简单的词和重复的字。从语言理解能力来说，此阶段的婴儿已经能够理解并执行一些简单的指令性语言，如成人说"和阿姨再见"，他们会挥挥手；在口头提示下可以做出拍手或摇摆等动作。在语言表达能力方面，这个阶段的大部分小朋友已经能够准确运用"爸爸""妈妈"两个词，并能说出单字或用手指的方式表达自己的意思。

二、1~2 岁儿童的语言发展

经过 1 年左右的积累，儿童进入了正式学习语言的阶段。1~2 岁儿童的口语处于不完整句时期，可分为以下两个阶段。

（一）单词句阶段（1~1.5 岁）

1~1.5 岁的宝宝表现出明显的语言学习行为。他们主要以词代替句子，用一个单词表达许多不同的含义，这种语言形式被称为单词句。如，"水"可能表示"那里有水"，也可能表示"我要喝水"，成人需要根据实际情况加以理解，才能判断出儿童语言的真正含义。这个时期儿童语言发展的另一个特点是发音不准确。1~1.5 岁的小朋友对词的发音不够准确或不够清晰，这是正常现象。有时候，小朋友会发生漏音、

图 2-1　1~1.5 岁幼儿交流 / 图片来源：沈阳维康医院

丢音或替代发音的现象，如把"姑姑"说成"嘟嘟"，把"哥哥"说成"得得"等。此外，这个阶段的儿童普遍存在以音或以形代物的情况，如用"毛毛"指代"猫""狗""兔子"等一切毛茸茸的小动物，用"喔喔"指代"鸡"，用"摆摆"指代"鱼"等。可见，虽然此阶段儿童语言能力有了很大提升，但也存在表意过度泛化等问题。

（二）双词句阶段（1.5~2 岁）

1 岁半以后，儿童说话的积极性明显提高，会从不经常说话变得很爱说话。这一阶段儿童以说简单的短句子为主，大多数在 5 个字以内，也称双词句或电报句。如，

"妈妈班班"意思是"妈妈上班去了";"爸爸抱抱"意思是"让爸爸抱自己"等。这些句子只保留了句子中最重要的成分，而省略了诸如介词、冠词等修饰成分。有时候这会让成人一头雾水，成人应根据语境领会儿童要表达的意思。1~2岁的婴幼儿对有效沟通的各种技巧变得越来越敏感，如2岁左右的儿童知道说话时要看着对方。虽然此阶段沟通技能有了很大提高，但总体水平是不高的，这种能力将随着儿童年龄的增长逐渐完善。此外，1~2岁儿童语言能力的发展具有个体差异和性别差异。大部分儿童语言发展循序渐进，由简到难，从字到词再到句子，逐步掌握；也有少数儿童语言发展属于跳跃式或爆发式的，即开始一个字都不会说，一旦开口就能说出简单的句子。一般的，女孩语言表达比男孩成熟得早，但语言理解的差异不大。

三、2~3岁儿童的语言发展

在单词句和双词句阶段，儿童主要是用简单的字或词来表达自己的意思。2岁以后，他们逐渐学会使用合乎语法规则的完整句子来更为准确的表达自己的想法。研究表明，2~3岁是人掌握口语的关键时期，被称为复合句阶段，具体可分为初步掌握口语阶段和目标口语初步发展阶段。

（一）初步掌握口语阶段（2~2.5岁）

2~2.5岁，儿童的发音器官日趋成熟，语音趋于稳定和规范。儿童能较容易的发出诸如b、p、m、f等唇音，不过在发舌音和区分平翘舌上还有一些困难，如z、c、s、zh、ch、sh等，这些通常在3岁以后能够掌握。这个阶段的儿童基本上能够理解成人所说的话，并能准确执行成人发出的指令。大部分儿童2岁以后会表现出对听故事和哼唱简短儿歌的浓厚兴趣，不管是故事还是儿歌，都喜欢重复听多遍或哼唱多遍。此阶段的儿童已经能够运用多种简单句与成人进行交流，在情绪稳定时，基本能够准确表达自己的需求（哭闹时的话语往往令人很难理解），如表达请求、拒绝、提问、求助等，并且能够倾听他人的讲话。

（二）目标口语初步发展阶段（2.5~3岁）

2.5~3岁，儿童处于目标口语初步发展阶段，其特点主要体现在以下五个方面：第一，词汇量迅速增加。从以前1年能够掌握300个词左右，迅速增加到1年能够掌握1000个词左右。第二，开始学会使用人称代词。1岁多的小朋友说话常常会有"人称代词混用"的情况，如用"她/他""人家"来指代自己，而2.5~3岁的小朋友已经能够基本准确使用人称代词，最常用的是"我""我的"。第三，说话不流畅。这个阶段的儿童口语掌握的还不太熟练，有时会表现出结巴，或在不该断句的地方断句、不该换气的地方换气等。第四，言语功能越来越丰富、准确。此阶段的儿童逐渐学会使用回答、提问、问候、告知、告状、争执、命令、请求等言语功能。第五，语用能力不断增强。此阶段的儿童语言的实际交流能力不断增强。他们逐渐学会通过轮流讲话、等待共同话题等方式与他人进行有效、合适的交流，并清晰地阐述自己的意思，以及遵守社会交往的文化习惯等。显然，为儿童尽可能多的提供语言交流机会对他们语用技能的获得和发展有极大的促进作用。

第二节　3~6岁儿童的语言发展

案例导入

成人：黄天晓，你怎么光脚在地上走？

孩子：我不叫黄天晓，我叫天晓！

成人：黄天晓，把你的玩具收起来。

孩子：妈妈，你生气了？

孩子：妈妈，我小时候是不是特听话，所以你叫我晓晓啊？

问题

以上案例中，孩子能够根据不同的称呼语判断成人不同的情感态度，孩子这种识别能力是从什么时候发展起来的？3~6岁儿童相比0~3岁在语言发展方面有哪些进步？

3~6岁，儿童的大脑机能不断完善，认知能力不断增强，活动范围也不断扩大，促使幼儿的语言能力快速发展，主要表现为口语能力的进步。本节从语言构成要素的角度分析，分别从语音、词汇和语法三个方面来阐述此阶段儿童语言发展的特点。

一、语音的发展

此阶段幼儿语音方面的进步主要表现在以下两个方面。

（一）基本能够掌握母语的全部语音

一般而言，出生的头3年，儿童的语音辨别的能力已经发展较好，仅对个别相似音，如"l"和"n"，"b"和"p"等还有可能存在混淆，但正确发音比听音要难一些。随着儿童发音器官的成熟和大脑机能的完善，儿童的发音能力逐渐提高。3~4岁，幼儿的发音能力提高很快，在适宜的环境下，4岁左右的儿童能够基本掌握本民族的全部语音。在幼儿的发音中，韵母的正确率较高，而声母的正确率稍低。儿童较为常见的发音错

图2-2　儿童语音发展／图片来源：搜狐网

误有平翘舌音不分，如分不清z、c、s和zh、ch、sh；前后鼻音不分，如常常把"不行（xing）"念成"不xin"，把"印（yin）象"说成"ying象"；边音和鼻音不分，如会把"牛奶（niu nai）"说成"liu lai"等。4岁以后，儿童发音的正确率有显著提高。5~6岁，幼儿的发音器官基本发育成熟，已经具备有表情地发出语音和声调的能力。

（二）儿童的语音意识明显增强

语音意识是指语音的自我调节机能，即儿童能够自觉辨别发音是否准确，自觉模仿正确发音，避免错误发音。主要表现在两个方面：一是能够评价别人发音的特点，指出或纠正别人的发音错误，或者笑话、故意模仿他人的错误发音等。二是能够意识并自觉调节自己的发音。例如，有的儿童不愿意在别人面前发自己发不准的音；有的儿童发出一个错误的音之后，不等别人纠正自己便先脸红了；还有的儿童知道自己有些音发不准确，会主动请教他人。通常情况下，4~5岁的儿童能够主动练习正确的发音，这一阶段儿童语音意识明显增强，儿童能够主动、自觉地学习语言，这对其语言的发展有很大的促进作用。

二、词汇的发展

词汇是语言的基本构成单位。词汇量是否丰富、对词汇的理解和使用是否恰当，直接影响到语言表达的准确性。因此，词汇的发展是衡量语言发展的重要指标之一。3~6岁儿童词汇的发展主要表现在词汇量迅速增加、词汇类型不断扩大和词义理解逐渐明确三个方面。

（一）词汇量迅速增加

随着幼儿年龄的增长，他们的言语能力不断提高，词汇量也稳步增长。陈帼眉认为，儿童的词汇可分为积极词汇（主动词汇）和消极词汇（被动词汇）。积极词汇是指儿童自己能说能用的词汇，消极词汇是指能理解但不能运用的词汇。[1]国内外关于学前儿童语言发展的研究均表明：儿童的词汇量与其年龄呈正相关，但具体年龄段对应掌握的词汇量因研究指标、样本大小、地域文化等的差异而稍有不同。研究普遍认为，3~6岁是儿童词汇量增长最为迅猛的阶段，每年增长1000个词左右。目前较为认可的数据是：3岁幼儿的词汇量（包含积极词汇和消极词汇）为900~1100个，4岁为1600~2000个，5岁增至2200~3000个，6岁可达3000~4000个。

（二）词汇类型不断扩大

词汇量的增加从数量上说明儿童语言能力的发展，而词汇类型的不断扩大则从质量上表明儿童语言能力的进步。与词汇量一样，儿童所掌握的词汇类型也是随着年龄的增长而增加的。幼儿一般先掌握实词，后掌握虚词。从词量上来说，幼儿掌握的实词多于虚词，而实词中又以名词数量最多，动词次之。从词频的发展来看，3~6岁这个阶段，儿童使用最多的实词是动词和名词，然后是形容词、副词、代词，最后是数量词、叹词、拟声词；此阶段幼儿使用虚词的频数较词型的增加量更为显著，如语气词和助词虽然数量不多，但儿童使用的频次较多。此外，幼儿词汇类型的扩大还体现在词汇内容上。幼儿最初掌握的词汇多是与自己生活密切相关的词汇，如"爸爸""妈妈"，然后逐渐掌握一些与自己关系稍远或略为抽象的词汇，如"游泳""诚实"等。

---

[1] 陈帼眉. 学前心理学 [M]. 北京：人民教育出版社，2003：251.

（三）词义理解逐渐确切

对词义的理解是一个较为复杂的过程，可以说这个过程贯穿人的一生。儿童对词义的理解是一个由浅入深的过程，早期常常只能抓住成人词义的一部分，造成误解。随着年龄的增长、认知能力的提高和经验的丰富，儿童对词义理解不断发展进步，主要表现为以下两个发展趋势：一是对词义的理解从片面到全面，逐渐减少对成人词义的过分缩小或扩充。例如，逐渐能够理解"车车"不仅代表自己的玩具车，也表示各种各样的车，如自行车、小汽车、公交车等；能够逐渐理解"小猫""小狗"和"兔子"等分别有自己的名字，不再笼统地称他们为"毛毛"。二是能够逐渐理解一词多义，并开始理解词与词之间的关系。例如，"好吃"一词中"好"读三声时，表示食物味道很棒；而读四声时，则是形容人们喜欢吃东西或贪吃。

综上所述，此阶段幼儿虽然在词汇量、词汇类型和词义理解方面都有显著进步，但从总体上来说，他们的词汇量还是较为贫乏的，在词汇理解和使用上仍然存在很多错误。因此，成人应当为幼儿创造多种倾听和使用词汇的机会，促进儿童词汇的发展。

三、语法的发展

语法是遣词造句的规则体系，是语言构成要素中最为抽象的部分，也是幼儿掌握语言，进行语言交际不可或缺的一个部分。幼儿对语法的掌握主要表现在语句的发展和句子的理解运用两个方面。

（一）句型和句子结构不断丰富完善

1. 句型从简单到复杂

儿童的语言发展先后经历了单词句阶段（1~1.5岁）、双词句阶段（1.5~2岁）、初步掌握口语阶段（2~2.5岁）和目标口语初步发展阶段（2.5~3岁），这体现了幼儿掌握句型从简单到复杂的一般规律。幼儿最初掌握的简单句是没有修饰语的，如"宝宝饿了""宝宝觉觉"等，之后才慢慢出现简单修饰语和复杂修饰语。3岁以后，幼儿开始学习使用较为复杂的修饰语；4岁左右能够说出一些带有复杂修饰词的句子，且随着年龄的增长不断增多。但从总体上来看，整个幼儿阶段，儿童还是以使用简单陈述句为主，复合句为辅。

2. 句子结构从混沌松散到分化严谨

幼儿掌握句子是从单词句开始的，也就是说用一个词来表达整句话的含义，这样的句子，一是句子结构混沌不清，二是句子结构不完整，漏掉了很多句子成分。而3岁以后，幼儿开始学习使用带有修饰语的句子，其能够掌握的句子结构较之前更为复杂，句子成分也开始分化。此外，随着年龄的增长，句子结构逐渐严谨起来。幼儿逐渐学会使用完整句，缺漏句子成分的现象不断减少。比如，从最初只会用"饭饭"来表明吃饭的愿望，到说出"我要吃饭"的简单句，再到能够说出"宝宝饿了，想吃饭饭"的复合句，充分体现了此阶段幼儿语法的不断完善。

（二）句子的理解和运用逐渐准确

幼儿理解句子是先于运用句子发生的。也就是说，幼儿在开口说话之前，已经能够听懂许多话的意思。在3~6岁这个阶段，幼儿理解和运用语句的能力明显增强，并且更加准确。1岁之前，儿童能够听懂成人的某些简单句并能按成人的指令行事。2~3岁，大部分儿童已经能够与成人进行简单的交流。但是，在这个阶段，他们能够理解的句子大多是简单句，一些成分和修饰语复杂的句子对于他们来说难度较大；而且他们能够使用的句子也非常有限，常常使用词语或词语组合来表达自己的意思。而3岁以后，幼儿能够理解成人使用的一些复合句，而且开始学习使用带有复杂修饰语的句子。4~5岁的儿童已经能够与成人较为自由的交谈，且喜欢向成人提出各种各样的问题并渴望得到解答。但是，一些结构复杂或较为抽象的句子对于他们来说仍然是具有很大难度的，往往无法准确理解。

第三节　幼儿语言发展的异常表现

案例导入

王华是一名8岁的小男孩，他充满好奇，能阅读、书写，会说好几种语言。说话时，喜欢用精巧的文字形容他所感兴趣的事情。3岁时，自己学习打字，同时开始写小故事、剧本、散文片段和诗歌。5岁时就已经能够写出像样的小说。他的房间摆满了书，大概有三千多册，都是他喜欢看的。

问题

王华为什么在这么小的年纪就具备如此强的语言能力？这样的语言能力是先天遗传还是后天教育的结果呢？

前两节我们分析的都是儿童语言发展的一般规律，但现实生活中，往往还存在一些语言发展异常的儿童。这样的儿童可简单分为两大类：一是具有语言发展障碍的儿童；二是语言发展超常的儿童。

一、语言发展障碍儿童

（一）语言障碍的含义

1977年，美国言语语言听力协会（American Speech-Language Hearing Association, ASHA）将语言障碍定义为"个体在语言系统的知识上未能与预期的常模相称的情形，特别是一个儿童在语言的运用技巧上有缺陷，未能达到同龄儿童的预期水准时，就称言语上有缺陷"。①1987 年，我国使用的残疾标准中，把"语言残疾"定义为"由于各种残疾导致不能说话或语言障碍，从而难以与一般人进行正常的语言交往活动"。周兢教授认为，学前儿童语言障碍是指儿童在早期语言获得过程中出现了发展性的异常现象。

（二）语言障碍的形成因素

语言障碍通常是由生理、心理和环境因素共同造成的。

1. 生理因素

生理因素主要是指听觉器官、发音器官或大脑语言中枢等影响儿童语言的正常发展的发育异常。相关资料表明，约有 40% 的语言障碍问题与儿童的生理原因有关。②比如，儿童口腔结构畸形，若是患有腭裂（俗称"兔唇"），就可能导致发音不清晰，并且发声和共鸣都会产生异常；大脑中支配话语理解功能的"维尔尼克区"和支配语言编码的"布洛卡区"遭受损伤，也会造成语言障碍。

2. 心理因素

儿童不良的情绪情感是造成其语言障碍的重要原因之一。比如，亲子关系不和谐，孩子的情绪长期受到压抑就有可能导致失语现象；家庭中其他人际关系不良，如父母经常当着孩子的面吵架，也可能使儿童失去学习语言的兴趣；父母对儿童要求过高，给孩子造成巨大的心理压力，容易造成儿童口吃甚至完全不讲话；父母对孩子过于溺爱，儿童不需要讲话自己的愿望就能得到满足，长此以往，也可能使儿童失去学习语言的动机，从而形成语言发展迟缓。

3. 环境因素

良好的社会生活环境可以为儿童的语言提供学习和实践的条件和机会。反之，如果环境中缺乏适当的语言刺激，如刺激不足或刺激不当，严重的也会造成儿童语言发展障碍。有一部分儿童由于各种原因频繁更换生活环境，面对不同的语言环境，由于不能很好地适应，有可能造成语言学习系统紊乱，从而形成语言发展障碍。例如，在幼儿母语尚未形成的时候，便开始外语的学习，可能导致儿童认知的混淆，造成母语外语无意识混用的现象。

（三）语言障碍的类型

语言障碍可以从不同角度进行分类。如按照语言构成要素可分为语音、语义、语法等障碍；按照发生的环节可分为表达性障碍和接受性障碍；按照语言与儿童其他方面发展的关系可以分为单纯性语言障碍和伴随性语言障碍等。按照儿童语言行为的特征，语言障碍可以分为构音异常、发声异常、流畅度异常和语言发展异常四种类型，前三种合称为"言语障碍"。

① 陈云英 . 残疾儿童的教育诊断 [M]. 北京：科学出版社，1996：170.
② 戴维·克里斯特尔 . 剑桥语言百科全书 [M]. 任鸣，等，译 . 北京：中国社会科学出版社，1995：410.

1. 构音异常

语音是语言的重要构成要素，其清晰度影响听者的理解程度，对语言交流至关重要。构音异常是指发音时有明显的不符合本阶段年龄水平的错误，如五六岁的孩子还在按照两三岁孩子的方式发音。构音异常主要表现为替代音、歪曲音、省略音、添加音、声调错误、整体性语音不清等六种类型。在所有语言障碍类型中，构音异常最容易被发现，也是所有语言障碍中出现率最高的一项，约占儿童语言障碍的 20%。[①]

2. 发声异常

语言主要是通过声音来表现的，良好的语言发展变现为悦耳动听的声音。发生异常是指说话时在音质、音调、音量及共鸣等方面发声异常的现象，如说话声音嘶哑、声调过高、音量不够适中或鼻音过重等。发音异常通常可以分为音质异常、音调异常、音量异常、共鸣异常四种类型。发声异常主要是由器质性异常（即儿童生理上的原因，如声带和喉头异常）和非器质性异常（即儿童不正确的发音习惯或心理方面的原因）引起的。

3. 流畅度异常

流畅度异常指说话急促不清，俗称口吃。流畅度异常的主要表现有首音难发，语音连续重复，拖长语音和说话时不适当的语音中断；说话太快，不能控制讲话的语速，出现遗漏音，音节相互重叠；发音短促，经常影响句子结构，随着发音的进行越说越快。有流畅度障碍的儿童，往往有恐惧、紧张的情绪，还常常伴有面部扭曲、嘴唇颤动、皱眉、甩头、耸肩等习惯性身体动作。流畅度异常主要发生在儿童期，男孩发生率明显高于女孩（男女比例约为 4 ：1），80% 的患者可以通过适当的矫治恢复正常。

4. 语言发展异常

语言发展异常是指理解或使用口语、书面语或其他符号系统时出现障碍，语言发展的速度和程度等低于正常儿童。这样的儿童通常表现为不会说话或者说话令人费解，说话颠倒、混淆，不连贯、不成句等。语言发展异常有以下四种类型：①语言缺乏，即儿童到了一定年龄阶段还没有获得语言。②语言存在质量差别。表现为儿童可以发音并且掌握大量词汇，但在用词方法上与正常儿童有差别，不能有效地使用语音进行交流，如自闭症儿童机械模仿别人的"鹦鹉式语言"。③语言发展迟缓，即儿童语言发展的速度明显晚于普通儿童。④语言发展中断。表现为儿童语言原本发展正常，但由于听力受损或脑损伤等原因，语言发展出现异常现象。

二、语言发展超常儿童

（一）超常儿童

不同国家对智能非凡，或具有某种突出才能的儿童，称呼不尽相同。我国古代称

---

① 苏周简开，周兢，郑荔 . 普通教育机构中低幼儿童语言障碍情况的调查报告 [J]. 学前教育研究，1999（6）：32.

之为"神童",外国称"英才"或"天才儿童"。这种称呼上的差别反映了认识上的不同。1978年以来,我国心理学家把智力发展突出或具有某方面特殊才能的儿童,称为超常儿童。超常儿童是相对于常态儿童而言的,是儿童中智能优异发展的一部分。他们与大多数智能中等的常态儿童之间虽有明显的差异,但又有共同性,他们之间没有不可逾越的鸿沟。超常智能是指在教育和环境的影响下发展起来的人的聪明才智,它不是天生的。先天素质为超常儿童智能提供了某种潜在的可能性,但需要在合适的教育和环境下才能变为现实。儿童的超常智能是可能性与现实性的统一。超常儿童的才能表现在不同的方面,根据超常儿童的潜能、成就和行为特征,可以将他们分为五种类型:智力型、语言型、艺术型、创造型和领导型。

(二)语言型超常儿童

语言能力强是超常儿童的普遍表现,但其中有些儿童表现出了更为突出和优异的语言能力,主要体现在阅读和写作能力上。超常的阅读能力最早可出现在2～3岁,其特点是:对阅读有强烈的兴趣,识字快而准确,词汇量大,理解能力强。这类儿童很早就喜欢将自己想的事情写出来,并且能比较准确地运用词汇和语气。例如,俄罗斯小女孩贝拉·德维亚基娜2岁便能轻松阅读俄、法、英3种语言的书籍,并且说一些短句,3岁时能够讲流利的中文,5岁时已经能够掌握8门不同语言。[1]

俄罗斯4岁女孩儿
贝拉
视频来源:腾讯视频

📖 本章小结

0～6岁儿童语言发展是一个连续的、有规律的,从量变到质变的发展过程。根据语言发展的不同特点,又将整个学前期划分为几个不同的阶段。

出生的头3年,是儿童语言能力发展最迅猛、最关键的时期。基于每个阶段的发展特点,将其划分为以下阶段:0～3个月是简单音节阶段,4～9个月是连续音节阶段,9～12个月是学话萌芽阶段,1～1.5岁是单词句阶段,1.5～2岁是双词句阶段,2～2.5岁是初步掌握口语阶段,2.5～3岁是目标口语初步发展阶段。

3～6岁儿童的口语能力明显增强,主要表现在三个方面:第一,语音的发展。此阶段幼儿基本能够掌握母语的全部语音,语音意识明显增强。第二,词汇的发展。3～6岁儿童词汇的发展主要表现在词汇量迅速增加、词汇类型不断扩大和词义理解逐渐确切。第三,语法的发展。此阶段幼儿对语法的掌握主要表现在句型及句子结构的发展和句子的理解运用两个方面。

除了语言发展的一般规律之外,还存在一些语言发展异常的情况。可简单分为两大类:一是具有语言发展障碍的儿童;二是语言发展超常的儿童。

29

① https://www.nanrenwo.net/zlht/126486_2.html.

思考与练习

1. 简述 0~6 岁幼儿各年龄段语言发展的特点。

2. 在日常生活中选择一名 0~6 岁的幼儿进行观察，记录其特殊的语言现象，并加以分析。

3. 语言发展障碍儿童的表现是什么？影响因素包括哪些？

4. 你身边有没有语言发展障碍或者语言发展超常的儿童？观察记录其言行，并分析影响因素。

第三章 幼儿语言教育活动方案

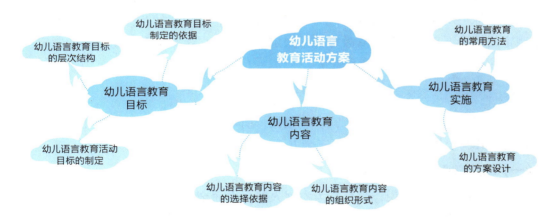

关键词

语言教育目标；语言教育内容；语言教育实施

学习目标

1. 了解幼儿语言教育的目标。
2. 了解幼儿语言教育的内容。
3. 掌握幼儿语言教育实施的方案设计和常用方法。

知识结构图

幼儿语言教育目标的层次结构

幼儿语言教育目标制定的依据

幼儿语言教育目标

幼儿语言教育活动目标的制定

幼儿语言教育活动方案

幼儿语言教育内容

幼儿语言教育内容的选择依据

幼儿语言教育内容的组织形式

幼儿语言教育的常用方法

幼儿语言教育实施

幼儿语言教育的方案设计

　　本章共分三节，分别分析了幼儿语言教育目标制定的依据、层次结构和具体制定方法，介绍了幼儿语言教育内容的选择依据和组织形式，并阐释了幼儿语言教育活动方案的设计以及组织实施的常用方法。

第一节　幼儿语言教育目标

案例导入

　　王老师是一位幼儿小班的主班教师，通过对本班幼儿的留心观察，她发现班上的大部分幼儿喜欢拿起画笔在纸上乱涂乱画，没有主题，随意性很大，还有一部分幼儿不愿意动笔参与绘画活动。于是她设计了儿歌活动"我是小画家"，期望通过儿歌中富有情趣和节奏感的语句，让幼儿在快乐的朗诵中真切感受到画画是一件多么好玩儿的事情。

问题

　　王老师设计儿歌活动"我是小画家"的目的是什么？幼儿语言教育活动的目标制定有什么依据呢？

　　意识性和目的性是教育活动的基本特征。任何对人的培养活动，都是在教育目的指导下进行的。教育目标是教育活动的出发点和归宿，指引着教育活动的方向。幼儿语言教育目标是幼儿教育总目标的一个有机组成部分，是根据幼儿保育和教育的总体要求制定的。接下来，本节将从教育目标制定的依据、层次结构及活动目标的制定三个方面来进一步了解幼儿语言教育目标。

一、幼儿语言教育目标制定的依据

　　任何教育目标的制定都必须有其客观依据，而不是凭空而来的。就幼儿语言教育目标而言，其制定依据主要包括以下三个方面。

（一）幼儿身心发展的特点

　　从个体发展的角度来说，教育是为实现人的自由而全面发展服务的。一方面，幼儿语言教育目标应当符合幼儿身心发展规律。也就是说，幼儿语言目标应以幼儿的语言发展需要和特点为依据，根据他们身心发展的客观进程和规律来实施教育。另一方面，要在充分了解幼儿语言发展的特点、进程和机制的基础上，根据幼儿的实际情况和水平来确定其语言教育及发展的方向，既不可"拔苗助长"，也不应"故步自封"。

（二）幼儿语言的学科性质

　　语言作为一门独立的学科，或者说幼儿教育中的一个领域，有其独特的教育功能和逻辑结构，幼儿学习语言也有其特殊的规律。幼儿语言教育目标应当充分考虑语言的学科特性及其对幼儿的教育价值和功能，尊重幼儿语言学习的特点和心理顺序，制定符合幼儿语言学习特点的适宜的教育目标。具体来说包含以下几点：第一，应明确幼儿语言教育的主要目标是促进幼儿语言运用能力的提高，而不是语言知识的增长；第二，应注意语言教育目标的整合性，除了关注幼儿语言能力的进步外，同时要关注其学习语言的兴趣等情感态度和语言认知的综合发展。

（三）我国社会发展的需要

从社会发展的角度来看，教育是为社会发展服务的。一个社会的经济、政治、文化发展情况，决定了教育需要培养什么样的人才来为维护社会稳定，促进社会发展服务。从某种程度上说，教育是使人从"自然人"发展为"社会人"，是人社会化的过程。就我国而言，首先，教育目标应当反映中国特色社会主义在现阶段的价值观念和取向。教育是传承我国优秀传统文化、社会价值观念的有效途径。其次，教育目标应当适应我国现阶段生产力发展水平对人才培养的要求。马克思主义哲学认为，经济基础决定上层建筑。当教育培养的人才能够适应现阶段生产力发展水平时，便对社会进步具有促进作用；反之，则会阻碍社会发展。最后，教育目标还应具有前瞻性，考虑未来社会发展的需要。

二、幼儿语言教育目标的层次结构

幼儿语言教育目标可以从纵向和横向两个角度进行层次划分。

（一）纵向结构

从纵向角度来看，幼儿语言教育目标可分解为幼儿语言教育总目标、年龄阶段目标和具体活动目标三个层次。

1. 幼儿园语言教育总目标

幼儿语言教育总目标是幼儿园实施语言教育活动的总纲领和指导方针，是三年幼儿园语言教育所期望能够达到的最终结果。2001年，教育部印发了《幼儿园教育指导纲要（试行）》(简称《纲要》)，明确规定了幼儿语言教育的总目标。

（1）乐意与人交谈，讲话礼貌；

（2）注意倾听对方讲话，能理解日常用语；

（3）能清楚地说出自己想说的事；

（4）喜欢听故事、看图书；

（5）能听懂和会说普通话。[①]

2. 幼儿语言教育年龄阶段目标

幼儿语言教育的年龄阶段目标，是幼儿语言教育总目标在每个年龄阶段的具体化。针对不同年龄阶段幼儿的身心发展特点和语言能力水平，具体规定了这个阶段幼儿所能达成的语言发展目标。2012年，教育部印发了《3—6岁儿童学习与发展指南》（简称《指南》），在《纲要》的基础上，进一步将幼儿语言教育目标划分为两大类共计6条。

[①] http://old. moe. gov. cn//publicfiles/business/htmlfiles/moe/moe_309/200412/1506. html.

（1）倾听与表达

①认真听并能听懂常用语言；

②愿意讲话并能清楚地表达；

③具有文明的语言习惯。

（2）阅读与书写准备

①喜欢听故事，看图书；

②具有初步的阅读理解能力；

③具有书面表达的愿望和初步技能。

关于幼儿语言教育目标内容，《指南》不仅对《纲要》进行了完善，而且进一步在每一条目标之后，详细说明了不同年龄阶段幼儿的具体语言发展目标。例如，倾听与表达中的"认真听并能听懂常用语言"，3~4 岁、4~5 岁、5~6 岁幼儿的年龄阶段目标各有不同。[1]（详见表 3-1）

表 3-1　幼儿语言教育年龄阶段目标案例

3~4 岁	4~5 岁	5~6 岁
1. 别人对自己说话时能注意听并做出回应。 2. 能听懂日常会话。	1. 在群体中能有意识地听与自己有关的信息。 2. 能结合情境感受到不同语气、语调所表达的不同意思。 3. 方言地区和少数民族幼儿能基本听懂普通话。	1. 在集体中能注意听老师或其他人讲话。 2. 听不懂或有疑问时能主动提问。 3. 能结合情境理解一些表示因果、假设等相对复杂的句子。

3. 幼儿语言教育活动目标

幼儿教育活动通常是指教师以多种形式有目的、有计划地引导幼儿生动、活泼、主动活动的教育过程。《纲要》明确规定，教师应在《幼儿园工作规程》和《纲要》的指导下，结合本班幼儿的发展水平、经验和需要来确定教育活动目标。[2]幼儿语言教育活动目标是通过一次或某几次语言教育活动所期望幼儿获得语言方面的某些发展，是最为具体的目标。它具体指导着语言教育活动的进行，并通过语言教育活动效果的反馈不断得以调整和完善。教师应根据幼儿的年龄特点、原有水平和能力，活动的内容和性质来确定具体的语言教育活动目标。例如，中班故事活动"小老鼠的魔棒"的活动目标为：①初步理解故事内容，尝试讲述小老鼠使用魔棒的有趣情节；②体验魔棒的神奇，体会帮助别人带来的快乐；③创编故事结尾，感受创作的乐趣。[3]这些目标具体、明确，具有可操作性，直接引导着教师的活动开展及评价。

（二）横向结构

从横向角度来看，按照《指南》的划分，幼儿语言教育目标主要包含倾听与表达、

34

---

① http://old. moe. gov. cn/publicfiles/business/htmlfiles/moe/s3327/201210/xxgk_143254. html.

② http://old. moe. gov. cn//publicfiles/business/htmlfiles/moe/moe_309/200412/1506. html.

③ 郭咏梅. 幼儿园优秀语言活动设计 70 例 [M]. 北京：中国轻工业出版社，2015：38.

阅读与书写准备两大部分。而根据本杰明·布鲁姆（Benjamin Bloom）和辛普森（E. J. Simpson）的分类，幼儿语言教育目标的每个部分又都包含认知、情感态度和动作技能三个维度的子目标。布鲁姆等人认为，认知目标包含从低级到高级，由简单到复杂共六个水平，分别为知识、领会、运用、分析、综合、评价。情感态度目标根据价值内化的程度分为接受、反应、价值化、组织、价值体系个性化形成五个等级。辛普森把动作技能目标分为知觉、定向、有指导的反应、机械动作、复杂的外显反应、适应、创新七级。[①] 以中班故事活动"象鼻子滑梯"为例，其活动目标为：①初步感知故事的结构，知道完整的故事是由时间、地点、人物、情节等关键要素组成的；②尝试用有序、较完整的语言描述故事情节；③喜欢和同伴一起讲故事，体验其中的乐趣。[②] 其中，第一条目标就是认知目标，第二条是动作技能目标，而第三条则是情感态度目标。

三、幼儿语言教育活动目标的制定

幼儿语言教育活动目标是幼儿语言教育目标体系中最具体、最具有操作性的部分，它直接指引着教师设计和开展幼儿语言教育活动。同时，教师也是幼儿语言教育活动目标的制定者。由上文可知，幼儿语言教育活动目标应当在符合社会发展需求、尊重幼儿身心发展特点以及语言教育的学科性质基础上进行制定。那么，具体应该怎么制定呢？下面将从幼儿语言教育活动目标的价值取向和目标的具体表述两个方面进行分析。

（一）幼儿语言教育活动目标的价值取向

由于对幼儿语言发展、语言教育活动和社会需求的不同理解，幼儿语言教育活动目标体现出不同的价值取向，主要可概括为三种类型：行为性目标、生成性目标和表现性目标。

1. 行为性目标

行为性目标是以儿童可被观察的、具体的行为表述来进行目标设计，它指向儿童通过语言教育活动所发生的行为变化，关注的是可观察到的行为结果。行为目标具有客观性和可操作性，作为学校效果评价的依据，容易判断目标是否达成。比如，大班故事活动"十二生肖"，其活动目标如果设计为"能主动、大胆地用较完整连贯的语言表达自己对作品的理解"，就比设计成"感知十二生肖这一中国特有的民族文化，萌发民族自豪感"[③] 更明确地表明期望儿童在活动过程中做什么及其行为结果，这样更利于教师掌握幼儿的活动情况，并适当把握活动的进程和节奏。

2. 生成性目标

生成性目标，又称过程性目标、展开性目标，是指在教育情境中随着教学过程的开展而自然生成的教育教学目标，它是教育情境的产物和问题解决的结果。生成性目

---

① https://baike. baidu. com/item/ 教育目标分类理论 /4632245？ fr=aladdin
② 郭咏梅. 幼儿园优秀语言活动设计 70 例 [M]. 北京：中国轻工业出版社，2015：49.
③ 郭咏梅. 幼儿园优秀语言活动设计 70 例 [M]. 北京：中国轻工业出版社，2015：102.

标的本质是过程性，它注重从儿童获得经验的目的出发，强调儿童主动活动的过程，关注如何为儿童提供有助于他们自由发展的学习经验。比如，有教师在谈到大班辩论活动"晴天和雨天"的设计意图时说道：最近天气晴雨交替频繁，幼儿对此有许多的观点，有的说喜欢晴天，有的说喜欢雨天……你一言，我一语地展开了热烈的讨论。于是，教师设计了这个辩论活动，让幼儿尝试使用辩论这种语言表达形式，初步体验"轮流发表观点"和"辩驳对方观点"的辩论形式，发展辨析性的倾听能力。[①] 生成性目标是以儿童的表现为基础展开的，是儿童与同伴、教师、教育情境交互过程中所产生的教育目标，具有一定的随机性和不确定性，对教师的教育智慧具有较高要求。

3. 表现性目标

表现性目标是指每一个儿童在与具体教育情境的种种"际遇"中所产生的个性化表现。表现性目标并不事先规定儿童的行为变化，它关注的是儿童在复杂的教育活动中的创造性和个性化的表现，追求的不是儿童反应的同质性，而是表现的多元性。比如，一次中班幼儿"参观农贸市场"的活动，其表现性目标关注的不是"幼儿能够说出不同蔬菜的种类"或者"了解蔬菜的营养价值"，而是"讨论你最喜欢吃的蔬菜"或者"说说今天你吃蔬菜了吗，吃了什么蔬菜"等。所以，表现性目标无法衡量，也无法追求幼儿行为结果与预期目标一致，这也对教师专业素质和能力提出了比较高的要求。

（二）幼儿语言教育活动目标的具体表述

幼儿语言教育活动目标是幼儿语言教育目标体系中最具体的一环，是完成幼儿语言教育任务，实现幼儿语言教育日目标、周目标、月目标等活动目标的基础和保证，直接关系着教师组织开展幼儿语言教育活动，语言教育活动目标的具体表述是教师教育教学能力的重要方面。科学设计、恰当表述幼儿语言教育活动目标，既是幼儿语言教育活动顺利开展的保证，也是教师提高专业技能的有效途径。

1. 幼儿语言教育活动目标表述的基本要素

对于如何表述教育活动目标，学界较为一致的观点是重点描述学习者行为及能力的变化。也就是说，行为的表述是教育活动目标最基本的要素。1962年，马杰（R. F. Mager）在其《程序教学目标的编写》一书中提出，教育活动目标包含三个基本要素：行为、条件和标准。"行为"是学习者通过教育活动后能做什么，教师可通过观察学习者的行为判断目标是否达到；"条件"是指学习者的行为在什么条件下发生；"标准"是指合格行为的最低标准。[②] 例如，大班诗歌活动"假如我有翅膀"的活动目标为"欣赏诗歌，学习仿编诗歌，学习使用'假如我有翅膀，我要……和……'的句式"。在这个目标中，"学习仿编诗歌"是"行为"，"欣赏诗歌"是行为发生的"条件"，"学习使用'假如我有翅膀，我要……和……'的句式"则是合格行为的"标准"。可见，"行

---

① 郭咏梅. 幼儿园优秀语言活动设计 70 例 [M]. 北京：中国轻工业出版社，2015：102.
② 黄瑾. 幼儿园教育活动设计与指导 [M]. 上海：华东师范大学出版社，2014：32.

为"是目标表述的核心要素，而对行为的表述离不开动词的运用。接下来根据教育目标分类，从认知目标、情感态度目标和动作技能目标三个方面列举一些常用的动词。（详见表3-2）

表3-2 行为目标常用动词举例 [1]

类型	子维度	常用动词
认知目标	知识：对信息的回忆	列举、说出……的名称、复述、排列、背诵、回忆、选择、叙述、解释、选择、归纳、猜测、举例说明、区别
	领会：用自己的语言解释信息	举例说明、区别
	应用：将知识应用到新的情境	运用、计算、示范、说明、解释、解答、改变
	分析：将知识分解，找出各部分间的联系	分析、分类、比较、对照、区别、图示、指出
	综合：将各部分知识重新组合，形成新的整体	创编、设计、提出、归纳、总结
	评价：根据一定标准进行判断	比较、评定、判断、证明、说出……的价值
情感态度目标	接受或注意：愿意注意某事件或活动	听讲、知道、注意、接受、赞同、选择
	反应：乐意以某种方式加入，以示做出反应	陈述、回答、列举、遵守、完成、听从、欢呼、表现、帮助、选择
	评价：对想象或行为做出价值判断，表示接受	接受、承认、参加、完成、解释、区别、判别、支持、评价
	组织：将不同的价值标准组成一个体系，并确定它们之间的相互关系	讨论、确定
	价值或价值体系个性化：具有个性化的机制体系，以指导自己的行为	相信、拒绝、改变、判断、解决
动作技能目标	知觉能力：根据环境刺激做出调节	旋转、接住、移动、踢、保持平衡
	体能：基本素质的提高	有耐力、反应敏捷
	技能动作：进行复杂的动作	演奏、使用、操作
	有意的沟通：传递情感的动作	用动作表达感情、改变面部表情、舞蹈

2. 幼儿语言教育活动目标表述的形式

幼儿语言教育活动目标的表述形式从不同的角度有不同的划分。就教育活动主体而言，主要有两种表述形式：一是站在教师的角度，阐述教师在活动过程当中应当做什么，强调教师的行为表现。比如"让幼儿学会……""培养幼儿……的习惯""提高/增强幼儿……的能力""为幼儿提供……""重点示范……"等，这些都是常见的站在教师行为角度的教育活动目标表述形式，强调教师在教育活动过程中的主导地位。而目前学界普遍倾向于以幼儿为中心，突出幼儿在教育活动中的主体地位。因此，第二

37

① 乌美娜.教学设计 [M].北京：高等教育出版社，1997：144-149.

种是站在幼儿的角度，阐述幼儿在活动中的行为表现或经过活动后的行为结果。比如"愿意／喜欢／乐于／知道／理解／学会／尝试／能够……""对……感兴趣"等都是常见的站在幼儿角度的目标表述形式。

3. 幼儿语言教育活动目标表述的要求

幼儿语言教育活动目标是对活动后幼儿能得到某些方面发展的期望，目标的设计要从幼儿的实际出发，立足于幼儿现有的语言发展水平，是其通过努力所能达到的水平。在具体的幼儿语言教育活动目标设计中，应把握以下基本要求。

第一，目标表述的语言要准确。幼儿语言教育目标，从纵向体系来看，层次越低，针对性越强，目标对教育活动的指导越直接、越具体。语言教育活动目标是最底层的目标，其特点就是具体、明确，操作性强。因此，在进行目标表述时，语言一定要准确，具有针对性。比如，小班儿歌活动"虫虫飞"，如果只把目标表述为"学习朗诵儿歌"，就过于笼统、没有针对性了；假如将目标表述为"学习有节奏地朗诵儿歌，发准'h''t''d'的音"，针对性就比较强了。在具体准确表述的同时，要注意避免冗长啰唆。例如，中班谈话活动"少吃冷饮身体好"的目标之一是"让儿童知道冰棍、冰激凌、冰镇饮料等冷饮吃多了会腹痛、腹泻，引起消化不良、食欲不振，对人体有害"。这样的表达就过于冗长啰唆，可以修改为"知道冷饮吃多了对肠胃的害处"，具体的害处则可以在活动过程中进一步讨论。

第二，目标表述的重点要突出。就某一个教学活动而言，目标的重点即为整个教学活动的重点。如果目标表述的重点不突出，那么教学活动的重点就难以表达清楚、确切。比如大班早期阅读活动"鳄鱼怕怕，牙医怕怕"的活动目标之一是"喜欢阅读绘本，积极参与阅读活动，并养成爱卫生的好习惯"。这样的表述没有体现该活动的重点，在一定程度上说明教育设计者的思路还不够清晰。如果将其修改为"喜欢阅读绘本，积极用不同的语调为画面配音""懂得爱护自己的牙齿，养成早晚刷牙、饭后漱口的好习惯"，就能够更好地突出本次活动的重点。

第三，目标表述的难度要适宜。活动目标必须考虑幼儿的认知水平及其他客观条件的限制，不能"想当然"地进行设计。科学的活动目标应该处于幼儿的"最近发展区"之内，既不过难，也不过易。比如，小班诗歌活动"矮矮的鸭子"的目标之一是"儿童能够根据诗歌中的结构尝试迁移生活经验仿编诗歌"。小班小朋友年龄通常在3~4岁，这个阶段的小朋友说话仍以简单句为主，这样的目标显然已经超出他们的语言能力范围，难以通过活动实现。如果将其修改为"感受儿童诵读的情趣，掌握朗读儿歌的节奏"，就比较切实可行了。再比如，大班诗歌活动"家"的目标之一是"学习并理解叠词'蓝蓝''绿绿''弯弯''红红'的含义"。这样的目标对于大班幼儿来说就太过简单，没有挑战性，对于促进他们语言能力的提高意义不大。但如果修改为"学会用轻柔、优美的声音朗诵儿歌""尝试用'……的……是……的家'句型仿编儿歌，体验诗歌仿编的成功感"，就比较合适了。

第四，目标表述的角度要统一。上文提到，目标表述根据行为主体的不同，主要可分为教师角度和幼儿角度。也就是说，在表述语言教育活动目标时，既可以站在教师角度，说明教师期望通过教育活动帮助幼儿获得哪些发展；也可以站在幼儿角度，说明幼儿通过学习，应该知道什么、能够做到什么的态度和行为改变等。一般情况下，站在教师角度表述幼儿语言教育活动目标时，会使用到"培养""激发""帮助""促进""激励"等指示词，表达需要教师做什么；而"学会""能够""理解""掌握""愿意""体会"等指示词，常常用来表述幼儿的学，即站在幼儿角度书写活动目标。无论采用哪种角度来进行活动目标设计，都必须保证一点，那就是一个活动方案中的目标表述都必须站在统一的角度来写，避免出现第一条目标站在教师角度，第二、三条目标又站在幼儿角度等类似情况。

第二节　幼儿语言教育内容

案例导入

　　早饭洗手时，从盥洗室传来了孩子们嬉笑谈论的声音："我刚看老师推来的早饭是肥皂，哈哈，今天我们吃肥皂！"

　　"吃肥皂！"孩子们欢快地应和着。

　　"老师，今天的早饭是肥皂哦。"梦晨和伊涵跑过来告诉我，语气中流露出一丝神秘。

　　"哎呀！真的吃肥皂！"我走到饭车前一看，今天的早饭是黄色的发糕，方方正正的，乍一看还真像几块儿肥皂呢。我拿起一块发糕自言自语："真奇怪，今天居然请小朋友们吃肥皂！"同时故意流露出一脸的惊喜和疑惑。

　　"哈哈，老师说真的以为是肥皂，我妈妈手机上的短信说今天吃发糕和豆腐脑！"孩子们窃窃私语，那是他们在笑话我连发糕都认不出来呢。

　　我顺势提问："看，这'肥皂'还像什么？"

　　"像一张桌子。"

　　"像一块叠着的毛巾。"

　　…………

问题

　　案例中的老师为什么将错就错，把发糕说成肥皂呢？这样做有什么好处？这个活动是教师预先设计好的还是临时起意的呢？这给我们什么启示呢？

　　幼儿语言教育内容是幼儿园为幼儿提供的语言形式、语言内容和语言运用的基本知识、基本态度和基本行为方式的综合，是幼儿学习语言、获得语言经验的载体。那么，教师应当如何选择适宜的语言教育内容？又应当以什么样的形式将语言教育内容呈现给幼儿呢？让我们带着这些问题，走进这一节的学习。

一、幼儿语言教育内容的选择依据

幼儿语言教育内容是实现幼儿语言教育目标的载体，它不是随意确定的，而是具有一定的依据。在选择幼儿语言教育内容时，既要符合幼儿语言教育的目标，又要考虑幼儿语言发展的需求，同时还应兼顾语言教育活动自身的特点。

（一）幼儿语言教育的目标

语言教育目标是教师开展语言教育活动的方向标，是选择语言教育内容的直接依据。适宜的语言教育内容能够促进语言教育目标的实现。首先，语言教育的根本目标是促进幼儿语言能力的提高，而语言能力主要包括听、说、读、写（幼儿阶段指前阅读和前书写能力）四个方面。因此，在选择语言教育内容时，应当思考其是否有助于幼儿四种能力中的一种或几种的发展。其次，幼儿语言教育目标主要包括认知、情感态度和动作技能三个维度。因此，要在深入分析此三维目标体系的基础上，协调找到适宜的幼儿语言教育内容。最后，因为有时候语言教育目标与内容并不可能都一一对应，一个活动内容可以体现多重教育目标，而一个教育目标也有可能需要多次活动才能实现。所以，教师需要对幼儿语言教育总目标和年龄阶段目标做到心中有数，才能有的放矢地选择适宜的教育内容，在相互联系和渗透中落实教育目标。

（二）幼儿语言发展的需求

幼儿语言发展的生理机制、心理顺序以及认知的阶段性规律，是选择语言教育内容的根本依据。在学前期，幼儿以口语发展为主，并逐渐从口语交际向书面语学习发展。这种转换不是直线进行的，而是交叉进行的，且两者并非截然分开而是相互联系的。因此，在选择幼儿语言教育内容时，应当符合幼儿此阶段的语言发展规律，既要考虑口语和书面语的不同特点，又要注意它们之间的交叉融合，尽可能做到既有交叉，又有侧重。此外，幼儿学习语言是一个持续不断积累语言经验的过程。所以，教师选择的语言教育内容，应当是能为幼儿提供有效的语言经验，即能够为幼儿所学且内化为他们自身语言经验体系之中的经验。也就是说，教师应当充分了解幼儿已有的语言经验和他们的语言发展需求，在此基础上选择适宜的语言教育内容，注意内容与经验之间的联系性以及内容本身的连贯性和持续性，从而使每一次获得的语言经验都能成为今后语言学习的基础，使经验与经验之间既有横向的相关性，又有纵向的连续性，真正达到新旧语言经验之间的有机联系。

（三）语言教育活动的特点

幼儿教育活动分为健康、语言、科学、社会、艺术五大领域，不同领域的活动其特点也不一样。幼儿语言的发展与其思维、情感、经验、社会交往能力等其他方面的发展具有密切联系。也就是说，幼儿的语言发展不可能孤立存在，而是与其他方面的发展相伴进行的。所以，各领域相互渗透的整合活动是幼儿语言教育的重要形式。幼儿语言学习和发展不仅局限于专门的语言教育活动，而且渗透在健康、科学、社会、艺术领域的活动以及日常生活和游戏活动中。从这个角度来说，幼儿语言教育活动的选材是极其丰富的，几乎任何领域的素材都可以与语言教育内容相融合。比如，以绘画活动"我爱我家"为例，小朋友画出自己心目中家的样子是本次活动的主题，但教师同样可以在绘画的基础上，请小朋友展示、讲解、分享自己的作品。这样，既帮助了他人对幼儿作品的理解，也锻炼了幼儿的语言表达能力。

二、幼儿语言教育内容的组织形式

语言教育内容如此丰富，那么应该以何种形成将其呈现出来，以达到最佳的教育效果呢？按照活动的主要目标和发生场域，可将其分为专门组织的语言教育活动和渗透的语言教育活动两大类。

（一）专门的语言教育活动

专门的语言教育活动是指教师以促进幼儿语言能力发展为目的，有计划地组织的教育活动。通常，教师会为幼儿提供丰富的语言学习材料、充分的语言交流和互动机会，设定一定的语言运用规则，促进幼儿日常积累的零碎语言经验得到提炼和深化。常见的幼儿专门语言教育活动主要有谈话活动、讲述活动、文学作品活动、早期阅读活动和语言游戏活动。

1. 谈话活动

谈话活动是幼儿根据已有经验，围绕某一话题倾听他人的看法，并表达自己想法的活动。谈话活动与讲述活动不同，它是一种双向互动的语言交流活动，而且运用的主要是口语而非独白语言。通常情况下，教师会创设一个轻松、自由的交流环境，让幼儿围绕自己熟悉的人或事物进行谈话。这种谈话可以是集体的，也可以是小组的。谈话活动的重点是培养幼儿运用口头语言与他人交流的意识、情感和能力。

2. 讲述活动

讲述活动是幼儿表达对某一事物（某人、某事、某物）的认识和看法的活动。教师要为幼儿创设较为正式的语言表达情境，鼓励幼儿大胆在集体面前进行讲述。这不仅可以锻炼幼儿的独白语言能力，而且能够在一定程度上促进他们的倾听能力。在幼儿园运用较多的讲述活动主要有三大类：一是图片讲述，即提供一张或一组图片，请幼儿用比较恰当的语言讲述图片中的主要人物、事件等；二是实物讲述，即提供某一事物，如水杯、文具盒、书包等，请幼儿讲述其外观、特征、用途等；三是生活经验讲述，即围绕幼儿熟悉的人或事，请他们讲述该人物的外形、性格特点、职业、与幼儿的关系等，或者讲述某一活动发生的时间、地点、过程等。

3. 文学作品活动

文学作品活动是以幼儿文学作品为载体，通过欣赏、学习、运用文学作品蕴含的语言经验，提升幼儿对有质量的书面语言的感知理解和运用能力的活动方式。其主要组织形式有：诗歌、散文作品的欣赏与仿编，故事作品的欣赏、理解、表演、仿编与续编，绕口令和谜语作品的学习与实践等。文学作品活动是一种集文学欣赏、作品演绎、语言表达于一体的全面综合的语言学习活动，着重培养幼儿欣赏文学作品和运用书面语言表达思想感情的能力。

图3-1　早期阅读／图片来源：未来强者网

4. 早期阅读活动

早期阅读活动是一种以书面语言为主，幼儿欣赏图书或绘画作品的活动。早期阅读活动重在培养幼儿的阅读兴趣和习惯，以及对文字的敏感性，而非书写能力的训练。也就是说，早期阅读活动是为儿童未来阅读和学习书写做准备的。概括起来，早期阅读活动主要有三种类型：一是前阅读活动，即学习、理解和制作图书，了解图书的画面、文字与口语之间的对应关系；二是前识字活动，即感受文字的功能、作用，了解识字的最基本规律和方法；三是前书写活动，即感受汉字的基本结构，认识汉字的书写特点和工具，学习书写汉字的基本方式。

5. 语言游戏活动

语言游戏是指为幼儿创设一种游戏情景，使幼儿在游戏中按一定规则练习口头语言，培养幼儿在口语交往活动中快速、机智、灵活地倾听和表达的能力。幼儿园最为常见的语言游戏是听说游戏，如巩固难发的音和方言中的干扰音，练习声调发音；扩展和丰富词汇量，练习词的用法，用词说话；在游戏中尝试运用某些结构的句子，锻炼语感。

（二）渗透的语言教育活动

除了专门组织的语言教育活动外，语言教育在幼儿生活中是无处不在的。根据幼儿园一日生活安排，可大致将其划分为日常生活中的语言交往、游戏活动中的语言交往以及其他领域活动中的语言学习三类。

1. 日常生活中的语言交往

语言是人与人之间交流想法、沟通意见的主要工具，几乎可以说是人类日常生活的必需品。日常生活中的语言交往除了增进人与人之间的理解和感情外，对幼儿而言也蕴藏着诸多的学习契机。幼儿可以通过日常生活中的语言交往积累丰富的语言经验，如：①注意倾听、理解和执行生活常规和成人的指令性语言；②学会使用礼貌用语与他人交往；③学习运用恰当的语言表达自己的需求，或表明自己肯定／否定、喜欢／不喜欢的立场和态度；④学习使用准确的语言对他人的话语做出回应；⑤学习运用平和的语言处理与同伴之间的矛盾和纠纷等。正如陶行知先生所说"生活即教育，社会即学校"，真实自然的日常交往情境是幼儿积累语言经验、学习运用语言的重要途径。

2. 游戏活动中的语言交往

游戏是幼儿最主要的活动，没有一个孩子是不热爱游戏的。在游戏中，儿童免不了要运用语言沟通游戏规则、调节游戏内容、分享游戏感受等。总之，语言是幼儿与游戏同伴沟通、合作、分享的重要工具。具体来说，渗透在游戏中的语言交往能够帮助幼儿积累的语言经验有：学习运用玩具并结合自身动作的自言自语、自娱或自我练习；学习运用语言表达自主选择游戏材料、内容和伙伴等；学习通过协商等语言方

图3-2 游戏中的语言交往／图片来源：东方头条网

式，解决与玩伴在选择游戏材料和内容、制定游戏规则过程中的冲突等。

3. 其他领域活动中的语言学习

其他领域的活动同样离不开语言交流。一方面，语言是其他领域活动的交流工具；另一方面，其他领域的活动也能为幼儿语言学习提供丰富的素材。比如音乐活动"春天在哪里"，幼儿在学唱歌曲的同时，也能感受到歌词的美，理解歌词的含义，并学会一些描述春天的词语。具体说来，渗透在其他领域活动中的语言教育可以帮助幼儿积累的语言经验有：一是注意倾听教师布置的活动任务；二是学习运用语言描述观察对象的特征，表述对其的认识和感受；三是理解语言与其他活动内容之间的相互关系，学习运用语言促进其他领域知识和能力的掌握，提高学习效率。

第三节　幼儿语言教育实施

 案例导入

小班语言活动：捏面人

活动目标：

1. 体验角色扮演的乐趣。

2. 学习有节奏地朗诵儿歌，发准"捏""要""啥"的字音。

3. 感知理解儿歌的内容。

活动准备：

1. 知识经验：幼儿前期观看过《西游记》的相关动画片或者接触过相关故事。

2. 物质材料：唐僧、孙悟空、猪八戒、沙和尚面人各一个。

活动过程：

1. 观察唐僧、孙悟空、猪八戒、沙和尚面人。

2. 教师边演示手中的面人，边朗诵儿歌。

3. 教师分段朗诵，幼儿依据提示边表演边学说儿歌。

4. 看面人，说儿歌。

问题

上述活动方案包含几个部分？你认为完整吗？教师运用了哪些方法组织本次活动？

　　教育是有目的、有计划、有组织的社会活动。幼儿语言教育的实施也不例外，需要提前设计好活动方案，并运用一定的教学方法来实现。那么，如何设计幼儿语言教育方案？幼儿语言教育有哪些常用的方法？让我们带着这些问题，走进这一节的学习。

一、幼儿语言教育的方案设计

　　在实施语言教育活动之前，教师通常要先设计活动方案，从而使教育活动按照预定的轨道，朝着预期的目标前进。一般而言，幼儿语言教育活动方案包括如下几项内容。

　　第一，活动名称。教师首先应确定本次活动的名称，也就是选定活动的主题。活动名称的常用写作格式为：适用的年龄班＋活动所属领域＋具体活动名称。

　　第二，幼儿情况分析。这个部分在一些应试题目中常常被省略，但在幼儿园活动设计中却是必不可少的一个方面。对本班幼儿的情况分析，了解幼儿的年龄特点和学习需要，是设计幼儿语言教育活动的重要依据。因此，教师应当用简略的语言概括本班幼儿的实际语言发展水平和特点，并说明设计意图。

　　第三，活动目标。方案设计中应写清楚本次活动预期幼儿能够达到的水平，现在常用的写法是从认知、情感态度和动作技能三个方面来写，但并不要求每一次活动必须面面俱到，可以只包括其中的一两个方面，要根据活动的具体情况来定。活动目标应尽可能写得具体，重点突出。

　　第四，活动准备。写明本次活动前的准备，包括材料准备和幼儿经验准备。在呈现方式上，通常先把活动的准备写出来，便于读者了解活动的流程；但在实际操作中，常常要先设计出活动的过程，才能最后确定所需的活动材料。

　　第五，活动过程，即活动的具体步骤。一个精心设计的活动过程首先应当写明活动的导入部分，然后按先后顺序写清楚活动的详细流程，包含活动的具体内容、组织形式和结束等。

　　第六，活动延伸。所谓延伸，就是本次活动结束以后，设计通过哪些方式来巩固和扩展本次活动中获得的新的语言经验。可以渗透到其他领域的活动中，也可以通过活动区活动、户外游戏活动、家园配合等形式的活动来实现。

第七，活动反思。这个部分通常要等活动组织结束后，教师根据自己和幼儿在活动过程中的表现以及活动效果，对本次活动方案做出客观的评价，肯定优点，并反思改进的途径。

二、幼儿语言教育的常用方法

幼儿语言教育方法是指具体组织实施语言教育活动的手段。幼儿语言教育活动不是随意组织实施的，而是以幼儿语言发展的理论和幼儿学习语言的客观规律为依据科学进行的。常用的幼儿语言教育方法主要有以下几种。

（一）游戏法

游戏法是指教师运用有规则的游戏，训练幼儿的正确发音，丰富幼儿的词汇和句型，发展幼儿语言运用能力的方法。游戏是幼儿最主要的活动，也是幼儿最喜欢的活动。运用游戏的方法进行语言教育是符合幼儿年龄特点和学习规律的，也是幼儿园常见的语言教育方法。运用游戏法进行幼儿语言教育时，要注意两个方面的问题：一是必须明确语言教育目标和游戏规则。游戏规则不是教师凭空制定的，而是根据一定

图 3-3　幼儿拍手游戏／图片来源：汇图网

的语言教育目标，旨在促成目标的实现而专门设计的规则。幼儿必须按照事前定好的规则进行语言游戏，这样才能实现语言教育的重点。二是创设情境，激发幼儿兴趣。在运用游戏法开展语言活动时，教师可根据游戏需要适当配合使用教具和学具，创设模拟现实的游戏情境。比如中班语言游戏"开火车"，教师可提前布置好"火车站"（包括火车、铁轨等），设置各城市站点牌，然后请一位幼儿扮演火车司机，其余幼儿扮演乘客，司机和乘客在一问一答中将火车开往不同城市。通过创设情境，每个幼儿都获得了扮演火车司机和乘客的机会，并在游戏过程中锻炼了倾听和对答的能力，熟练了各个城市名称的发音。

小案例

中班语言游戏活动"拍手歌"的活动目标之一是"学习按一定节奏念儿歌，注意发准二、三、四、十的字音"。游戏时边拍手边念儿歌"你拍一我拍一，一个娃娃开飞机；你拍二我拍二，两个娃娃丢手绢；你拍三我拍三，三个娃娃吃饼干；你拍四我拍四，四个娃娃写大字……"通过反复练习，达到准确发音的目标。

（二）示范模仿法

示范模仿法是指在语言教育活动中，教师通过示范规范的语言发音或使用正确的词汇、句型等，为幼儿提供语言学习的榜样，促进其掌握规范语言、提高语言能力的

方法。示范可以由教师亲自进行，也可以利用多媒体播放音频或视频，甚至还可以请语言发展较好的幼儿进行示范。观察模仿是学前儿童学习的重要方式，示范模仿法也是幼儿语言教育的常用方法。在应用示范模仿法时要注意以下三个问题：一是榜样示范一定要规范准确。不管采用哪种方法为幼儿提供语言学习范例，都应当保证示范语言是准确规范的。二是采用显性示范和隐性示范相结合的方法。"显性示范"是指教师在进行示范时，明确提出要求让幼儿模仿，并要求幼儿仔细观察教师的语言和动作。"隐性示范"是指让幼儿在不知不觉中得到暗示，进行模仿。显性示范和隐性示范各有其优势和劣势，两者结合使用，能够较好地达成教学效果。教师应根据幼儿的实际语言发展水平和教学活动的需要，灵活应用。三是在积极观察幼儿语言表现的基础上，适当运用强化手段。一方面，教师要为幼儿提供模仿学习的范例，尤其是比较难发准的音和新学习的词句等。另一方面，要关注幼儿平时的语言表现，善于发现其语言发展的个体差异，及时鼓励幼儿正确的语言行为和习惯。

（三）角色扮演法

图 3-4　幼儿角色扮演 / 图片来源：搜狐网

角色扮演法是指幼儿在教师的指导下，扮演文学作品中的角色形象，演绎其情节发展过程的方法。通过再现文学作品中的对话、动作、表情、故事情节等，加深幼儿对作品的理解，提高其语言的综合运用能力。角色扮演法是一种极具表演张力和创造性的幼儿语言教育方法，在应用时要注意以下问题：一是幼儿须完全理解作品内容。要将一个作品演绎出来，必须建立在对作品的完全理解和深入感知的基础之上。因此，教师应当通过学习、讨论等方式，确保幼儿已经完全掌握该作品之后，再运用角色扮演的方法进一步巩固和扩展幼儿的语言经验。例如，《小蝌蚪找妈妈》就是一个故事情节比较丰富有趣的作品，教师就可以运用角色扮演法来组织实施该语言教育活动。二是幼儿应该在体验角色的基础上学习对话。如果没有对作品内容和角色心理的体验，靠"死记硬背"人物对话的表演是没有生命力的。因此，教师应当引导幼儿理解角色并体验角色心理，在此基础上指导幼儿正确运

小熊让路
视频来源：爱奇艺

用语言、动作、表情等扮演角色，并鼓励幼儿在表演中创新内容，恰当进行动作设计以及人物心理刻画和渲染。比如，《小熊让路》是一个以同伴间相互谦让为主题的故事，这个故事中对话很少。教师在组织过程中可以引导幼儿思考"如果你是某种小动物，你心里可能会怎么想，又会说什么呢？"这样，幼儿对角色有了自己的理解和体验，有了自主说话的"权力"，表演起来就比较生动。

（四）实践练习法

实践练习法是指关注幼儿的技能训练、活动体验和情感体验的教学方法。语言的工具性质决定了语言学习的实践性。不管是语音、词汇还是语法的学习，都离不开幼儿的亲身实践和反复练习，然后才能运用自如。中班谈话活动"我的爸爸"的环节设置中既有"幼儿围绕'我的爸爸'自由交谈"，也有"幼儿在集体面前介绍自己的爸爸"。只有通过这样的反复实践，才能更好地锻炼幼儿的倾听他人和语言表达的能力。中班诗歌活动"家"的环节设置中既有"伴随音乐有感情地朗诵诗歌"，也有"进行诗歌仿编"。通过反复朗读练习，不仅能够促进幼儿的准确发音和词汇掌握，而且能够加深幼儿对诗歌情感内容和句式结构的理解。通过实践仿编，不仅能够促进幼儿真正掌握诗歌的句式结构，而且能够激发他们的想象力和创造力。

以上介绍的是幼儿语言教育的常用方法，在某一次语言教育活动中，可以根据幼儿的语言发展水平和教育活动的需要，灵活选用一种或综合使用多种方法。

本章小结

幼儿语言教育，0~3岁是以家庭成员的语言教育为主，3~6岁是以幼儿园语言教育为主。本章讨论以幼儿园语言教育为主，家庭语言教育为辅。

幼儿语言教育目标是幼儿教育总目标的一个有机组成部分，是根据幼儿保育和教育的总体要求制定的。幼儿语言教育目标制定的依据主要是：幼儿身心发展的特点、幼儿语言的学科性质和我国社会发展的需要。从纵向角度，幼儿语言教育目标可分解为幼儿语言教育总目标、年龄阶段目标和具体活动目标三个层次。从横向角度，幼儿语言教育目标主要包含倾听与表达、阅读与书写准备两大部分，每个部分又都包含认知、情感态度和动作技能三个维度的子目标。幼儿语言教育活动目标的制定可从其价值取向和目标的具体表述两个方面进行分析。

幼儿语言教育内容是幼儿园为幼儿提供的语言形式、语言内容和语言运用的基本知识、基本态度和基本行为方式的综合，是幼儿学习语言、获得语言经验的载体。在选择幼儿语言教育内容时，既要符合幼儿语言教育的目标，又要考虑幼儿语言发展的需求，同时还应兼顾语言教育活动自身的特点。按照活动的主要目标和发生场域，可将幼儿语言教育内容分为专门的语言教育活动和渗透的语言教育两大类。

幼儿语言教育的实施需要提前设计好活动方案，并运用一定的教学方法来实现。在实施语言教育活动之前，教师通常要先设计活动方案。幼儿语言教育活动方案包含如下几项内容：活动名称、幼儿情况分析、活动目标、活动准备、活动过程、活动延伸和活动反思。幼儿语言教育方法是指具体组织实施语言教育活动的手段，常用的幼儿语言教育方法主要有：游戏法、示范模仿法、角色扮演法和实践练习法。

思考与练习

1. 试论述《幼儿园教育指导纲要（试行）》和《3—6 儿童学习与发展指南》中有关语言教育目标的关系。

2. 幼儿语言教育活动目标表述的要求有哪些？

3. 在选择幼儿语言教育活动内容时要注意什么？

4. 简述幼儿语言教育活动方案的框架结构。

5. 幼儿语言教育的常用方法有哪些？

第四章　日常生活中的语言教育

关键词

日常生活；家庭；幼儿园；语言教育

学习目标

1. 了解家庭和幼儿园日常生活中语言教育的特征。
2. 掌握家庭和幼儿园日常生活中语言教育的类型。
3. 了解家庭亲子阅读与幼儿园区角活动中的语言教育方法。

知识结构图

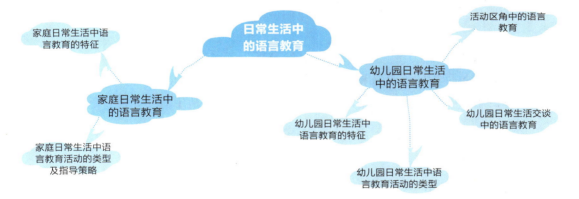

　　本章共分两节，分别从家庭和幼儿园两个维度来介绍日常生活中语言教育的特征、类型和指导方法。本章的学习重点是结合案例了解家庭和幼儿园日常生活中语言教育的特征和类型，学习难点是掌握家庭亲子阅读与幼儿园区角活动中语言教育的方法。

第一节　家庭日常生活中的语言教育

 案例导入

　　小班某幼儿的家长到幼儿园向老师反映说"我家宝宝每天回家都喊口渴"，并有点指责地说老师没有及时让幼儿饮水。老师解释说："我们每天都有固定饮水时间，并在户外活动结束后等环节提示让幼儿饮水，但幼儿从未向我们表达过想要饮水的意愿。"

问题

　　案例中幼儿出现的这种情况，主要原因是什么？它跟幼儿的语言表达能力有关吗？在日常教育方面应该做哪些适宜的配合和引导？

　　刚刚入园的幼儿，由于环境的变化，对周围的人和事都感到陌生，容易产生情绪不安，甚至变得"沉默寡言"。这时，教师应善于把他们安置在自己周围，和他们亲近，抚爱他们，以和蔼的态度、亲切的语言跟他们说话，使幼儿在感情上得到满足，幼儿的陌生感、胆怯情绪就会逐渐消失，对新环境、老师和同伴产生兴趣，并逐渐产生说话的愿望。教师应抓住契机，发展他们说话的兴趣，使他们有话愿意说，有事愿意讲。

　　结合小班语言目标中"说"的板块进行分析，可以看出，语言教育并非课堂活动的专属，日常生活中的语言教育非常重要。现在，让我们一起来学习家庭和幼儿园日常生活中的语言教育有哪些特征和类型以及如何在日常生活中对幼儿进行语言教育。

一、家庭日常生活中语言教育的特征

（一）渗透性

　　家庭日常生活中的语言教育是一种无意识的渗透过程，幼儿在观察、模仿家长谈话的过程中学习语音、语法，同时掌握一定的交往规则和交际习惯。这一过程注重幼儿语言运用能力的培养，在内容上，注重从幼儿的日常生活中取材，关注幼儿怎样更好地交往和表达；在手段上，注重幼儿自主操作、自助修正和正确运用等过程；在形式上，注重语言情境的创设，强调亲子间平等有效的语言互动。家庭日常生活中的渗透性语言教育，强调幼儿在自然语境中使用和学习语言，在亲子交流中提升语言能力，从而准确地运用语言表情达意。

　　幼儿每天在家都要玩耍、进餐、洗漱、睡觉、穿衣……这些都是幼儿必不可少的日常活动。在这些自然的生活情境中，幼儿总是会有意无意地与家长进行语言交流，这时候的交流往往能真实地表现幼儿的语言交际水平以及言语表达的态度和习惯。例如，幼儿穿不上衣服时需要请求家长帮助，解便后需要请求家人帮忙擦屁股，看完动画片后想要和家人分享等。在这些生活情境下，有的幼儿能娓娓而谈，有的却沉默寡言；有的能较完整和准确地表达自己的意见和想法，而有的却是半天说不清楚或需要用方言辅助表达。

（二）连续性

幼儿语言的发展具有阶段性，这些阶段的出现具有一定的发展顺序。语言发展阶段是一种大致的平衡状态，是对幼儿的语言发展做出的静态分析。但若从动态的角度来看，幼儿的语言发展则是一个连续的过程，具有连续性。幼儿语言的发展在新阶段和旧阶段之间并没有一个明确的界限，在新的发展阶段中含有旧阶段的许多特点，在旧阶段中已经孕育着新的发展阶段的一些重要迹象。正是这种发展的连续性，才使得幼儿的语言发展不断打破原有的平衡，进而重新整合建构，达成一种新的平衡，从一个阶段发展到另一个阶段。

幼儿语言是一个发展的概念，就像一条滚滚流淌的长河，时时刻刻都处于发展流动之中。在这种发展流动之中，幼儿运用自己的语言学习能力，不断地将一些新的语言现象纳入自己已有的语言系统或语言运用系统之中。新的语言现象包括：新的语言单位、新的语言规则和新的语言运用规则。模仿与创作以及二者之间相互作用，是新的语言现象产生的主要途径。

小案例

一个幼儿在 1 岁左右，开始使用简单的词组表达自己的意愿，例如看到食物时会说"吃、吃"，看到花草时，会说"花、花"。如果幼儿 3 岁时，仍只能用简单的词组与周围的人进行互动沟通，那么成人就应该加以示范和引导。例如成人指着一幅画面丰富的春天景象图问："你在画面中看到了什么？"幼儿回答："草"，成人接着问："还有呢？能不能说得更完整一些？"幼儿回答"花"。成人可以引导幼儿说："这是花，那是草。"幼儿复述："这是花，那是草。"

当幼儿的原有规则不能同化新的语言现象时，新的语言现象就会作为特例。当新的语言现象作为特例处理时，它的生成性并不强，但随着新的现象（外界的语言刺激）越来越多，这些众多的特例就会对原有的语言系统构成冲击，使原来系统失去同化能力，打破原有的平衡。这时，幼儿就不得不从这些"特例"中概括出新的规则，并把新规则与原有规则进行整合，以达到新的平衡，建构出一个新的系统。

针对幼儿的某种语言习惯或是语言学习上存在的某一现象，我们成人应该结合幼儿语言发展连续性的特点，给予幼儿连续性的语言示范和引导。我们须在家庭生活中关注到幼儿语言发展的现状，不失时机地抓住每一瞬间，循序渐进地、连续地来帮助幼儿发展他们的语言能力。

（三）补充性

家庭教育作为与幼儿园不同的教育系统，赋予幼儿的知识经验必然与幼儿园教育有所不同。幼儿在家庭生活里可以获得不同于书本的生动有趣的知识，并通过自己的亲身实践，使这些知识变得深刻而具体。另外，每位家长都有自己的教育风格，每个家庭都有自己的家庭氛围，它对幼儿的影响也是独特各异的。在家庭生活中，家长对幼儿知识的传授、对社会现象的态度以及对社会行为的选择，会通过亲子交往无声地传递给幼儿。这不仅让幼儿体验到爱和快乐，而且会增长他们的社会经验，为其发展带来终身影响。在日常生活中，家长对幼儿进行语言教育，让幼儿在自身活动过程中发展语言，他们既感兴趣，又能理解，还会说会用，是对幼儿语言学习的一种补充。作为家长，还可以多和老师沟通交流，了解幼儿语言发展的现状，并根据幼儿语言发展的需要，有针对性地进行补充性教育。

（四）输入性

幼儿在家庭生活里是在自然状态下学习语言的，主要是在其成长的方言区学习语言。由于幼儿生活经历少、口语表达能力弱，每位家长利用周围环境对进行幼儿的语言"输入"，潜移默化地影响着幼儿规范、文明、得体的语言"输出"。在家庭日常生活中，家长与幼儿的交流中随时随地地进行着语言的"输入"。家长有意识地规范语言的"输入"能够提高幼儿语言表达的规范性，具体表现为语音标准。此外，家长在与幼儿日常语言交谈中的语言修养，如讲话态度、声调、语气等等，对于幼儿都是重要的榜样示范。父母的语言是幼儿学习的楷模。在幼儿学习语言的道路上，幼儿除了在幼儿园的集体环境中接受良好的规范的语言教育，也在家庭日常生活中的语言输出要求规范、统一。

二、家庭日常生活中语言教育活动的类型及指导策略

意大利著名儿童教育家玛利亚·蒙台梭利认为："一个人的智力发展和他形成概念的方法在很大程度上取决于他的语言能力。"幼儿时期接受新生事物的能力和语言发展都特别快，大多数幼儿能简单地表达自己的见闻和感受。因此，幼儿语言表达能力的培养要从幼儿牙牙学语开始，从幼儿的生活中着手。这就需要幼儿园与家庭的密切配合，正确地引导和发掘幼儿的语言表达潜能，让幼儿的语言表达能力在成长过程中得到充分锻炼和发展。家庭作为幼儿成长的第一环境，父母作为幼儿的第一任老师，在幼儿的语言发展上起着至关重要的作用。我们如何充分利用家庭环境对幼儿进行语言能力的培养？家庭语言教育活动又有哪些类型呢？

图 4-1　家庭中的日常谈话／图片
　　来源：图虫创意

（一）日常谈话

习得是幼儿学习与发展谈话经验的主要方式，因此家庭中的日常谈话是其经验获得的重要方式。我们

可以利用生活中与幼儿的日常谈话，开展家庭生活中的语言教育活动。

1. 使用规范、准确的语言

与幼儿交谈时，不要跟幼儿说"儿语"（有的称之为"奶语"），而要用规范的语言。从幼儿一出生，我们跟幼儿讲话就力求准确规范，包括量词、副词、动词、形容词等的运用。如："一头牛"不要说"一个牛牛"，"三朵小花"不要说"花花"。很多成人认为，幼儿小，跟他说"儿语"才听得懂，于是对幼儿讲话时，便把"猫"叫作"咪咪"，把"小便"叫作"嘘嘘"，把不同的车统称为"车车"。久而久之，幼儿就把这些语言概念化、记忆化，当他与别人进行交流时就可能出现让别人听不懂，或会错意的情况，长此以往，就会影响幼儿的性格、人际交往和语言表达。而这些错误的表达，幼儿将在以后重新花时间来进行学习。

小案例

　　妈妈在贝贝小的时候教他把"小便"叫"嘘嘘"。有一天，贝贝在幼儿园午睡时，总在床上闹腾，老师为了让贝贝不影响到别人，就走过去，对贝贝做了一个安静的手势，并发出小声地提示"嘘"，结果贝贝一下子从床上翻起来，就往厕所跑。

　　贝贝把老师提示他要安静"嘘"的声音，当作了要他去小便的信号，所以翻身起床。造成老师与贝贝沟通无效的原因在于在家庭日常谈话中，妈妈跟贝贝使用"儿语"的错误表达。

2. 使用拟人化的儿童语言

在日常谈话中，成人多与幼儿讲"拟人化"的儿童语言，幼儿的语言表达就会显得生动而富有想象力。

小案例

　　倩倩不想睡觉还想玩玩具，妈妈就对倩倩说："哦，宝贝儿，你看玩具已经陪你玩了好长时间了，它们都很累很困了，没有力气了，宝贝儿把玩具宝宝送回家睡觉好不好？我们让玩具好好休息，明天才可以再跟宝贝儿玩哦！来，我们跟玩具说晚安！"

所谓拟人化的儿童语言不同于"儿语"，它符合幼儿心理，易于幼儿理解，充满童趣。在日常谈话中家长经常使用拟人化的儿童语言，能促使自己的幼儿在语言表达方面更具生命力和想象力。

3. 不模仿口齿不清的语言

幼儿在学习说话的过程中有时会出现口齿不清、发音不准的情况，如：把"吃饭"说成"七饭"，把"哥哥"说成"多多"，把爸爸说成"大大"等。有些家长觉得好玩，就会学幼儿这样说话。殊不知，这样会传达给幼儿"我这样说是正确的且受欢迎"的错误信息，幼儿就会更积极地表达，最终阻碍幼儿的语言发展。

4. 耐心倾听

日常谈话中，当幼儿结结巴巴、颠三倒四地说长句子，而一时又不能将整句话说完整时，家长千万不要着急，更不要嘲笑或生硬地打断幼儿。否则会伤害幼儿的自尊心，削弱幼儿说话的欲望和积极性，长此以往，幼儿就会怯于表达，严重的还会导致幼儿不愿意说话。

小案例

小军和妈妈看电视的时候，突然想吃饼干了，于是对妈妈说："饼干……嗯嗯……想吃……买的……妈妈我……饼干。"这时坐在旁边的小姨马上笑起来，指着小军说："太逗了，你说什么呢？再说一次。"这时，小军红着脸跑回了自己的卧室。

当发现幼儿在日常谈话中存在类似的情况时，我们要面带微笑和欣赏的表情，耐心地倾听，让幼儿把话说完，不要去重复幼儿的错误语序和用词，更不要去嘲笑、批评幼儿说错话，而要向幼儿说出正确的句子，并让幼儿感觉到这个句子就是他刚才说的。如同刚才案例中的情境，作为成人，我们可以用清晰的语言、舒缓的节奏、轻柔的语气微笑着说："噢，你是说'我想吃妈妈给我买的饼干'对吗？"其实这句话不是幼儿的原话，但"你是说……"这样的用词会让幼儿以为这句完美的句子就是自己说出来的，而且家人理解了自己的意思，幼儿内心就会有成就感、自豪感，会激起幼儿说话的兴趣，调动起幼儿说话的积极性和自信心。在日常谈话中，家人耐心地倾听，用正确的引导方式和处理方法去对待幼儿在语言发展中出现的问题，可以很好地促进幼儿语言能力的提升。

5. 刺激语言表达

1岁半左右是婴幼儿口语形成的关键期。这个阶段，成人除了多跟幼儿说话，多教幼儿发音外，还要有意识地刺激幼儿说话的欲望，给幼儿提供语言表达的机会。当幼儿有了愿望还不会说出来，而只用"嗯嗯嗯"的声音加上身体动作表达的时候，那些跟幼儿接触频繁的家人，可能就已经理解了幼儿表达不清的意思，于是他们便会很快满足幼儿的需求，以至于后来幼儿在面对同样需求的时候，就会用"嗯嗯嗯"来表示而懒得说话了，从而阻碍了幼儿的语言发展。

所以，当面对幼儿习惯性用"嗯嗯嗯"伴随肢体语言来表达自己愿望和需求的时候，我们要给幼儿更多刺激，促使他们用语言表达心中所想。成人可以故意装作没太理解幼儿意思，延迟对幼儿愿望的满足，促使他们积极调动发声器官与肌肉的力量，尽早完成动作到语言的飞跃。谨记，成人太快的满足，会使幼儿觉得仅用动作眼神就能实现愿望，便不必再费力气地用语言表达了。

6. 鼓励语言表达

现在，几乎所有的家长都知道对幼儿要实行"赏识教育"，要多夸奖、多鼓励，幼儿就会越来越棒。不过，表扬不要总是笼统地说："你真棒！"年龄越小的幼儿，成人对他的表扬要越具体，对待幼儿语言学习也同样如此。

语言包含很多方面，如音准、用词、语序、音量以及一句话的完整度等。表扬幼儿说得好，也可以具体到语言的某个方面。如：当你削水果时，幼儿对你说："妈妈，小心一点，别伤到手了。"你就可以夸奖幼儿说："谢谢宝贝儿的关心，你说的话让妈妈好感动，你真是个贴心的宝宝。"等幼儿大一点，掌握的词汇多了，你还可以赞美说："哇！你用这个词用得真好！""你说得真完整，意思表达得真清楚！"等，幼儿得到这样的夸奖，就会清楚地知道自己哪方面说得好，就会愈发在这方面努力表现，语言就会发展得越来越好。

（二）亲子阅读

美国教育家霍力斯·曼曾说："一个没有书的家，就像没有窗的房子。"幼儿的阅读能力对日后的认知发展影响巨大，早慧的幼儿有一个共同的特点，即喜欢阅读，早期阅读对幼儿的口语表达能力和思维发展都起着重要的作用。通过早期阅读，能够激发幼儿的学习动机和阅读兴趣，提高幼儿的语言能力，促进幼儿的健康发展。在欧美一些发达国家，早期阅读已得到了不少教育专家的肯定。一些心理学家和教育学家的研究表明，幼儿的阅读能力对日后的认知发展影响最大，早慧的幼儿有一个共同的特点，即喜欢阅读，早期阅读对幼儿的口语表达能力和思维发展都起着重要的作用。通过早期阅读，能够激发幼儿的学习动机和阅读兴趣，提高幼儿的语言能力，促进幼儿的健康发展。

松居直说："念书给幼儿听，就好像和幼儿手牵手到故事国去旅行，共同分享一个充满温暖语言的快乐时光；而亲子之间交换的丰富语言，是一个家庭最大的财富。"亲子阅读作为家庭生活中语言教育活动的一个重要类型，究竟能带给幼儿什么？对幼儿们来说，最大的收获就是知识的丰富与语言能力的提高。亲子阅读看起来似乎只是父母讲、幼儿听，但他们在这个过程中不仅会认识许多字，而且能学习到许多语言。幼儿听故事的过程，也是他们学习语言、运用语言的过程。在听故事的过程中，幼儿们还会产生许多联想、疑问，诱发他思考许多问题，发展他们的创造性思维。同时，在这种近似游戏的亲子阅读使幼儿与书建立了亲密的联系，逐渐爱上阅读，养成良好的阅读习惯。

1. 营造良好的阅读环境

（1）物质环境的营造

英国当代著名青少年文学大师艾登·钱伯斯说："阅读总是需要场所的。"而说起对于阅读场所的要求便是见仁见智的问题了。幼儿阅读的场所，只要是适合自己的就是好的，床、沙发、地毯、书桌等可以不拘一格，只要能为幼儿创设一个自由的、不受干扰的空间就可以。在这个空间里，要摆放着丰富的、幼儿喜欢的读物，使儿童受到阅读的自在和快乐。一方书柜是营造一个良好阅读场所的不错选择，好的阅读场所能够让儿童对阅读的兴趣更持久，阅读时变得更专注。除了可以为幼儿布置温馨美好的阅读场所以外，我们还可以定期和幼儿一起更新书架的图书，满足幼儿不同阶段阅读的需要；和幼儿一起给自己的书屋起一个特别的名字，增强幼儿对阅读的亲切感和兴趣；和幼儿一起制作一张幼儿能自己读懂的藏书表，以便于幼儿根据自己的需要来选择喜欢的图书。

（2）心理环境的营造

心理环境的营造包括亲子阅读的心态、家长本身的阅读习惯、培养幼儿阅读兴趣的方法三个方面。

①亲子阅读的心态

亲子共读是一件温馨又愉快的事，在情绪上是一种享受，父母不应多考问幼儿，以免造成幼儿情绪紧张。亲子共读一本书是亲子阅读的方法之一，不仅有助于幼儿语言能力、认知能力的发展，最重要的是一家人通过共读、讨论书中内容的过程，让彼此情感更加亲密。

②家长本身的阅读习惯

父母自身良好的阅读习惯对幼儿有潜移默化的影响，父母是否有意为幼儿进行阅读准备，是造成幼儿阅读能力、语言运用能力和学习能力差异的一个重要因素，父母应从培养自身的阅读兴趣入手。

③培养幼儿阅读兴趣的方法

在亲子阅读中，父母要注重给予幼儿自由表达的机会，促进幼儿词汇量的积累和语言表达能力的发展；要注重有意识地培养幼儿细致观察的能力，如观察前页内容推测后页可能会发生的事情，观察人物的表情和动作推测人物的内心活动，观察简单符号理解表达含义，等等；要注重丰富幼儿多样的情感体验，通过一系列假设性的提问，激发出幼儿的情感，丰富幼儿的情绪体验。

2. 选购合适的阅读图书

图书是幼儿进入阅读殿堂的阶梯。随着幼儿在年龄、心智、视觉、认知上不同程度的发展，需要各种不同的书籍伴着他们成长。因此，父母对图书的选择也是有阶段性的。为幼儿挑选适合其认知程度与兴趣的书籍，是吸引其阅读的关键。

（1）根据年龄特征选择图书

3~4岁的幼儿在视觉捕捉上已经相当敏锐，他们喜欢明亮的色彩，不过图画最好简单清晰，不要过于抽象，在比例上也该与实物符合，以免幼儿在理解上发生困难，这一阶段可以为幼儿选择一些配有简单插图的儿歌、童话和民间故事。5~6岁的幼儿随着生活经验的增长、词汇量的增加、想象力的丰富，可以给幼儿多层面的选择，如历史故事、童话、民间故事等，还可以根据幼儿的阅读能力选择一些有关历史、自然科学等方面的知识性的图书。

（2）根据不同体裁选择图书

儿歌、古诗是幼儿甜蜜的牛奶，这是对幼儿进行母语教育的一项重要手段，它们具有节奏感强、内容简单的特点。好的古诗和儿歌往往具有很强的感染力，能够使幼儿在潜移默化中受到良好的教育。故事是幼儿必不可少的维生素，听故事能哺育出聪明的幼儿。故事涉及面广，幼儿不仅在故事中认识社会，而且还在其中了解自然、增长知识。寓言是甘醇的饮料，寓言具有鲜明的哲理，它并不是对幼儿疾言厉色地说大道理，却总是巧妙地给幼儿以哲理的启示。童话是多彩的布丁，童话内容丰富，设计新颖，给幼儿提供了很大的想象空间，能更好地引导幼儿。家长可以根据不同体裁图书的特点为幼儿选择合适的图书。

（3）根据行为习惯选择图书

在亲子阅读中，家长可以根据幼儿不良的行为习惯来针对性地选择图书，以帮助幼儿及时地纠正。有的幼儿不懂礼貌，家长选择一些文明行为的图书，如《有魔力的字》；有的幼儿习惯性撒谎，家长可以有意识地选择有关诚实方面的书，如《皇帝的新装》等。

（4）根据兴趣爱好选择图书

父母应从幼儿自身的特点出发，选择一些幼儿特别感兴趣的图书，既保护幼儿的探究欲望，又增加幼儿的阅读兴趣。

3. 开展有效的阅读指导

亲子阅读过程中，可以选择的图书有多种形式，如静态图书、动态图书。阅读有多种方式，如：立体阅读——看一看、说一说、演一演、做一做、动一动；平面阅读——电视、网络等。在这里我们更多指的是狭义的静态图书的平面阅读。

（1）亲子阅读的阶段性

材料选定之后，亲子间可以开始阅读。共读只是一种形式，当幼儿太小无法阅读时，可以由大人的说、念替代。如3岁以前的幼儿由于手眼协调还没有完全成熟、稳定，这一阶段，可让幼儿看大图片，大人一面用手指着图片，告诉他图片的名称，一面让幼儿看大人的嘴型，同时速度放慢，咬字要清晰，并且多重复几次，这样等于同时教幼儿阅读和发音。幼儿由于年纪小，注意力、兴趣等无法集中，还不认识字，因此父母应为幼儿选一些情节单纯、故事简短的故事书或图画书，并且陪幼儿一起看，讲解书里的内容给幼儿听，使幼儿在无形中受到影响。

幼儿到了四五岁不再完全依赖图画，文字、情节、人物均可增多，故事要更活泼、有趣，而一些不完全熟悉的事物也会给幼儿带来新鲜感。父母在陪读时，不必照本宣科，在未讲之前可以让幼儿自己看图说故事，或讲完让幼儿重述一次，或问几个相关的问题，训练幼儿说话的能力；另外，也可以鼓励幼儿将他熟悉的故事大意讲给大人听，这样做，一则能看出幼儿的掌握程度，再则亦可培养其表达能力。

（2）亲子阅读的频率和时间选择

一周频率：正规阅读1~2次，次数太多会增加幼儿的负担，也增加家长负担。

时间选择：晚饭前、晚饭后1小时、睡觉前、周末的白天。已经养成习惯的，维持原有习惯；目前没有固定习惯的，第一次阅读时可以和幼儿共同商量，选择适宜时间段。（建议：如果是周末，最好在白天，平时可以选择晚上睡觉前）

（3）注意培养正确的阅读习惯

①逐页翻看，不要漏页或夹页。

②翻书时，不要抓中间，而要用手轻拉书角，轻轻翻起。

（4）亲子阅读8招

第1招：因为您爱，所以他（她）爱。

家长要爱读书，亲子阅读需要的是陪伴，是共读，不能说"我打麻将，你自己看书去"，或是大人拿着书就想睡觉等。如若这样，幼儿拿着书也不会兴奋到哪儿去。

第2招：选择喜欢、适合的书。

第3招：净手、静心。

看书前，先让幼儿洗干净手，零食拿掉、电视关掉，专心致志看书，培养好的阅读习惯。

第4招：舒服的姿势。

阅读时，可以亲子一起坐在沙发上，或者让幼儿坐在自己膝盖上，冬天天气较冷的时候，还可以和幼儿一起坐在被窝里，或者让幼儿坐在家长的怀里。

第5招：他（她）翻页，您读书。

让幼儿在阅读过程中有事可做，特别是针对年龄相对较小的幼儿来说，要建立他在亲子阅读过程中的成就感，我们可以让幼儿帮忙翻页，我们来读，让亲子阅读形成亲与子的共同体。

第6招：为幼儿有感情地朗读。

爱要说出来，书要读出来，爸爸妈妈的声音也很重要。

第7招：橱窗原理。

为了帮助幼儿形成亲子阅读的习惯，家长要把书放在客厅、卧室、床头、沙发、儿童书架等地方，随处可见、随时可取。把一本最想让幼儿看的书放在最醒目的位置，就像商场的橱窗展示，让幼儿自己感兴趣。

第8招：走到哪，读到哪。

幼儿园、书店、路牌、标识、广告……只要幼儿感兴趣的地方，我们都可以进行亲子阅读。

（5）亲子阅读的完全模式

第1步：兴趣引导；

第2步：自主阅读；

第3步：引导阅读；

第4步：亲子共读；

第5步：拓展延伸。

4. 记录甜蜜的阅读时光

相信在陪伴幼儿进行亲子阅读的过程中，作为父母经常会因为幼儿的某一句话、某一个举动或某一个提问而有所感触，在这不经意间的交流中，我们会发现幼儿成长了、变化了。在陪伴幼儿进行亲子阅读的过程中，为了不错过幼儿每一个思想迸发的瞬间，不错过幼儿每一点成长的记忆，帮助幼儿或与幼儿一起进行亲子阅读后的感悟，应该是记录幼儿阅读成长最好的方式。书写亲子阅读感悟可以帮我们记录下幼儿童年成长的书香记忆，亦可以帮我们留住那些亲子阅读过程中温馨而甜蜜的亲子时光。

那具体应如何来书写亲子阅读感悟呢？亲子阅读感悟的书写要抓住记录的四要素：阅读时间、阅读地点、阅读人、感悟内容。特别说明，"感悟内容"不是要我们概括我们所阅读故事的大意或帮助幼儿进行阅读内容中心思想的梳理，而是记录在与幼儿进行亲子阅读过程中的感触、发现或惊喜。它可以是亲子阅读时亲子间的对话，可以是幼儿提出的疑问，也可以是在阅读过程中幼儿的一些小举动或幼儿在阅读后的一些小发现和变化等。其次，我们的记录一定要真实、真情，做到随心而发，有感而发。最后，我们的文字可以简洁温情，如果重点是记录幼儿的发现，那就尽量用幼儿的口吻来进行描述，避免将故事进行复述，记录全是你问我答的对话等。

亲子共读最好的方法，就是陪着幼儿一起读书，不管是各读各的书，还是共看一本书，都会让幼儿体会到"我和爸妈正在共同做一件很重要的事"，久而久之，幼儿自然会把读书当成重要事看待并乐在其中，还可以使亲子的感情因共同回忆而更加密切。

一壶香茗、一架藏书，或纵酒吟诗，或抚琴寄趣的读书乐趣，已不再适合当下。但是在幼儿宝贵的童年里，为他提供几本好书，帮他建立起爱书、爱阅读的好习惯，也能让幼儿陶情于"瑶琴一曲来熏风"的乐趣里。新西兰儿童文学评论家怀特女士曾说过："图画书是儿童最早接触的书籍，是长久读书生活中最重要的书，孩子由其中发现乐趣的多少，会决定他一生是否喜欢读书。"对于每一个家庭而言，亲子阅读除了可以让幼儿增强语言能力以外，更能达成感情交流、经验传承与全家休闲娱乐之效果。

第二节　幼儿园日常生活中的语言教育

案例导入

中班集体教育活动中，有的幼儿频频举手，可是老师每次叫到他，他都会很久也表述不清楚自己的想法；有的幼儿能表述自己的想法，却总是不能用完整的语言表述。虽然老师在活动中尽量提醒幼儿要想清楚了再发言，要用完整的语言来讲述，可幼儿的这一情况并没有明显的改善。

问题

出现这些情况，你认为是幼儿的语言词汇量不够，还是幼儿的语言的表达能力以及语言的组织能力不足？那么，对于教师而言，除了集中教育活动中的语言教育，如何在幼儿园的日常生活中潜移默化地植入语言教育呢？

语言是人类社会特有的一种现象，是思维的工具，是认知能力的一种表现形式，是社会交往的工具，是幼儿社会化、个性发展的重要标志。幼儿通过语言理解他人的思想、情感，利用语言表达自己的感受、见解、愿望，倾诉自己的感情，参与社会交往活动，指导和评价自己的行为。3~6岁是发展幼儿语言能力的最佳时期，《幼儿园教育指导纲要》明确指出"语言能力是在运用中发展起来的"，所以，幼儿的语言教育在日常生活发展中是非常重要的。

一、幼儿园日常生活中语言教育的特征

（一）自然进入

在幼儿园，除了集中教育活动、游戏活动以外，一日生活各个环节中还有许多时间节点可以利用起来做"语言教育"。把所有零散的时间进行科学的计划，这样既可以逐步提高幼儿的语言能力，又可以轻松地引导幼儿进入老师设计的话题。如：在散步时，幼儿拾到一片落叶，开始想象它像什么，教师就可以以此为契机，让更多的幼儿参与其中，"我的落叶像什么，你的落叶像什么，它们拼在一起又像什么"，在自然轻松的环境中，幼儿各抒己见，既激发了幼儿口语表达的兴趣，又培养了幼儿的语言沟通能力。

（二）随时随机

幼儿园日常生活中的语言教育可以随时随机地进行，但虽然看似很随意地开展了，却不是随便的开始。每一次的"随机"，其实都在教师的预设、计划当中，从而引导幼儿有目的地进入各种话题。

在户外自由活动中，幼儿摔倒是在所难免的。特别是当一个低年龄段，若娇弱的幼儿摔倒后自己不能及时地爬起来，同伴会寻求老师的帮忙。这时老师可以通过语言引导同伴间相互帮助，如"你的好朋友需要你的帮助，你可以怎样帮助他？""好朋友帮助了你，你是不是有什么话想对他说呢？"等。这样的引导不仅让幼儿有了交流的机会，还对幼儿进行了情感教育。同时，老师还可以引导幼儿学会自己解决问题。"摔倒之后，如果没有人帮忙，我们该怎么办？""如果受伤了，我们还可以怎么办？"这样的对话，不仅锻炼了幼儿的语言沟通能力，还锻炼了幼儿自我服务的能力。

二、幼儿园日常生活中语言教育活动的类型

语言的发展是在与环境的相互作用中实现的。换言之，凡是有语言参与的活动，都可以用来对幼儿进行语言渗透，而渗透最直接的方式就是"语言输入"，验证其渗透效果的方式就是"语言输出"了。什么是"输入"？一般来说，"输入"就是听到并且记住的信息，或者学习到的、自己也能运用的经验。"语言输入"就是幼儿所接触的各种语言素材，这是语言学习的起点。没有语言输入，就谈不上语言学习。幼儿语言有三种不同水平的"输入"，即儿向言语（成人对婴儿的言语）、目标语言、伙伴语言。在幼儿园里，幼儿接触最多的是目标语言和伙伴语言。而说到"输出"，大家通常会想到在一台设备上进行了某种设置以后，设备运行，出现了实现设置的效果或成品。语言的"输出"又是什么呢？如在幼儿进餐时，老师会向幼儿介绍该餐的食物，并说明其营养价值："菠菜含有丰富的维生素和铁，吃了有助于我们长高。牛肉含有蛋白质，吃了让我们更加有力量。"通过这样的长期的积累，某一天幼儿再次食用菠菜和牛肉时，也可以说出它们的营养所在，这就是语言的"输出"。

幼儿在"输入"中学习、理解了某一方面的内容，然后经过自己的加工、复述，或自己组织语言表述出来的行为就是"语言输出"。因此，按照"语言输入"和"语言输出"两种方式来理解，幼儿园日常生活中语言教育活动的类型可分为三类：日常谈话、日常讲述、日常听说游戏。

（一）日常谈话

"谈话"是人与人交流时最普遍的方式。在幼儿园这个相对特殊的环境里，教师伴随着幼儿的一日活动，谈话是幼儿与教师之间沟通的最直接的途径。随着语言教育改革的不断深入，人们逐渐地意识到日常生活中的谈话对于发展幼儿口语能力的重要性。在语言教育中，要抓住日常谈话的契机，就要深入地了解"日常谈话"。

1. 日常谈话的特点

（1）语言的情景性

幼儿之间的谈话，一般没有什么目的性，他们可能在某个场景想到了什么，就可以和同伴聊起来。如在区域中看到一种玩具，会想起家里有类似的玩具，就会说起"我家有这个"，而一起谈话的同伴会自然而然地接话"我家还有那一种玩具呢"。于是，关于"我家有像××这样的玩具"的话题就由此展开了。

（2）话题的随机性

区别于谈话活动，幼儿日常谈话的话题是非固定的，是幼儿随机产生的。语言要求自由，不强求规范。幼儿可以根据自己的感受，将自己对话题的想法表达出来，与教师和同伴分享。

小案例

在活动中，老师提供装有水的大盆子、积木、铁制品、玻璃球、树叶、空瓶、海绵等材料，让幼儿通过操作、观察，探索物体的沉浮。老师说："这是一个很有趣的实验，你们把它们一个一个放到水里，就会知道哪些是浮在水面上、哪些是沉下去的。"当幼儿把这些材料一一放进盆里后，开始叫："老师，玻璃球沉下去了。""瓶子浮在水面上，积木也是浮在水面上。"教师又提出疑问："想一想，怎样让瓶子和积木也沉下去呢？又怎样让玻璃球浮在水面上呢？"幼儿马上开始想办法操作，有的用手按空瓶子，空瓶子就沉下去了，但一松手，发现空瓶子又浮起来。老师观察到会说："为什么它会浮起来呢？"幼儿回答："因为它太轻了。"老师又问："怎么让它变重呢？"幼儿马上想到在瓶子里装水，再放进盆里，看到瓶子时沉时浮，幼儿显得特别开心。整个过程中，老师不断变化话题，运用语言诱发幼儿思考并让他们有所领悟，让幼儿顺着老师的语言逻辑和思维顺序，一步步地操作探索。

（3）对象的多变性

当两个或几个幼儿正在交谈时，对他们话题感兴趣的其他幼儿可能会插话进来，并很自然地进入了话题的交谈中。也会有正在交谈的幼儿因为身边的其他事物激发了他的兴趣，便自行离开。这样的交谈就可能有新成员的加入，也会有老成员的离开，所以谈话的对象就会常常发生变化。

（4）时间和地点的宽松性

这一特点是最为明显的。如在选择游戏区域时，几个聚在一起的幼儿会交流"我们今天一起玩什么"，而幼儿的谈话又可以随时随地的发生和结束。

2. 日常谈话的类型

（1）个别谈话

教师可以利用幼儿园一日生活的各环节，如来园、散步、盥洗、离园等这些零散的时间与部分幼儿就某个话题进行交谈。但这种交谈不是随意进行的，而是经过了一定的计划和准备的，教师要考虑好本次谈话的目的、对象和内容。如盥洗时间，老师发现个别幼儿有玩水现象，那么在下一次盥洗前或盥洗时，教师可以针对个别幼儿谈谈"如何正确地盥洗"。

（2）集体谈话

与个别谈话相比，日常集体谈话的话题更自由，可以同时有多个话题，形式更活泼，可以是师生间的谈话，也可以是幼儿间的谈话或是师生与幼儿间的讨论等。这种谈话遵循着自由参加的原则，幼儿可以参加谈话活动，也可以从事其他的活动。如在小花园散步时，幼儿可能会突然对某种植物感兴趣。教师可以以此为契机，激发有兴趣的幼儿一起来聊聊。老师可以引导幼儿对植物进行观察，并让幼儿用语言表述自己观察的结果或想了解的部分，最后引导幼儿对自己刚才的收获进行小结。

（二）日常讲述

日常讲述活动可以按照多种方式进行划分。

1. 按照讲述内容进行分类

（1）叙事性讲述

叙事性讲述是指用口头语言把人物的经历、行为或事情的发生、发展、变化讲述出来，要求说清楚人物、时间、地点和原因，并说明事情发生、发展的先后顺序。如在户外活动中，当有几个幼儿发生纠纷时，总会有幼儿找老师"告状"。这时，老师就可以趁机引导幼儿将刚才发生的一切讲述出来。在讲述时，教师要注意引导幼儿说清谁和谁、在哪个地方、怎么了、谁做了什么、后来谁和谁又发生了什么、需要老师怎么帮忙。

（2）描述性讲述

描述性讲述是指用生动形象的语言，把人物的状态、动作或物体以及景物的性质、特质具体讲述出来的讲述方式。如在离园时，教师可以和幼儿聊聊"今天谁来接我"，然后引导幼儿说说来接自己的这位家人是什么样的头发（长头发、短头发、卷卷的头发）、直直的头发、什么样的脸型（圆圆的脸、尖尖的脸、椭圆的脸）、什么样的个子（高高的个子、瘦瘦的个子、胖胖的个子、不高不矮的个子、不胖也不瘦的个子）。

（3）说明性讲述

说明性讲述是指用简单明了的语言把事物的形状、特征、用途等解说清楚的讲述方式。如餐后当幼儿们分享自己带来的玩具时，教师可以引导幼儿说说自己的玩具。如我带来的玩具叫什么名字（蘑菇钉、芭比娃娃、变形金刚）、它是什么颜色的（红色、蓝色、五颜六色）、它的玩法是（插接拼图、装扮、扭动变形）……

（4）议论性讲述

议论性讲述是指通过讲述观点、讲述事实来说明自己赞成什么或反对什么，重在讲道理和论是非。如当两个幼儿发生争执互不相让的时候，可以让幼儿讲述各自的理由。如果还是不能解决问题，可以请当事人把备受"争议"的事件讲述给所有幼儿听，让其他幼儿也说说自己支持谁，或觉得谁是正确的，理由是什么。

2. 按照凭借物特点进行分类

（1）看图讲述

看图讲述的凭借物是图片，幼儿通过观察图片，将一张或几张图片的主要内容准确、完整地表达出来。如散步时，幼儿发现宣传栏出现了下周活动的预知海报，教师就可以引导幼儿观察海报上有什么，这些图案或者符号表示什么意思，从海报上你猜到这是要开展什么活动了吗？通过这样的引导，幼儿不仅会将自己看到的讲述出来，还可以将自己观察到的信息进行猜想。

（2）生活经验讲述

生活经验讲述是幼儿将生活中经历过的最有趣、印象最深刻的部分用完整、连贯的语句表达出来。如在区域活动中，幼儿们在玩"自助餐"区。怎样才能使这个区域的游戏更加有序呢？这时就可以引导幼儿说说自己的生活经验。比如吃自助餐需要排队拿取食物，每次拿取的量不能太多，各种用具都要分类放好等。当幼儿自己讲述出来后，区域的游戏规则也基本上形成，而且幼儿们也更容易遵守自己"设定"的规则。

（3）情境表演讲述

情境讲述是在某种情境表演（如童话剧、木偶戏）后，在教师的帮助下，幼儿将表演中的情节、对话和内容连贯地表达出来。如欣赏完童话剧《金色的房子》以后，教师可以出示故事中相应的图片，引导幼儿分析并模仿剧中角色的对话特点，复述故事情节和内容。在幼儿比较熟悉的情况下，鼓励幼儿用自己的语言讲述《金色的房子》。

（4）实物讲述

实物讲述是凭借实物（如物品、玩具、教具和外在的自然景物等）指导幼儿感知理解实物并进行讲述，最重要的是帮助幼儿把握实物的特征，实物讲述往往是伴随着观察而进行的。如在区域游戏中，幼儿发现老师提供的新材料，这时教师可以引导幼儿观察新材料的外形特征，如它是什么颜色？什么形状？是什么材料做的？摸上去手感怎么样？并引导幼儿用自己的话讲述出来，还可以大胆猜测材料的用法以及用途。

3. 按照讲述方式进行分类

（1）顺序讲述

顺序讲述是指在讲述时，按照从上到下、从左到右、从大到小、从近到远、从表面到本质的顺序进行讲述。

（2）主次讲述

主次讲述是指重点部分多讲，次要部分略讲。

（三）日常听说

幼儿听说是一种特殊形式的语言教育活动，它是用游戏的方式组织幼儿进行的语言教育活动，含有较多的规则游戏成分，能够较好地吸引幼儿参与到语言学习的活动中去，并在积极愉快的活动中完成语言学习的任务。听说游戏所用的时间一般不要太长，可以在一日生活的过渡环节进行。

作为一种特殊形式的语言教育活动，日常听说游戏具有以下基本特征。

1. 教育目标内隐于游戏之中

听说游戏有明确的语言教育目标，包含对幼儿语言学习的具体要求。教师通过对听说活动的设计和组织，将近阶段根据幼儿语言发展水平和语言学习需要所提出的语言教学任务，落实到每一位幼儿接受理解和尝试掌握的教育过程中去。

> **小案例**
>
> 听说游戏"找人"中，一名幼儿当"警察"负责找人，其他幼儿则是"被找"的对象。
>
> 警察：我是警察，我找人。
>
> 参与者：您找谁？
>
> 警察：我找的人他（她）穿×色的衣服（裤子），发型是×××，他（她）的优点（爱好）是……
>
> 如果"被找"的人被大家猜出来，则替代"警察"（互换角色，由另一名幼儿当警察）继续游戏。

这样的游戏既可以提高幼儿的描述能力，又可以发展幼儿的观察力和语言组织能力，特别适合用于发展幼儿"描述性讲述"的能力。这个版本适合在大班使用，如果是中班的幼儿在游戏时可以将"您找谁"换成"男生还是女生"，缩小幼儿猜测的范围，然后描述环节简化到只描述其明显的着装就可以了。

2. 游戏规则即语言学习的重点内容

教师在设计听说游戏时，根据具体的语言教育目标，选择适当的语言学习内容，并将本次活动的语言学习重点转化为一定的游戏规则，游戏规则可以是竞赛性质的，也可以是非竞赛性质的。当幼儿参与听说游戏时，必须遵守一定的游戏规则，按照规则进行游戏，并在这样的活动中锻炼听说能力。

小案例

游戏"修饰词接龙"

小班的幼儿对颜色感兴趣，我们就可以引导幼儿玩颜色接龙，如"红红的太阳""红红的灯笼"……

中班的幼儿有了一定的词汇量，可以稍加难度，如"细细的头发""细细的绳子"……

大班的幼儿则更喜欢具象性的修饰词，如"凉凉的秋风""凉凉的泉水"……

中小班时可以在老师的引导下一个接一个的"接龙"，大班的时候就可以进行接龙比赛，这样既具挑战性，又可以刺激幼儿在生活中收集各种词语。

3.活动过程中逐步扩大游戏的成分

听说游戏活动兼有游戏和活动双重性质。听说游戏以活动的方式进入，而最后以游戏的方式结束，教师的主导作用在开始时体现得十分鲜明，而后随着幼儿游戏水平的提高而逐渐减少，直至幼儿完全自主地进行游戏。当幼儿熟悉了一个游戏的玩法，教师就可以引导幼儿根据熟悉的节奏、模式，仿编新的游戏。

小案例

游戏"开火车"

一名幼儿当火车司机，其他幼儿是乘客。

司机：我的火车要开了。

乘客：开哪里？

司机：开北京（地名）。

乘客：谁来开？

司机：我请小花猫（动物名）来开。

乘客模仿司机说出的动物，"司机"选请一名模仿得最像的"乘客"来做"司机"，游戏继续。

"开火车"游戏适合中小班。到了大班以后，可以引导幼儿将游戏的模式换成"果园（菜园）丰收了"。

小案例

游戏"果园丰收了"

果农：我的果园丰收了。

顾客：有什么？

果农：有苹果。

顾客：还有呢？

果农：有香蕉。（这里可以在游戏前事先商量规定水果种类的数量）

顾客：送给谁？

果农：送个单脚站立最久的人。（这个环节可以是加强幼儿体能练习的，也可以是练习坐姿、站姿或倾听能力）

找出达到要求的一个幼儿，游戏继续。

三、幼儿园日常生活交谈中的语言教育

幼儿期是语言发展的关键期和最佳期，在此期间为幼儿创造丰富的运用语言的发展环境，给予幼儿正确的语言教育，可以为他们今后的语言发展奠定良好的基础，《3—6岁儿童学习与发展指南》中对语言领域的教育目标也做出了明确规定。重视幼儿语言运用能力的发展，是幼儿语言教育的一个大趋势。用无处不在的语言教育的观点观察幼儿园的一日生活各环节，我们将会发现许多的语言教育机会。因为幼儿每天在园中除了集体活动以外还有很多自由活动、区域活动等，当这些幼儿在单独的或小组中活动时，教师应该抓住机会，随机渗透语言教育。

（一）入园活动

这是培养幼儿礼貌语言的最好时机之一。入园时，教师一定要坚持向幼儿问好，用实际行动督促幼儿也要主动向老师、同伴问好。此外，入园也是教师亲近幼儿、拉近关系的好时机。教师可以拉拉幼儿、抱抱幼儿、摸摸幼儿，并告诉幼儿"昨晚我梦见你了""今天你穿得好漂亮""今天你的笑容很灿烂""我发现今天你的眼睛很亮，昨晚一定睡得很好吧"……通过这样的对话，可以开启幼儿一天的好心情，时间久了，幼儿也会潜移默化地和同伴聊聊这些"家常"，让班级的氛围更加温馨。

（二）晨间活动

针对人数少，能力强的幼儿，教师可以组织幼儿围绕一个预设话题进行晨间谈话，让幼儿自由地畅谈，锻炼幼儿的口语表达能力。对于能力稍弱，人数又多的情况，教师则可以组织幼儿进行固定话术的语言游戏如"天气播报""心情播报""小组人数报告"等，固定的话术让语言组织能力较弱的幼儿不再尴尬和害羞，能大胆地参与游戏，勇敢地说出来。

（三）户外活动

教师可以在户外活动过程中适时地走近正在交谈的幼儿，以倾听者的身份参与其中，寻找教育契机。若幼儿只是随意地自由交谈，教师则可以引导幼儿丰富聊天的话题；若幼儿是在纠纷中，教师则可以引导幼儿用语言解决问题。

（四）饮水环节

在饮水环节，教师可以引导幼儿说说多喝水的好处，也可以让幼儿聊聊"这是我今天喝的第几杯水"。或者教师可以做一个倾听者，听听幼儿们在饮水环节会有什么样的话题，作为话题收集。

（五）午餐午睡

在这两个环节，教师更多的是引导幼儿文明地交往，向为自己服务的同伴道谢。如当小组长帮助自己的组员分发好了筷子、端好饭菜，组员们一定要轻轻地跟小组长说声"谢谢"；午睡前跟自己的好朋友或邻床的同伴说一声"午安""希望你做个美梦哟"；下午起床时，也可以跟同伴和老师道声"下午好""睡了一觉真舒服，你感觉好吗？"通过这样的对话，可以增进幼儿之间的情感，也可以让关心他人、表露自己的心情变成一件容易的事。

（六）点心时间

在幼儿领取点心时，仍然可以继续引导幼儿用文明用语进行交往，在用完点心后可以引导幼儿自由交谈，比如说说自己午睡时的美梦，昨天发生的有趣的事等，为幼儿的相互交流提供机会。

（七）离园环节

离园是幼儿情绪比较高涨的时候。在这个环节中，教师除了可以引导幼儿坚持使用文明用语和同伴、老师道别以外，还可以提醒幼儿用甜甜的话与分离一天的家人进行情感表达。如"妈妈，今天我很想你""爸爸，谢谢你今天来接我"。此外，对于个别稍晚点离开的幼儿，教师还可以开启一对一的聊天模式。至于聊天的内容，就要根据幼儿个人的能力水平而定。对于能力强的幼儿，教师可以着重丰富幼儿口语表达的词汇、句式等；对于能力稍弱的幼儿，教师则可以针对提高幼儿语言组织能力等方面入手。

四、活动区角中的语言教育

近年来，我国幼儿园的语言教育，存在着一种过于重视使用阅读、过于在乎集体教学活动的倾向。在贯彻实施《3—6岁儿童学习与发展指南》时，我们需要认真考虑在不同的区域活动，特别是与语言相关的区域活动中，如何积极开展交流互动，指导与促进幼儿的语言学习与发展。幼儿园区域活动是幼儿重要的学习形式，为幼儿的自主表达提供了大量的机会，为幼儿的语言交往创造了丰富的环境，培养了幼儿的语言运用能力，是提高幼儿语言表达能力的有效平台。

（一）活动区角中语言教育的作用

1. 有利于幼儿间的交往

在区域活动中，幼儿可以自由选择活动区，通过与材料、环境的充分互动而获得学习与发展。区域活动中再现丰富的生活内容，游戏中，伙伴之间的交往性语言，幼儿与幼儿的主动交流，产生问题后的表达和沟通等，都是幼儿学习语言的动力，促使幼儿在游戏中学习倾听，学习表达。

2. 有利于师幼之间的语言交流和互动

由于区域活动通常是以个别或小组形式进行的，这种形式在客观上增加了教师与幼儿一对一交流的机会，师幼之间空间距离拉近了，使幼儿感受到了教师更多的关注，而教师走近幼儿，有利于教师准确地了解幼儿的最近发展区，即了解幼儿在有教师指导的情况下，借助教师帮助所能达到的解决问题的水平与独自解决问题所能达到的水平之间的差异，增进双方的情感交流。由于参与活动的幼儿比较集中，幼儿的个别交流得到保证，促进了同伴间的互动，有利于幼儿注意倾听老师的建议和同伴的意见，学习语言交流的技巧。

3. 渗透语言教育，拓展语言教育的渠道

传统的幼儿园语言教育在教育途径上只是注重教育活动的集中训练，忽视语言教育的渗透；只注重单向灌输，忽视幼儿语言的积极性和主动性的发挥。而区域活动给了每个幼儿说话的机会，为幼儿提供了互相学习、取长补短、自由发挥、反复倾听讲述、表达语言的机会，拓展了语言教育的渠道。

（二）不同区角的语言教育活动

1. 阅读区

谈到幼儿语言教育，就离不开早期阅读。通过阅读活动，可以使幼儿的语言能力得以进一步发展，不仅有助于幼儿对阅读书籍和文字符号的兴趣的培养，还有助于建立良好的阅读习惯，使幼儿能够运用口头语言理解阅读的内容，借助口头语言去认识书面语言，在阅读中获得基本的阅读技能和阅读策略等。

在阅读区，教师要根据幼儿的年龄特点和认知水平，有的放矢地为幼儿提供大量的、有具体意义的、形象的、生动的阅读材料（如色彩鲜艳的图书、小巧灵活的指偶等），教师还要有目的、有计划地为幼儿提供内容丰富的幼儿读物，并保证读物每月换一次，同时逐步增加程度相同而内容不同的图书，保持幼儿对阅读的兴趣，促进幼儿通过自由阅读提升已有的阅读经验，进一步发展语言能力。

在阅读区，师幼共同阅读一本书，并且有目的地进行指导："你在封面上看到了什么？""它在干什么？""你怎么知道的？"幼儿你一言我一语，教师和幼儿都置身在自然、和谐、愉悦的氛围中，不需要机械的记忆，没有了集体教学的约束，幼儿的积极性很高。有些幼儿还会根据书中的内容找到相应的指偶，一边操作指偶，一边复述自己理解到的书中内容或对话。在不经意间，幼儿的口头表达能力就得到了锻炼。

2. 视听区

幼儿期是学习语言最敏感、最关键的时期，也是储存词汇最迅速的时期。为了提高幼儿的语言表达能力，为幼儿创造良好的语言环境，除了对幼儿有计划地进行培养和训练以外，还要让幼儿多看、多听、多说、多练。阅读区可以满足幼儿的"多看"，那么"多听"的任务就可以在视听区来完成。

有条件的幼儿园可以在视听区安装电视机、电脑、收录机、投影仪等现代影音设备，播放生动形象、情节有趣、内容浅显、适合幼儿欣赏的磁带、碟片、幻灯片以及与之相匹配的图书等，还可以选用一些家庭录制的磁带或影片。

在视听区，让幼儿以听的方式欣赏文学作品，幼儿边听录音里标准的朗读，边看边读相对应的图书，有利于幼儿听觉、视觉、触觉的协调发展。跟读要求幼儿眼、手、脑、口、耳五种感官并用，协调一致。当幼儿反复听熟以后，就会跟着录音情不自禁地读出声来。这样，不仅可以让幼儿学习标准的普通话发音，树立幼儿敢发声的自信心，还可以帮助幼儿获得多元的语言知识与情感体验，也可以促进幼儿语言、情感、思维等多方面能力的发展。

3. 表演区

创设良好的语言环境是幼儿学习语言的必要条件，而表演区是一个能使幼儿想说、敢说、喜欢说、有机会说并能得到积极应答的环境。它为幼儿提供了语言表达和表现的舞台，给予幼儿展现自我的机会，促进了幼儿口语表达能力的发展。

在表演区中，教师可以放置幼儿熟悉的道具、服装，以及他们喜欢的饰品、场景。这些材料可以让幼儿想起一个又一个动听的故事，拿起这些材料就可以沉浸在美妙的童话世界中。幼儿可以通过这些材料，进行个人扮演和合作扮演来参与游戏。

在个人扮演中，幼儿可以利用活动区的材料把自己装扮成自己需要扮演的角色。此时的教师不需要急于指导幼儿的表演技能，只需要为幼儿创造一个情绪愉快、气氛友好和谐的表演环境，再加之装扮材料的激发，会让幼儿在不经意间讲起自己喜欢的故事，自然而然地与同伴用语言交往。既可以促使幼儿大胆地讲，同时也提高了幼儿的语言表达与交往能力。

在合作扮演中，幼儿不仅要装扮自己，还要与同伴商量通过扮演不同的角色，合作完成一个故事表演或情景剧表演。当幼儿的能力得到提高时，教师还可以引导幼儿在表演区除了扮演"演员"之外，还可以组织幼儿挑选"导演"和"报幕员"，以及"观影评审员"等角色。这些不同的角色不仅让幼儿在实际中发展了自己的语言能力，还可以发展幼儿的组织能力、协调能力、评价能力等。

4. 角色扮演区

角色扮演区的游戏更多的是幼儿已有生活经验的情境再现。角色游戏的外部特征之一就是幼儿的语言伴随整个游戏过程。幼儿在角色游戏的情境下运用语言交流，尽力模仿所扮演角色的语言，体现角色的特征，为幼儿语言发展提供了练习机会。

角色扮演区要为幼儿语言学习创设宽松的环境，这样才能促使幼儿畅所欲言，自由地表达自己的观点和想法，为幼儿的想说、愿意说创设条件。另外，角色扮演区还为学习同伴间的交际语言提供了机会。

小案例

在游戏"小医院"中，"医生"和"护士"都对老师提供的压舌板和电筒感兴趣，两位幼儿为争做"医生"协商，一个说："让我先做医生。"另一个说："我是今天的区域负责人，应该我先做。"在争论中，幼儿最后达成协议，每看3个"病人"就交换角色。游戏中，幼儿要根据不同的角色和不同的游戏情境，运用有效的语言去适应，反复多次，交往的语言就越来越多，运用语言交际的能力自然向更高层次发展。

角色扮演区的游戏还为幼儿学习角色间的交际语言提供机会。

小案例

在游戏"小超市"中，"营业员"要热情大方地接待每一位"顾客"，可以促销，还可以大声地吆喝。带着"幼儿"逛超市的"妈妈"则可以温柔地询问"幼儿"的需求，向"营业员"了解产品的"功效"和"价格"。幼儿在游戏中学习按角色要求使用不同的语言，既有模仿，又有创造，幼儿的社会性语言也就得到了相应的提高。

本章小结

日常生活中的语言教育分为家庭日常生活中的语言教育与幼儿园日常生活中的语言教育两类。

家庭日常生活中语言教育的特征主要有渗透性、连续性、补充性和输入性，可分为日常谈话、亲子阅读、语言游戏三种教育活动的类型。家庭亲子阅读活动指导策略主要有：营造良好的阅读环境；选购合适的阅读图书；开展有效的阅读指导；记录甜蜜的阅读时光。

幼儿园日常生活中语言教育的特征主要有自然进入和随时随机，可分为日常谈话、日常讲述、日常听说三类。日常谈话的特点主要是：语言的情景性、话题的启发性、对象的多变性、时间和地点的宽松性。日常谈话的类型主要有：个别谈话和集体谈话。日常讲述按照讲述内容可以划分为叙事性讲述、描述性讲述、说明性讲述和议论性讲述；按照凭借物特点可以划分为看图讲述、生活经验讲述、情境表演讲述、实物讲述；

按照讲述方式可以划分为顺序讲述和主次讲述。日常听说的基本特征是：教育目标内隐于游戏之中、游戏规则即语言学习的重点内容、活动过程中逐步扩大游戏的成分。日常生活交谈中的语言教育贯穿到幼儿园一日生活各环节，主要包括入园活动、晨间活动、户外活动、饮水环节、午餐午睡、点心时间和离园环节。活动区角中语言教育的作用主要有：有利于幼儿间的交往，有利于师幼之间的语言交流和互动，渗透语言教育，拓展语言教育的渠道。阅读区、视听区、表演区和角色扮演区等活动区角是幼儿语言表达能力提高的有效平台。

思考与练习

1. 简述家庭生活中语言教育的特征，家长应该如何进行幼儿语言教育。

2. 简述幼儿园日常生活中的语言教育特点。

3. 在日常生活中如何培养幼儿的语言交往能力？

4. 有的家长认为，幼儿在陌生环境中不愿意说话是很正常的，等幼儿大些了就好了。你如何看待这一观点？请你对此进行评价。

第五章　幼儿园谈话活动

谈话学习核心经验；谈话活动设计与组织；谈话活动指导策略

学习目标

1. 理解幼儿园谈话活动的特征、类型与目标。
2. 了解幼儿谈话学习的核心经验。
3. 掌握幼儿园谈话活动的设计与组织要点。
4. 了解幼儿园谈话活动常见问题与指导策略。
5. 能够初步进行谈话活动的方案设计并进行模拟教学。

知识结构图

73

　　本章共分五节，先论述了幼儿园谈话活动的特征、类型及目标，然后分析了幼儿谈话学习核心经验的形成与发展，最后重点阐述了幼儿园谈话活动的设计与组织要点及常见问题和指导策略，并结合实际教学活动案例进一步分析了幼儿园谈话活动的设计与组织。本章的学习难点是幼儿园谈话活动的设计与组织。

第一节 幼儿园谈话活动概述

 **案例导入**

谁当怪兽 ①

户外活动时间，大一班的孩子们在大型户外玩具上玩"抓怪兽"的游戏，时而爬上爬下，时而追逐。

在小朋友们一片"抓东东大怪兽"的叫喊声中，被当作"怪兽"追赶的东东小脸憋得通红，拼命奔跑着、躲闪着……

一直在一旁观察的王老师喊道："大一班的小朋友到我这儿来。"孩子们停下游戏围了过来。

老师：刚才你们玩的是什么游戏？

阳阳：抓怪兽游戏。

豆豆：抓东东，东东是怪兽。

老师：我们小朋友有没有问过东东，他愿不愿意当怪兽啊？

小朋友都不吱声，东东还在气喘吁吁。

老师：东东，告诉大家，你愿不愿意当怪兽？

东东摇摇头：不愿意。

老师：哦，大家看见了，东东不愿意当怪兽，刚才是谁说让他当怪兽的？

乐乐：我也不知道，听别人说的。

浩浩：我听阳阳说的。

老师：既然东东不愿意当怪兽，你们怎么能不问他就让他当怪兽呢？你们看把他追得气喘吁吁的。小朋友能不能这样玩游戏？

众幼儿：不能。

壮壮：老师，下次我来当怪兽。

问题

案例中的谈话是哪种类型的幼儿园谈话活动？幼儿园谈话活动的特征和目标是什么？

谈话是指两个或两个以上的人就某一主题进行交谈，是人们常用的语言运用形式，也是儿童交流能力发展的重要途径。谈话能力是幼儿口头语言能力的重要表现，而幼

---

① 沈雪梅.关爱与方法：幼儿行为观察案例分析 [M].上海：复旦大学出版社，2014：84.

儿的口头语言能力又是在交往和谈话中发展起来的，因此，谈话对于幼儿语言发展来说，既有本体价值又有工具价值。谈话不仅对幼儿口头语言能力的发展有着重要价值，对幼儿其他方面的发展也同样具有重要意义。

幼儿园谈话活动是教师启发引导幼儿围绕一定话题，以交谈为主要形式开展的语言教育活动。在良好的语言环境中，谈话活动可以帮助幼儿学习倾听他人谈话，学习与他人交流的方式、规则，培养幼儿的口语表达和人际交往能力。

一、幼儿园谈话活动的特征

谈话活动与其他各种类型的语言教育活动相比，在内容、形式、方法以及途径等方面，具有自身独有的特征。

（一）谈话活动有一个有趣的中心话题

谈话活动是教师有目的、有计划地组织幼儿围绕一个话题进行交谈、表达交流的语言教育活动，必须首先明确一个谈话的中心话题。有了中心话题，就能让幼儿在这个话题范围内进行语言交流，而不会离题或跑题太远。也就是说，一个谈话者共有的中心话题在一定程度上限定了幼儿交流的范围，主导了幼儿谈话的方向，激发了幼儿参与谈话的兴趣。所以，选择一个有趣的话题是谈话活动非常关键的前提。

在幼儿园的谈话活动中，有趣的中心话题包括以下两层意思。

1. 话题是幼儿熟悉的，有一定生活经验

话题是幼儿熟悉的，幼儿就会对话题有一定的生活经验，对话题有基本的看法和态度，在谈话活动中幼儿才能有话可说、有话想说、有话能说。如幼儿对玩具、动画片、糖果等内容非常熟悉，在谈话活动中就能畅所欲言。

完全陌生的话题不可能使幼儿产生谈话的兴趣，幼儿也无从说起，谈话活动也难以进行。如果将谈话活动的话题确立为"玩具是怎样制造出来的"，幼儿对玩具制造从来没有关注和了解过，就无法对这一话题进行交谈。如果话题改为"好玩的玩具"，让孩子从"玩玩具"这个角度来交流和分享，幼儿就会饶有兴趣地进行交谈，因为这是他们经常做的事，既熟悉又有生活经验。

2. 话题是幼儿共同关注的，有新鲜感

使幼儿感兴趣的话题往往是那些新颖且共同关注的生活内容。只有是幼儿共同关注的，有新鲜感的话题，幼儿才愿意说，有兴趣说，愿意听别人说。一定区域内，幼儿生活中某些和大家共同经历的事，或是电视台新近放映的一部动画片，都能够使幼儿产生交流和分享的愿望，成为有趣的中心话题。例如，近期幼儿参观了动物园，孩子们对动物兴趣正浓，在幼儿对动物的新鲜感还没有消失前组织孩子们开展"可爱的动物"的谈话活动，幼儿会有极大的兴趣。又如，动画片《喜羊羊与灰太狼》很受幼儿喜欢，教师可组织幼儿开展"狼和羊"的话题讨论。因此，教师要了解幼儿的生活范围和状态，以此来确定有趣的谈话主题，激发幼儿参与谈话的兴趣。

表5-1 幼儿园谈话活动常用话题

人	妈妈、爸爸、老师、小伙伴、爷爷、奶奶等
事	周末趣事、节日趣闻、活动趣事、重点新闻事件、过生日等
物	好吃的：糖果、糕点、水果、早餐、特产等
	好玩的：玩具、风筝、石头等
	好看的：动画片、书、广告、照片、动物等
	常用的：伞、包、车、电话、工具等
	常穿的：衣服、鞋子、帽子、手套等
节日	儿童节、春节、国庆节、中秋节、圣诞节等
环境	花草树木、建筑物、居住环境、四季变化等
观点或想法	我长大了、我的心愿、我要上小学、晴天和雨天、男孩和女孩、假如我有翅膀等

（二）谈话活动具有宽松自由的谈话氛围

在谈话活动中，幼儿可以围绕中心话题自由地发表意见和看法，对不了解的事情也可以追根究底。无论幼儿原有经验怎样，无论其表达能力怎样，无论其谈话方式如何，只要他们能在主题范围内将自己想说的话说出来，体验到与教师或幼儿交流的乐趣就可以了。所以教师要给幼儿创设宽松自由的谈话氛围，使每个幼儿都能围绕主题畅所欲言。

谈话活动宽松自由的氛围，主要体现在两个方面。

1. 不要求统一的认识

谈话活动允许幼儿围绕话题，根据个人感受发表见解，并针对谈论主题说自己想说的话，说自己独特的经验，不要求统一的认识或标准答案。例如，在谈话活动"好吃的早餐"中，幼儿既可以谈自己喜欢的早餐有哪些，是什么颜色、什么形状的，也可以谈这些早餐吃起来的味道和感觉，还可以谈谈在吃早餐时发生的有趣的事情。只要话题不离开"早餐"，幼儿完全可以从多方面、多角度表达自己的观点和感受。如果要求幼儿必须有统一、标准的认识，就会限制幼儿的谈话，局限其思维发展。

2. 不强调规范化的语言

《3—6岁儿童学习与发展指南》（简称《指南》）中指出"为幼儿创造说话的机会并体验语言交流的乐趣"，而谈话活动就是达到这一要求的最好途径。谈话活动重在给幼儿提供说话的机会，鼓励幼儿愿意交谈、积极说话、善于表达，让幼儿在语言交流的过程中练习自己的语言，并体验到语言交流的乐趣，遵循"敢说先于正确"的原则。因此，谈话活动不强调语言的规范化，不要求幼儿一定使用准确无误的句式、完整连贯的语言。如果在幼儿交谈的过程中教师不断地纠正幼儿表达的错误，如词汇不恰当、句式不规范、表达不连贯完整等，会大大影响幼儿说话的兴趣和积极性，从而难以实现谈话活动的目的和要求。

（三）谈话活动注重多方的信息交流

幼儿园谈话活动注重幼儿运用语言与他人进行交流，强调的是对话语言，侧重幼儿与他人之间的语言交流，主要表现为以下几点。

1. 语言信息量较大

谈话是指两个或两个以上的幼儿就某一主题进行交流，所以参与谈话幼儿的人数不止一个。幼儿在围绕中心话题交谈时，思路呈辐射状向外发散，不同幼儿的语言经验也各自有别，因此承载这些经验内容的语言形式也丰富多样，每个孩子接受的语言信息量较大。

2. 交流的对象范围较大

谈话活动中幼儿交流的对象范围包括两个方面：一是幼儿与幼儿的交流。幼儿有时与邻座幼儿进行个别交谈，有时在小组里与几个幼儿交谈，有时在全班面前谈论个人见解。二是幼儿与教师进行的师幼交谈。需要注意的是，在师幼交谈中，幼儿与教师交谈和教师与幼儿交谈，二者有一定的区别。第一种方式是幼儿主动与教师交流；第二种方式是由教师引起谈话，并引导幼儿进行交谈。

（四）谈话活动中教师起间接的引导作用

教师是幼儿园谈话活动的设计者和组织者，但是在谈话活动中，教师的指导作用是以间接引导的方式体现的。教师往往以参与者的身份参加谈话，给幼儿以平等的感觉，这也是创设宽松、自由谈话氛围的基本要求。

教师在谈话活动中以参与者的角色出现，并不表明这场谈话是任意的无计划交谈。教师在设计组织谈话活动时，仍然需要按照预定的目标内容，紧扣谈话的中心话题，有效地影响谈话活动的进程。谈话活动中，教师要注意从以下两个方面进行间接的引导。

1. 用提问的方式引出话题或转换话题

教师在谈话活动中，要用提问的方式引出话题或转换话题，引导幼儿谈话的思路，把握谈话活动的进程和方式。例如，谈话活动"好吃的糖果"，教师通过提问："你们喜欢吃糖果吗？你们都吃过哪些糖果？"引起幼儿回忆已有经验，激发幼儿谈话的兴趣。接着教师进一步引导幼儿讨论："你最喜欢吃什么糖果？为什么喜欢？"以此转换话题。

2. 用平行谈话的方式对幼儿进行隐性示范

在谈话活动中，教师可以通过谈论自己的经验，不动声色地向幼儿暗示谈话时组织交流内容的方法，对幼儿进行潜移默化的隐性示范，这也是谈话活动不同于其他语言活动的一个独特之处。例如，在"好吃的糖果"谈话活动中，教师通过隐性示范为幼儿提供了谈话的范本：我喜欢吃的糖果是棉花糖——讲明观点；我为什么喜欢——说明原因。幼儿依据教师的这种隐性示范，纷纷表达了自己的观点。如一个幼儿谈道："我最喜欢吃牛皮糖，因为牛皮糖吃起来可以拉得很长很长，像一根橡皮筋似的，咬一口又香又甜，所以我最喜欢吃牛皮糖。"

二、幼儿园谈话活动的类型

谈话活动的实质是通过一个中心话题引发多方语言交流的活动，在幼儿园里主要通过日常谈话活动和集体谈话活动两种方式进行。

（一）日常谈话活动

日常谈话发生在幼儿的一日生活中，如晨间活动、盥洗时间、户外活动、生活照料、玩具分配、儿童冲突等，谈话对象人数不一，时间不定，话题极其丰富，带有强烈的情境性和随机性。这种谈话活动对幼儿口头语言和社会性发展具有不可替代的、积极的促进作用。日常谈话活动主要有日常个别谈话和日常集体谈话两种形式。

1. 日常个别谈话

在幼儿一日生活的各个环节，如来园活动、晨间活动、盥洗活动、游戏活动、离园活动、环节过渡间隙等，教师可以利用这些零散的时间与部分幼儿就某个话题进行交谈。如早上入园时，教师有目的地和性格内向、不善表达的孩子进行交谈，话题很简单，如"谁送你上幼儿园的？""来幼儿园的路上你看见了什么？"通过这些日常简单的交谈，逐渐培养幼儿大胆主动与他人交往的能力和主动表达的欲望，增强其语言表达的积极性和自信心。

在幼儿园的一日生活中，谈话无处不在。日常个别谈话还包括幼儿之间的自由交谈。教师要为幼儿提供更多自由交谈的机会，让幼儿在平等、轻松的环境下畅所欲言，尽情地表达心中的各种感受，在交谈中操练语言、运用语言（图5-1和图5-2）。

图5-1 教师与幼儿个别谈话／图片来源：补身资料网

图5-2 幼儿在"心情墙"前的自由交谈／图片来源：武进区刘海粟艺术幼儿园

喜欢谁

一次，瑞瑞在自由活动时说他最喜欢王思航小朋友，老师听到后与他交谈。

老师：你除了喜欢王思航外，还喜欢谁？

瑞瑞：嗯……让我想想。我想不起来了，我就是很喜欢王思航。

老师：是因为王思航和你一样都是男孩儿，所以你才喜欢他吗？

瑞瑞：不是的。因为我和他一起玩积木，他不会抢我的积木。

老师：你们俩在一起怎么玩？

瑞瑞：我搭飞机他搭房子。我的积木不够了，拿他的，他就让给我了。

老师：我知道他让着你，你很喜欢他。那要是他搭房子积木不够，你怎么办？

瑞瑞：我也把积木给他。

老师：我很高兴你们成为一对好朋友。

这是一次一日活动中教师与幼儿的个别谈话。教师主动地与小朋友进行交谈，不但能提高幼儿主动表达的欲望和大胆与他人交谈的能力，还培养了幼儿懂得分享、谦让的良好品德。

我要当医生

区域活动时间，毛毛和小不点在为"谁当医生"进行交谈。

毛毛：我当医生。

小不点：我要当医生。

毛毛：我大，我是医生。

小不点：上次就是你当的医生，这次该我当医生了。

毛毛：我长得壮，我才像医生。你不吃饭，这么瘦，你像病人。

小不点：……

毛毛：你要多吃饭，长胖点，才像医生。

小不点：嗯，以后我要多吃饭，长胖点，就让我当医生，好吗？

毛毛：好！

上述案例中两个幼儿为"谁当医生"进行了交谈，在交谈的过程中，他们都充分发表了自己的想法，最后解决了活动中的角色分配问题。这种幼儿之间的日常个别谈话在幼儿园里经常出现，教师要为幼儿提供更多的自由交谈的机会。

2. 日常集体谈话

日常集体谈话是指在幼儿一日生活中，由教师组织全班幼儿围绕一个主题进行交谈的活动，如晨间谈话、餐前谈话、离园谈话、随机谈话等。与日常个别谈话相比，日常集体谈话参与对象是全班幼儿；与专门的集体谈话活动相比，日常集体谈话带有随机性和情境性，计划性和目的性较弱，时间较短。

日常集体谈话的话题可以是由教师事先预设，如有的幼儿园就进行专门的晨间谈话，要求一周前就要拟定好本周每天晨间谈话的主题，开展时就按照预设的话题进行。话题还可以是教师根据当时幼儿出现的情况临时生成，如教师在检查孩子完成任务的情况时，发现其中一个孩子没有完成任务，于是围绕"自己的事情自己完成"这个主题和幼儿进行集体随机谈话。

 小案例

自己的事情自己完成

教师：小朋友，老师布置你们做"捡树叶"的任务，你们都完成了吗？

众幼儿：完成了。

桐桐：老师，我没有完成。

教师：你为什么没有完成？

桐桐：爸爸妈妈忙，没时间陪我去捡树叶。

教师：孩子们，你们说说，爸爸妈妈没有时间陪我们捡树叶，我们该怎么办？

宇宇：爸爸妈妈有他们的事情，我们要自己完成。

浩浩：自己出去捡树叶。

蕊蕊：不能一个人出门，不安全。

美美：上幼儿园的路上可以捡树叶。

教师：对啊！爸爸妈妈有他们的工作，我们要想办法完成我们的任务，这样才是好孩子。

桐桐：下次我一定记住。

教师：那我们今天就需要用树叶来贴画，你没有树叶怎么办？

蕊蕊：幼儿园花园里就有树叶，我们帮你去捡。

众幼儿：我们帮你捡树叶。

桐桐：谢谢！我自己的事情自己完成。

教师：嗯，好的！我们要记住：自己的事情自己完成，不能依赖爸爸妈妈，如果忘记了，就要抓紧时间补上。

众幼儿：知道了。

这是大班幼儿的一段谈话。在这段对话中，教师和幼儿围绕"自己的事情自己完成"这个主题，通过分析和讨论，帮助幼儿认识了问题，并得到了解决问题的办法。这是典型的由教师根据当时幼儿出现的情况，临时生成的一次日常集体谈话活动。

我找到了冬天

老师：小朋友们，现在是什么季节？

众幼儿：冬天。

教师：冬天的天气怎么样？你怎么知道现在是冬天的呢？

雯雯：因为我们现在都穿棉袄了。

很多幼儿跟着说：我也穿了。

教师：为什么要穿棉袄呢？

欢欢：因为冬天很冷。

乐乐：我奶奶还给我穿了棉背心。

月月：早上妈妈骑摩托车送我来上学，手都冷死了，妈妈给我戴了手套，还围了围巾。

教师：嗯，冬天天气冷，人们穿上了棉衣，戴上了手套、围巾保暖。除了人们衣物上的变化，冬天到了，你还看到哪些东西发生了变化？

雯雯：我看到我家房子后边的树没有叶子了，叶子都变黄掉下来了。

教师：还有谁有不一样的发现吗？

浩浩：早上爷爷送我来上学，看见路旁边的田里有很白很白的霜，爷爷说天冷了才会有霜。

亮亮：我家院子里种的花都冻死了，叶子都掉下来了。妈妈说，天冷了，要把花搬到房子里就好了。

薇薇：我看到麦子就不怕冷，现在麦子还是绿绿的。

教师：你观察得很仔细，有些植物不怕冷。还有其他人要说说自己的发现吗？

浩浩：天冷了，我家旁边的小池塘里结冰了，我爸爸带我去看的。

教师：大家说了很多冬天的特征，都是仔细观察的好孩子！冬天天气很冷，但是正是因为天气冷，大自然给我们带来了许多礼物。

雯雯站起来说：我妈妈在电脑上给我看过冬天很多地方都下雪了，我喜欢下雪，我想打雪仗。

教师：你说得很对！老师也喜欢下雪，等我们这里下雪的时候，我们一起打雪仗吧！

这是一次乡村幼儿园大班预设的日常集体谈话——晨间谈话。这个幼儿园的晨间谈话进行得非常成功，每月一个大话题，每周一个小话题，这是其中一次关于冬天的晨间谈话实录。在教师的引导下，孩子们都表达了自己找到的冬天，并体验到与人交谈的乐趣。

（二）集体谈话活动

集体谈话活动是指教师有目的、有计划地引导幼儿围绕一定话题，以交谈为主要形式展开的集体教育活动。和日常谈话活动相比，集体谈话活动的计划性、组织性、目的性更强，需要对活动的各个环节精心设计，也需要对活动进行全面的准备。教师根据幼儿的兴趣和语言发展水平选择话题，确定活动目标，制定一定的活动计划和方案，最后在班级有计划、有组织地进行。

集体谈话活动中，教师往往根据幼儿的兴趣引入一个谈话主题，通过提问的方式引导幼儿发表自己的观点，鼓励幼儿在观点之间进行质疑和讨论，并适时通过回应和引入新问题拓展幼儿的谈话，从而帮助幼儿学习谈话的规则，逐步掌握谈话的策略，提高幼儿与人交谈的语言能力。

三、幼儿园谈话活动的目标

幼儿园谈话活动的目的在于培养幼儿运用口头语言与他人交往的意识、情感和能力，具体体现在以下三个方面。

（一）培养幼儿的倾听能力

倾听是指有意识地、专注地、认真地听，是幼儿感知和理解语言的行为表现。在幼儿学习与他人交谈时，倾听是一种不可或缺的行为能力。倾听是表达的基础，只有懂得倾听、乐于倾听、善于倾听，才能真正理解别人的谈话内容，从而顺利地与别人进行交流和沟通。

在幼儿园谈话活动中，教师的首要任务就是培养幼儿良好的倾听习惯，在他人谈话的时候能够主动、安静、有礼貌地倾听。教师可以通过有目的、有计划、有组织的谈话活动帮助幼儿逐步形成有意识性倾听、辨析性倾听和理解性倾听的技能。

（二）学习围绕一定的话题谈话

3 岁以后的幼儿，在语言和社会性发展的过程中，自我中心语言逐渐减少，社会性语言逐步增加，但是他们仍然需要通过学习来围绕一定的话题与他人进行交谈。

1. 学会围绕中心话题谈话

在谈话过程中，往往有一个中心话题，参与谈话的任何一方都围绕中心话题进行交谈，表达自己的想法和观点，这是谈话的基本思路和方式方法。

由于幼儿心理发展不成熟和语言发展不完善，在交谈的过程中不能围绕中心话题交谈，往往会出现"跑题"的现象，这种现象表现为答非所问和有问无答。如谈话活动"我的爸爸"中，教师问："你爸爸叫什么名字？"一个幼儿回答说："爸爸到上海去了。"教师问："你爸爸的样子是怎样的？"一个幼儿回答说："我爸爸是教师。"在谈话活动的组织中，教师要注重培养幼儿学习围绕中心话题交谈，如有"跑题"的现象出现，教师要提醒和引导幼儿回归主题。

2. 学会围绕中心话题不断拓展谈话内容

幼儿只有学会围绕中心话题不断扩展谈话内容，才能在谈话中充分表达自己的想法，从而使得谈话不断延续深入。有目的、有计划、有组织的谈话活动可以通过教师的引导逐步帮助幼儿获得这种谈话的意识和技能。

（三）学习运用语言进行交谈的规则

运用语言进行交谈的基本规则是人们在社会交往过程中约定俗成的一些方式方法，违背这些谈话的基本规则，会干扰谈话的正常进行。幼儿掌握了交谈的基本规则，可以正确地运用语言与他人交谈，从而促进语言交往水平的不断提高。

在组织谈话活动中，应为幼儿创造机会学习以下几方面的交谈规则。

1. 用适合角色的语言进行交谈

谈话是一种多样性的交流。我们每天都在和不同的人进行交流，由于交谈的对象和所处的场景不同，自身的角色也在不断地发生变化，幼儿也是一样。如幼儿与教师的谈话、与父母的谈话、与同伴的谈话，或是进行个别交谈、小组交谈、集体交谈等，同一个幼儿会在谈话中有不同的角色，幼儿应该学会因个人角色的变化而采用不同的方式来交流。不同的交流方式包括幼儿在谈话中使用不同的语音语调、不同的音量、不同的组词造句方法来表达个人见解，这将有利于幼儿获得用适当的语言进行交谈的敏感性。如在与同伴进行个别交谈时，幼儿可以小声、随意地交流；在集体范围内谈话时，幼儿则应该用响亮的声音和较正式的语言表达自己的观点。

2. 用轮流的方式进行交谈

幼儿园谈话活动要求幼儿要逐步学会耐心听别人把话讲完后，再发表个人意见。如果是两人交谈，则需要一一对应轮流说话；而多人交谈便要求按潜在顺序逐个说话。幼儿刚开始学习谈话时，并没有这种意识，所以，在与人交谈时，常常会出现抢着讲、乱插嘴，或光听不说、光说不听的现象。在谈话活动的组织中，教师要对幼儿提出明确的要求，如"认真听别人说话""不随意打断别人讲话""别人说完你再说"等，逐步培养幼儿轮流交谈的意识和习惯。

中班谈话活动时间去
哪儿
视频来源：优酷

3. 用修补的方法延续谈话

谈话往往会延续一定的时间，在谈话过程中，当出现不理解、谈话中断等情况时，就需要参与者用修补的方法延续谈话。所谓修补方法，就是当在谈话中出现听错或者理解错误时，为保证谈话信息传递的准确性，进行及时的修正补充。修补包括自我修补和他人修补。自我修补是指说话者在谈话时，发现别人没有理解自己的意思，于是进行自我重复或自我确认，从而让别人明白自己的真正意思。他人修补是谈话时，如有不理解的情况，听话人用重复、提问等方式来进一步了解信息。

如"有趣的饼干"谈话活动中，一个幼儿说："我吃过的最有趣的饼干是有字饼干。"这个幼儿发现其他幼儿没有太多反应，好像不理解自己所说的"有字饼干"是什么时，就进行自我修补，解释说："有字饼干就是饼干上有字。"另一个幼儿说："我吃过的最有趣的饼干是小熊饼干。"一个幼儿不理解，采用他人修补的方法，问："小熊饼干是什么？"那位幼儿解释说："小熊饼干就是饼干的样子像小熊。"这样，谈话就在多方的修补、理解状态中延续下去。

知识窗

《3—6岁儿童学习与发展指南》语言领域目标3①

目标3　具有文明的语言习惯

3~4岁	4~5岁	5~6岁
1. 与别人讲话时知道眼睛要看着对方。 2. 说话自然，声音大小适中。 3. 能在成人的提醒下使用恰当的礼貌用语。	1. 别人对自己讲话时能回应。 2. 能根据场合调节自己说话声音的大小。 3. 能主动使用礼貌用语，不说脏话、粗话。	1. 别人讲话时能积极主动地回应。 2. 能根据谈话对象和需要，调整说话的语气。 3. 懂得按次序轮流讲话，不随意打断别人。 4. 能依据所处情境使用恰当的语言。如在别人难过时会用恰当的语言表示安慰。

第二节　幼儿谈话学习核心经验的形成与发展

案例导入

在一次语言活动中，老师出示伞问道："伞的样子像什么？"教师的话还没有说完，就有一位小朋友大声说道："我知道，我知道，伞像蘑菇。"话音未落，其他幼儿也争先恐后地抢着说："像拐杖""像提篮""我家里就有伞"……孩子们一声高过一声，教室里一阵喧闹，教师只得停下课来，听他们吵吵嚷嚷地各自表述。

几分钟过去了，教室里才渐渐安静下来。老师说："你们刚才听清楚其他小朋友说的话了吗？他们是怎样说的？"小朋友齐声回答："没有。"

问题

幼儿谈话能力的核心经验是什么？该班幼儿谈话的核心经验处于什么阶段？

具有良好倾听习惯和能力、乐于交往、敢于表达，能围绕主题谈话、掌握谈话规

① 教育部. 3—6岁儿童学习与发展指南 [R]. 2012.

则，是一个有着良好谈话能力的幼儿应有的状态，支撑这种状态的核心能力或品质就是幼儿谈话的核心经验。根据谈话本身的语言要素、幼儿谈话活动具有的特点，幼儿谈话的核心经验主要包括以下范畴：良好的倾听习惯和能力、掌握并运用交流和表达的规则、初步运用谈话策略。这三个范畴支撑、支持着幼儿谈话活动的进行。培养幼儿的谈话能力，主要是帮助幼儿获得未来口头交流能力发展所需要的核心经验，为塑造一个有着良好谈话、交流能力的人奠定基础。

一、良好的倾听习惯和能力[①]

倾听是沟通的基础，注意听并能听懂是进行谈话的第一步，也是确保谈话能够顺利进行的保证，良好的倾听习惯和能力是幼儿谈话能力中的首要核心经验，《指南》将"认真听并能听懂常用语言"列为幼儿语言能力发展的首要目标。在幼儿阶段，重点是要发展幼儿主动倾听的经验，逐渐从有意识倾听和辨析性倾听，发展到理解性倾听。有意识倾听，即幼儿跟随成人的指令并做出回应；辨析性倾听，即幼儿能区分谈话对象中的特定内容，能意识到谈话对象言语中的声调变化；理解性倾听，即幼儿听懂了谈话对象的言语意义，对谈话对象的观点进行评价，并形成自己的观点，也表现为谈话对象的内容激发了幼儿的想象和情绪，幼儿通过言语或动作自发地、自由地表达。

根据幼儿倾听能力发展的特点，以及谈话活动中对幼儿倾听的基本要求，我们从习惯和能力两个方面将幼儿谈话活动中的倾听核心经验划分为三个阶段。

（一）初始阶段

在这个阶段，幼儿在谈话活动中表现为：能安静倾听教师或同伴讲话；眼睛注视谈话对象，注意力跟随谈话对象指示的变化而转移；在教师的提示下不插话、不抢话；在谈话过程中，能够听懂教师或同伴的语言，并做出相关的动作。

（二）稳定阶段

在这个阶段，幼儿在谈话活动中表现为：能初步自主地集中注意力倾听他人发言或讲话，在谈话中初步对对方做出眼神、面部表情或口头语言的回应；能根据声音、语气、语调辨别不同的谈话对象；能理解他人话语中较长的句子，以及根据自己的经验理解一些陌生的词汇。

（三）拓展阶段

在这个阶段，幼儿在谈话活动中表现为：在倾听他人谈话时，能充分理解他人的意思，并能初步听出话语中的隐藏意义，比如反语、幽默等；能在理解意思的过程中关注细节；会对他人的谈话内容进行评论、提问。

二、掌握并运用交流和表达的规则

一个谈话活动要能推进，离不开谈话过程中谈话对象对交流和表达规则的掌握和

---

① 周兢.幼儿语言教育与活动指导[M].北京：高等教育出版社，2015：34-37.

使用，谈话过程中的规则主要有：使用文明礼貌用语；注意倾听他人发言，及时给予应答和反馈；不随便插话、抢话，发言时先示意；注意谈话对象之间的轮流等。《指南》中"具有文明的语言习惯"的目标主要涵盖的就是这个范畴的经验。幼儿在这个核心经验上的发展同样会经历三个阶段。

（一）初始阶段

在这个阶段，幼儿在谈话活动中主要表现为：能够在教师的提示下，认真倾听他人发言，当别人跟自己交谈的时候能够大方、清晰地回答；知道发言要先示意，会表达自己的交流意愿。在谈话的前后根据成人的提示会使用礼貌用语。

（二）稳定阶段

在这一阶段，幼儿在谈话活动中主要表现为：能够初步遵守谈话规则，发言会通过举手、请求的方式先示意，能遵守轮流发言的规则；能根据谈话的对象和需要调整自己声音的大小、语气；会主动与熟人发起谈话，并能参与到他人的谈话中去。

（三）拓展阶段

在这个阶段，幼儿在谈话活动中初步表现出有礼节的交流，具体表现为：幼儿在交谈过程中能主动使用礼貌用语；会初步根据谈话场合、对象的不同，运用不同的语气、语速、语句帮助对方理解；会积极发起谈话，能大胆与陌生人交谈。

三、初步运用谈话策略

谈话是一个多向交流和沟通的过程，谈话双方能否很好地发起谈话关系到谈话能否开展；谈话双方能否通过解释、补充、提问、追问等方式修补和维持谈话是谈话能否持续并深入的关键；谈话双方能否通过多种辅助手段帮助自己进行表达是谈话得以顺利进行的基础。谈话中围绕主题发起谈话、修补和维持谈话，以及运用辅助手段帮助表达等策略，就是幼儿需要初步发展并运用的谈话策略。幼儿在这个核心经验上的发展会经历以下三个阶段。

（一）初始阶段

在这个阶段，幼儿主要表现为：能随机或偶然地参与到他人的谈话活动中；谈话主要由成人主导，幼儿主要是回答成人的问题或提议；幼儿会借助动作、表情、图画等方式来辅助自己的表达，以让他人更明白自己的意思；谈话过程中主题不稳定，常常更换主题。

（二）稳定阶段

在这个阶段，幼儿主要表现为：对他人的谈话感兴趣；会主动通过观察、表达自己意见等方式参与到他人的谈话中，并开始通过提问、提议等方式主动发起谈话；会有意识地运用动作、姿势、表情等方式辅助自己的表达；会在成人的提示或提问下，通过提问、回答的方式维持谈话；谈话过程中具有多个稳定的、双方感兴趣的主题，但谈话内容主要是幼儿自身态度和经验的表达。

（三）拓展阶段

在这个阶段，幼儿主要表现为：会主动发起谈话，在谈话过程中初步采用解释、补充等方式对自己的表达进行修补；会通过观察来关注对方的理解程度，采用追问、重复、回忆以往经验的方式帮助他人理解；能熟练地运用动作、表情、语气、表演等方式辅助自己的表达；谈话过程中主题比较稳定，能够根据指定主题进行谈话。

第三节　幼儿园谈话活动设计与组织

案例导入

幼儿园集中教育活动时间，张老师正在进行大班谈话活动"我爱爸爸"。教师先通过谈话引出话题"我爱爸爸"，接着引导幼儿向同伴介绍爸爸的名字，然后组织幼儿学习用完整的句子介绍自己的爸爸，最后让幼儿大胆地说出爱爸爸的话。当教师说出"这次活动结束了，小朋友们可以自由玩耍"时，孩子们欢呼雀跃地跑出教室，有的幼儿还说："终于结束了，我们可以玩我们自己的游戏了。"

这个活动结束后，张老师谈了设计和组织这次活动的感受："我觉得幼儿园语言领域中，谈话活动最难组织。谈话活动组织起来就是老师问、幼儿答，孩子觉得无趣，我觉得无奈。"

问题

幼儿园谈话活动应如何进行设计与组织？

幼儿的语言能力是在交流和运用的过程中发展起来的。在幼儿园谈话活动实践中，主要从以下两个方面进行谈话活动的设计与组织，以促进幼儿谈话核心经验的发展。

一、日常谈话活动的设计与组织

（一）创设宽松自由的语言交往环境

《幼儿园教育指导纲要（试行）》和《指南》都指出：要创设一个能使幼儿想说、敢说、喜欢说、有机会说并能得到积极应答的环境。幼儿的谈话经验是在谈话过程中得到锻炼和发展的，因此，教师首先要注意创设宽松自由的语言交往环境，激发幼儿谈话的兴趣，让幼儿想说、敢说和喜欢说。

创设宽松自由的语言交往环境，就是为幼儿营造一种安全、积极的谈话氛围，让幼儿敢谈并有机会谈。安全的谈话氛围表现为：幼儿的谈话在规则范围内不会被限制，幼儿在闲暇时间自由谈话时，不会被禁止；幼儿在谈话过程中出错，教师不是批评或嘲笑，而是示范和鼓励。积极的谈话氛围表现为：教师和幼儿都会积极寻找时间和空间进行多方的交流；教师与幼儿的谈话不是检查，不是考问，而是真诚地倾听、用心地交流；教师会有意识地通过自己的语言营造出有利于幼儿交往的积极的语言环境。

（二）提供机会鼓励幼儿自由交谈

在一日活动中，只要不大声喧哗、吵闹，在常规允许的范围内，教师应提供更多幼儿锻炼语言的机会，鼓励幼儿进行自由交谈。

一日生活中的自由谈话包括幼儿之间的自由谈话和师幼之间的自由谈话。例如，在晨间活动、如厕、盥洗、喝水、游戏、餐前、离园等环节，幼儿都会自发地进行谈话，教师并非都要参与进去，可放手让幼儿自己谈，甚至可引导幼儿主动与同伴交谈。同时，教师也可以在入园、盥洗、喝水、午睡、起床、离园等环节与个别幼儿开展随机性的谈话，或利用一日生活中的突发事件开展与幼儿小组的谈话。需要注意的是，教师要对幼儿交谈的内容给以引导，特别是幼儿之间的争论，不要随便予以阻止。因为争论对幼儿的语言和思维的发展有积极的作用。幼儿往往为了说服别人，要努力引证论据，并把话说得更加清楚、明确；而听者要在认真仔细地倾听下，抓住对方漏洞进行反驳，力陈自己的不同意见。这对培养幼儿清楚完整的表达能力、辨析性倾听能力和逻辑思维能力大有益处。只有当争论变为争吵时，教师才应加入，并予以巧妙的引导。

 小案例

谁先玩小汽车①

在一天午饭后的自由活动时间，孩子们正在玩自带玩具，晨晨带了一辆遥控小汽车，大家都围在一起争相看着。琦琦平时比较专横、霸道，这回他也在一边看着。大家一边看一边议论着："这辆车真漂亮。""真好玩！""这车怎么会自己走呢？""真奇怪！"……琦琦实在忍不住了，就想上前去抢。如果是以前，我早就阻止这些围观的幼儿了，至少让他们坐在椅子上规规矩矩地观看。但是如果这样的话，幼儿热情、自发的交谈就会被我扼杀在萌芽之中。我强忍住没有急着去行动，而是在一旁观察这些孩子。只见一个孩子对琦琦说："刚才晨晨说过了，等会儿会让我们一个一个玩的。"琦琦一愣，又霸道地说："那我要第一个玩！"其他小朋友不同意了，这个说："我就在晨晨旁边，我应该第一个玩。"那个说："不，晨晨说让我先玩的。"大家你一句我一句争论着。不知谁说了一句："我们按学号排。""那也不好，一号排在第一，他老是第一个玩。"琦琦第一个反对，因为他的学号是30号。"那我们来猜拳，谁胜谁就先玩。"洋洋说。这样大家都认为公平，谁也没有异议了。

---

① 范玲. 学前儿童语言教育 [M]. 武汉：华中师范大学出版社，2013：57.

上述案例中当幼儿为"谁先玩小汽车"发生争执时，老师没有随便予以阻止，而是在一旁耐心地观察，给幼儿一个表达自己观点的机会，并让他们学会自己解决问题。

（三）根据幼儿兴趣进行日常集体谈话

教师要善于在一日生活中设置相关的集体谈话环节来聚焦幼儿的谈话内容，并在一日生活的各个环节中充分寻找机会引导幼儿进行谈话，以促进幼儿谈话核心经验的发展。教师在组织集体谈话时，要注意以下两个方面。

1. 一日生活中要有必要的集体谈话环节

在一日生活中，教师要设置晨间谈话、餐前谈话、离园谈话等环节，这些环节有的聚焦幼儿的生活经验，有的聚焦主题内容，有的聚焦常规养成或行为管理，时间往往在 10~15 分钟，具有时间短、主题明确的特点。一日生活中应保留 1~2 个谈话环节，让幼儿有基于一日生活情境的集体性谈话机会，以发展幼儿的倾听和表达能力，这样教师也可以基于一日生活，引导幼儿学习基本的谈话规则和策略。

2. 处理好谈话主题的预设与生成

谈话往往是围绕主题来进行的。在一日生活的集体谈话中，有些谈话的主题可以由教师预设，有的谈话主题是幼儿生成的。因此，教师必须处理好谈话主题的预设和生成之间的关系。

首先，根据幼儿交谈兴趣预设谈话主题。幼儿对生活充满了好奇，生活中有许多的实物、见闻会引起他们的兴趣和探究愿望。教师可以拟定一些幼儿感兴趣的话题，在晨间或一日生活中的其他空余时间组织幼儿交流和讨论。如有的幼儿园开展的"每月一个大话题，每周一个小话题"的活动就值得借鉴，这些话题是由教师根据幼儿兴趣点和已有经验来预设并制订相关计划的。

知识窗

制订晨间谈话计划[1]

晨间谈话其实是提供给孩子一次口语表达的机会，对于不同年龄段的孩子，可以根据他们的身心特点和已有经验，有计划地制定出谈话交流的内容，逐步引导他们的口语表达由简单到复杂。比如针对中班孩子的特点，制定了中班第一学期晨间谈话的计划单。

---

[1] 高俊霞．学前儿童语言教育 [M]．北京：北京出版社，2014：136．

第一阶段（第1个月）：主要围绕孩子本身设计
昨晚做了哪些事情—讲讲昨晚动画片的故事—说说早上路上见到的事物……
第二阶段（第2、3个月）：主要围绕孩子周围熟悉的事物来设计
谈谈你的爸爸和妈妈—谈谈你喜欢的小朋友—谈谈你喜欢的玩具……
第三阶段（第4个月）：主要围绕想象设计
周末你想做什么—昨晚你做了什么梦—你最想成为动画片里的哪个人物……

其次，重视幼儿生成的谈话主题。教师可以对一日生活环节中的一些谈话主题进行初步预设，但往往难以预设幼儿的谈话内容和进程，而正是因为这样，幼儿的谈话才充满惊喜，蕴含无限的新的谈话主题。

幼儿在一日生活中会对许多问题或主题产生兴趣，无论这些话题是否跟主题活动有关，只要在常规允许的范围内，教师都应鼓励幼儿就此开展谈话，通过讨论来表达自己的意见和看法。例如，在一次晨间谈话中，有个幼儿说她妈妈看到了一则新闻，是关于一个科学家最新发现了世界上寿命最长、活了500多年的蛤蜊的事。这时，有的幼儿说："这根本不是新闻，是500年以前的事。"有的幼儿说："是新闻，因为是刚刚知道的事。"于是，教师便抓住时机，从幼儿已有经验出发，引导幼儿认识什么是新闻、新闻的价值和意义，并积累说新闻的经验。又如，在如厕环节中，有的幼儿产生了疑问："为什么尿有的黄、有的白？""尿很黄是上火了吗？""为什么喝了凉水，尿也是热的呢？"教师便抓住时机，回到教室后引导幼儿围绕这些问题进行交谈，既帮助幼儿了解了尿液的颜色与喝水、身体健康之间的关系，又引导幼儿学习运用了质疑、补充、总结等谈话策略。

（四）关注幼儿谈话的核心经验

虽然日常谈话活动没有集体谈话活动那么强的目的性和计划性，幼儿在交谈中有很大的自由度和宽松度，但并不是说就由孩子们随便说一说、谈一谈，教师在活动中就可以袖手旁观。在日常谈话中，教师不仅是幼儿的倾听者、信息的分享者，更是幼儿谈话核心经验发展的促进者。因此，在日常谈话活动中，教师要有意识地关注幼儿谈话核心经验的发展水平，根据谈话核心经验的发展目标，通过积极引导促进幼儿谈话水平的提高。

在日常集体谈话中，教师要注重幼儿谈话核心经验的发展。比如，在有关电视节目《爸爸去哪儿》的晨间谈话中，每个幼儿都想说，这时教师就应该提醒幼儿学会倾听，先重复一下前面幼儿发言中的观点，然后表达自己的想法，从而发展幼儿的理解性倾听和辨析性倾听能力。

在日常自由谈话中，教师要抓住幼儿即时形成的话题，自然融入谈话的核心经验，使自由谈话变得更有意义。例如，幼儿在喝水、如厕、盥洗、取饭菜和餐具等环节应该做到自觉排队，如果出现插队现象，在中大班幼儿间很可能会发生矛盾冲突，当事

幼儿会争辩，其他了解真相的幼儿也会你一言我一语地抢着发表自己的观点。当教师了解事情真相时，教师就可以抓住时机，将有关谈话规则的核心经验融入其中，引导幼儿懂得争吵无助于矛盾的解决，要轮流讲清事情的原委及自己对事件的看法，并从谈话中得到解决问题、化解矛盾的经验，从而使自由谈话更有意义。

二、集体谈话活动的设计与组织

从教育活动研究的角度看，幼儿园集体谈话活动的设计与组织有其特别的规律。谈话活动的目的、对象、活动方式的独特性，在活动设计的基本结构以及组织要求上可得到充分反映。谈话活动设计的基本结构由以下三个步骤组成（图5-3）。

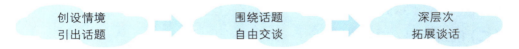

创设情境 引出话题 ➡ 围绕话题 自由交谈 ➡ 深层次 拓展谈话

图5-3 谈话活动设计的基本结构

（一）创设情境，引出话题

设计和组织谈话活动的第一步，是创设谈话情境，引出谈话话题。教师在谈话活动的开端，通过创设一定的情境，激发幼儿的兴趣，启发幼儿对话题有关经验的联想，打开言语表达编码的思路，做好谈话的准备。这是谈话活动不可或缺的一个环节。

谈话情境的创设，可以通过以下几种方式进行。

1. 用实物创设情境

教师可以利用实物、图片、教具、多媒体、活动角布置等，向幼儿提供与谈话主题有关的可视形象，调动幼儿与话题相关的已有经验，引发幼儿谈话的兴趣与思路。例如，在"好看的动画片"谈话活动开始的时候，教师出示一些动画人物的幻灯片，让幼儿说一说他们是谁？是哪个动画片里的人物？引起幼儿对动画片的有关经验的回忆，自然而然地引出谈话话题。在谈话活动"好吃的糖果"开始的时候，教师引导幼儿参观事先布置好的糖果屋，让幼儿围绕糖果屋看一看、说一说，调动他们有关糖果的生活经验，激发他们谈论糖果的兴趣。

2. 用语言创设情境

教师可以通过自己生动的语言，描述一种情境，或提出一些问题来唤起幼儿的记忆，调动他们的经验，以便幼儿顺利地进入谈话。例如，在"有用的绳子"（活动设计见本章第五节幼儿园谈话活动案例）谈话活动开始时，教师给幼儿讲了一个《结绳记事》的故事："有一个人，常常忘事，他就用绳子打结帮助自己记事，大事打大结，小事打小结，结果呀……"然后与幼儿简单讨论："你在哪里看见过绳子？绳子可以做什么用？"最后引出谈话话题"有用的绳子"。整个环节教师通过生动有趣的语言创设情境，引起幼儿谈话的兴趣，从而引出谈话话题。

3. 用游戏或表演创设情境

教师还可以通过小游戏、表演或歌舞等活动，创设谈话情境，激发幼儿谈话的兴趣。需要注意的是，这种形式的运用一定要控制好时间，不能耗时太多，以免本末倒置、喧宾夺主。例如，在谈话活动"吹泡泡"的开始，教师组织幼儿玩"吹泡泡"的游戏，以此引出谈话话题"吹泡泡"。在"我的好爸爸"谈话活动开始，教师利用歌曲表演《好爸爸》，不但引出了爸爸的话题，还活跃了课堂气氛。

创设谈话情境的目的是为了在一种轻松愉悦的氛围中激发幼儿谈话兴趣，引出谈话话题，保证谈话的顺利进行。教师在创设谈话情境时，必须记住：情境是谈话话题的"助手"，应该以达到引导谈话话题的目的为基本标准来衡量情境创设的量和度。因此，在此环节的活动设计和组织方面，教师应该注意：一是要紧扣谈话的中心话题，避免与谈话内容无关的摆设；二是要简单、明了，避免过于热闹以致喧宾夺主；三是时间不宜过长，以 3~5 分钟为宜。

（二）围绕话题，自由交谈

引出谈话的话题后，教师要引导幼儿围绕话题进行自由交谈。这一步骤的主要目的在于调动幼儿个人有关谈话中心话题的知识储备，运用已有的谈话经验交流个人见解。例如，在"有用的绳子"谈话活动中，教师让幼儿自由结组，边玩绳子边谈论绳子，使每个幼儿都有机会说话，能表达自己的观点。

设计和组织这一步骤的活动时，应注意以下几点。

1. 放手让幼儿围绕话题自由交谈

在此环节中，教师应尽量保证幼儿交谈的"两个自由"：交谈的内容自由和交流的对象自由。

在幼儿自由交谈时，教师应放手让幼儿围绕话题自由交谈，允许幼儿说任何与话题有关的想法。教师不做示范，不给幼儿提示，不纠正幼儿说话时遣词造句的错误，让幼儿充分运用已有经验说出自己想说的话。

教师还应允许幼儿自由选择交流对象，可以选择个别交谈，也可以选择小组交谈，还可以是在集体面前谈论自己的想法，真正形成双向或多向的交流。教师不要干涉幼儿转换交谈对象，只要有利于他们积极参与谈话，并有更多机会进行交流，就达到了活动的要求。

2. 增加幼儿"动作"的机会

谈话是口头语言操作，也是动脑的操作。如果谈话活动仅限于老师和幼儿之间、幼儿和幼儿之间的交谈，呆板、长时间的一问一答形式的谈话会让幼儿觉得枯燥、乏味，难以引起幼儿谈话的兴趣，这显然不符合幼儿身心发展的特点和幼儿园活动设计与组织的要求。所以，在谈话活动中，教师可以根据话题内容，适当增加幼儿动手操作的机会，这将有利于保持幼儿谈话的兴趣，增强他们说话的积极性。

例如，在"有用的绳子"谈话活动中，教师在"幼儿自由交谈"这一步骤设计了先让幼儿将自己带来的绳子创造性地玩一玩，然后在小组内自由谈论绳子："你带来的绳子是怎样的？可以怎么玩？有什么作用？"这样的安排帮助幼儿积累了绳子的有关经验，使他们有话可说，有话想说，并且使他们对谈话更有兴趣。

3. 教师要积极参与活动

当幼儿进入围绕话题的自由交谈时，教师的任务主要表现在三个方面：一是教师必须在场。当幼儿看见教师在场时，即使教师并未说话，幼儿也能感觉到自己说话的价值，增加说话的兴趣。二是教师参与谈话。教师可以采取巡视的方式参与幼儿的谈话，用微笑、点头、拍手等体态语言给幼儿以鼓励，或用皱眉、凝视、摇头等方式暗示未参与谈话的幼儿。教师还可以简单发表个人见解，或是对幼儿说话给予一定应答。三是教师观察幼儿谈话情况。通过对幼儿谈话情况的观察，教师可以了解他们运用已有谈话经验进行交谈的状态，明了幼儿谈话的水平差异，为下一阶段活动的指导做好准备。

（三）深层次拓展谈话

谈话活动的谈话范围不能只局限于幼儿已有的生活经验里，应通过各种方式向幼儿展现关于谈话主题的一些有意思、深层次的内容。所以，经过让幼儿围绕话题自由交谈的活动阶段之后，教师要引导幼儿逐步拓展谈话范围。在此阶段，教师可以通过逐层深入的谈话，向幼儿展示并帮助他们学习运用新的谈话经验，使幼儿的谈话水平进一步提高。

还是以谈话活动"有用的绳子"为例，在上个阶段幼儿自由谈论带来的绳子的基础上，教师首先引导幼儿谈论生活中见过的绳子及其用途："你还见过哪些绳子？它们有什么用？"然后观看三段录像，丰富幼儿有关绳子的经验，为后面的拓展谈话打下基础；最后运用假设性提问"如果你有一根绳子，你可以用它来做什么？"进行拓展谈话。此环节中，教师由"生活中的绳子"到"假设中的绳子"，由浅入深、层层递进地提出问题，不断拓展幼儿的谈话范围。这样不仅能激发幼儿无限的想象，也可引出更多、更有趣的谈话，使幼儿的谈话经验得到提升。

所谓新的谈话经验，是谈话活动目标在谈话活动中的具体化，是幼儿要学习的谈话思路和谈话范围的总和。向幼儿提供新的谈话经验必须注意以下三个方面。

1. 逐步扩展谈话经验

每个年龄班幼儿的谈话水平不同，教师应在幼儿原有谈话经验的基础上进一步拓展他们的经验范畴。如培养幼儿倾听谈话的意识、情感和能力，在小班、中班和大班都应有不同的要求。为确保落实到每一次活动中，教师应针对不同年龄阶段儿童语言发展的特点，逐步加入新的倾听经验的要求。

2. 每个谈话活动的新语言经验尽可能有所侧重

每次谈话活动的新语言经验的侧重点都有所不同。如这次谈话活动可以重点帮助幼儿学习围绕中心话题谈话，下次谈话活动可能是重点学习围绕中心话题深入拓展小话题，在之后的谈话活动中还可能学习幼儿自己提出话题谈话，等等。

3. 教师隐性示范新的谈话经验

教师在此阶段要向幼儿展示的新的谈话经验，不是用示范、指示的方法说给幼儿听，而是通过深入拓展谈话范围将这种经验逐步传递给幼儿。教师通过用提问、平行谈话等隐性示范的方法，将新的谈话经验引入，让幼儿在谈话过程中不知不觉地沿着新的思路去说，潜移默化地应用并最终学会这种新的谈话经验。

第四节　幼儿园谈话活动常见问题与指导策略

案例导入

　　情境一：幼儿园里常常看到这样的场景：当组织幼儿围绕中心话题谈话时，有时冷场，有时吵闹，有时就是教师一个人"唱独角戏"；有的幼儿无语，有的幼儿打闹，有的幼儿虽在谈话却与主题毫无关系。

　　情境二：幼儿园里常常听到教师说："语言领域我最怕组织谈话活动""幼儿园谈话活动我主要注重集体的谈话活动，很少关注幼儿的日常谈话"……

　　问题

　　幼儿园谈话活动存在哪些常见问题？运用哪些策略才能有效指导孩子进行谈话活动呢？

　　幼儿园谈话活动是幼儿交流、能力发展的重要途径，对幼儿的语言发展具有十分重要的意义，但是在幼儿园谈话活动的教学实践中往往会出现很多问题，影响谈话活动的有效开展。本节着重分析幼儿园谈话活动中存在的问题并探讨其指导策略，以帮助教师更加有效地开展谈话活动，促进幼儿谈话核心经验的提升。

一、幼儿园谈话活动存在的问题

　　谈话活动注重语言的交流与运用，而在幼儿园谈话活动的教学实践中往往存在一些问题，会妨碍谈话活动的有效开展，以致忽略了谈话活动本身的价值对幼儿语言发展的意义。

（一）重集体谈话，轻日常交谈

　　集体谈话和日常谈话是幼儿园谈话活动的两大基本类型。日常谈话发生在幼儿的一日生活中，具有强烈的情境性和随机性；而集体谈话主要是指由教师根据幼儿兴趣和教学目标而精心设计组织的有目的、有计划的谈话活动。在现今的幼儿园谈话活动中，明显地存在着忽视一日生活中的日常谈话活动的问题。许多幼儿园只看中"上课"，把关注点集中在集体谈话活动上。这样做的结果是只关注了一学期的几次集体谈话活动，而忽视了对幼儿来说每时每刻都存在的学习运用语言交流的机会——日常谈话。

（二）重表达，轻倾听

在幼儿园我们经常看见这样的场景：教师的问题还没有说完，幼儿就抢着说"我知道""老师，我说""我！我！我！"……而幼儿在回答问题时，一个幼儿的发言还没有完，就有幼儿大声嚷道："错了，错了，老师，让我来，让我来……"这便是幼儿不善于倾听的典型表现。出现这种现象，与大部分幼儿教师只关注提高幼儿的表达能力，而忽视幼儿良好倾听习惯的养成和倾听能力的提高有关。

在幼儿园谈话活动的实践中，我们也经常发现教师对幼儿的要求和评价更多关注在幼儿的表达能力上，如"请把话说完整""你说得真好""表达清楚、有条理"，很少听见教师评价幼儿的倾听习惯和能力。

（三）师幼关系处理不当

师幼关系是幼儿园教学活动中最基本、最重要的关系，师幼关系的状况直接影响到活动开展的质量和幼儿的健康发展。在幼儿园谈话活动中，可以经常看到教师在不停地讲、不停地问，幼儿处在被动的角色，等待着教师的提问然后回答。幼儿在自由谈话中，个别幼儿说得多而部分幼儿说得少；有的幼儿不停地说，却不愿意听别人讲；当谈话中出现一些荒诞离奇的问题时，有的教师会打断其谈话，并进行教育；当幼儿谈话跑偏题时，教师又未能及时引导，影响谈话的效果。

（四）话题选择脱离幼儿

谈话是帮助幼儿运用已有经验与他人进行交流，但不是所有话题都适合幼儿开展谈话活动。在选择谈话活动话题时，必须坚持以幼儿的生活经验和兴趣为出发点。很多幼儿园教师在选择话题时，基本上是为了照顾教师的设计便利和课本的安排，忽略了幼儿的年龄特点和已有生活经验，导致话题脱离幼儿的已有认知能力。在谈话过程中，幼儿无法围绕主题深入谈论下去，或者话题已经太过熟悉，没有新鲜感，无法引起幼儿谈话的兴趣。因此，选择恰当的话题才是谈话活动的良好开端。

（五）自由谈话未能真正放手

在幼儿园谈话活动过程中，幼儿围绕话题自由交谈是一个重要环节。自由交谈的目的在于幼儿能够运用已有知识经验交流个人见解，学会倾听他人谈话。而在实际的活动组织过程中，教师往往忽略幼儿的自由交谈，不能真正大胆地放手，而是以教育者的角色不停进行示范，给幼儿提示，纠正幼儿说话时的用词造句错误，未能让幼儿充分运用已有语言知识经验说出自己想说的话。

（六）谈话范围不能有效拓展

幼儿已有的语言经验是有限的，在幼儿自由交谈后，教师应该通过提问或隐性示范，逐层拓展幼儿的谈话内容，给幼儿提供学习运用新的谈话经验的机会。而在这一阶段，教师往往没有准备好说什么、怎么说，导致出现信口开河，或干巴呆板、无话可说的局面，直接影响谈话活动的有效开展。

二、幼儿园谈话活动的指导策略

显然，上述问题的存在严重制约着谈话活动的有效开展。因此，寻求解决问题答案的同时，也是在探寻有效的指导策略。

（一）重视真实情境下的日常谈话，拓展幼儿语言学习途径

《指南》明确指出："幼儿的语言能力是在交流和运用的过程中发展起来的。"那么，促进幼儿语言发展的最好方式，就是提供多种多样的语言交流和运用的机会与环境，而一日生活是最佳选择。

遵照《指南》精神，我们应该树立语言教育的一个核心理念，那就是为幼儿积极创设支持性的语言环境，重视一日生活、游戏等真实情境下的语言学习与教育。一方面，尊重幼儿语言学习具有的个别化特点，提供幼儿与教师之间的个别交流和幼儿与幼儿之间的自由交谈的机会；另一方面，要善于观察了解幼儿，发现他们不同于其他人的语言特点，支持幼儿语言学习的个别需要，给每个幼儿以个别化的支持和帮助。而这些在日常谈话中都能得以实现。所以，在幼儿园谈话活动的实践中，不能只重视集体谈话，而忽略日常交谈。

（二）关注幼儿倾听核心经验，提高幼儿倾听能力

倾听是幼儿感知、理解语言的表现，是获取信息的重要途径，是信息沟通、人际交往的基本前提。善于倾听是语言表达的前提，孩子要与人融洽相处、流畅交流，必须要先学会倾听，只有懂得倾听、善于倾听，才能掌握与人交流的技巧，才能更好地与老师、同伴进行谈话和交往。所以，倾听是幼儿谈话学习的核心经验之一，是幼儿与他人交谈时必不可少的行为能力。

在幼儿园谈话活动的实践中，教师在发展幼儿表达能力的同时，要关注幼儿倾听能力的培养。在幼儿谈话和交流前，教师要提出倾听方面的要求，如"认真倾听别人讲话""等别的小朋友说完后再讲"等。在幼儿谈话过程中，教师要善于发现幼儿倾听方面的进步和闪光点，进行及时表扬和鼓励；对于喜欢插话、抢话等不良倾听习惯的孩子，教师要指出不足，以便他们改正缺点，养成良好的倾听习惯。

（三）灵活转变教师角色，形成良好的师幼关系

幼儿教师的角色总是多种多样的。在谈话活动的各个环节，根据活动开展的程度和阶段需要，教师要学会灵活地转变自己的角色。

在准备活动和环境创设时，教师应该担当的是决策者或主导者的角色；当活动开始了，教师便是组织者，引出谈话的主题；当幼儿在自由谈话的时候，教师就是倾听者和观察者；当幼儿的谈话难以深入时，教师应是引导者，通过提问、隐性示范，给

幼儿适当的点拨和引导，保持活动继续开展。例如，在大班"我喜爱的水果"谈话活动中，幼儿能够围绕自己喜爱的水果，从它的外形、味道、口感等方面表达自己喜爱的原因。孩子们除了交谈这些之外，就不能深入谈论下去了。教师见此情形，立刻站出来给幼儿以正确的引导，"你喜爱的水果对我们的身体有什么好处呢？""你喜爱的水果价格怎么样？方便买到吗？"教师通过提问的方式，引导幼儿沿着"我喜爱的水果"这个主题，逐层深入，推动着谈话活动的深入进行。在谈话活动结束时，教师还是总结者、评价者和反馈者，教师要总结评价幼儿的谈话内容，以及谈话中的行为表现。

教师不同角色的灵活转换需要一定的教学经验和教学机智，同时需要具备关于幼儿语言能力发展的知识，密切关注每一个幼儿。

（四）选择有趣的谈话主题，提高幼儿谈话的积极性

谈话主题的选择可以是教师预设的，也可以是幼儿自发提出的，不管基于哪种来源，都应该密切关注幼儿已有的认知经验和幼儿的兴趣。只有话题与幼儿认知经验有一定交叉，还有一定的新鲜感，幼儿才会认真倾听同伴的谈话，主动进行思考，积极表达自己的观点。如果谈话的主题脱离幼儿的知识经验和兴趣，在活动过程中，幼儿的参与度自然会降低。

例如，在"三八节主题活动——献给最美的您"中，当幼儿知道三八妇女节的由来并阅读《我的妈妈》这本图书后，教师可组织开展相关的谈话活动"我的妈妈"，请幼儿谈谈自己的妈妈，说说自己的妈妈是什么样子的、妈妈在家会做什么事、妈妈有哪些本领、如何表达对妈妈的爱等。再如"怎样保护我们的地球""我设计的机器人""假如我遇见卖火柴的小女孩"，这些话题给了孩子想象、思考的空间，使他们可以发表自己有创意的想法，也是很适合大班幼儿的谈话主题。

（五）合理设计提问，激发和推进幼儿的谈话

谈话活动中，教师的重要角色是引导者。如何进行引导，提问是重要的方式。教师在组织谈话活动的过程中，主要是通过提问的方式来确保谈话主题的不断深入。因此，教师应该善用提问来激发和推进幼儿的谈话。

首先，提问应该具体、明确，适合幼儿的经验和思维发展水平，避免抽象笼统。其次，提问要具有开放性，即在谈话活动中，重点采用开放式的问题引导幼儿回忆自己独特的经验，产生新的想法，表达不同的观点，让每个幼儿对谈话主题有话可说。最后，提问要具有一定的启发性。由于幼儿经验和认知能力有限，就需要教师通过提问来为幼儿的谈话搭建支架，这时，教师就要进行具有启发性的提问。

总之，在谈话活动中，教师在观察了解幼儿谈话情况的基础上，合理设计问题，使谈话内容拓展，为幼儿的语言学习和运用提供更多新的谈话经验，让幼儿在谈话活动中畅所欲言，从而实现思维的碰撞、认知的提升。

第五节　幼儿园谈话活动案例

一、案例：有用的绳子（大班）

设计意图

绳子是幼儿日常生活中随处可见的物品，幼儿对此有丰富的生活经验，有利于幼儿在调动相关生活经验的基础上进行充分的表达。大班幼儿的语言表达能力有了进一步的发展，但认真倾听和轮流、修补等谈话核心经验还有待提高。因此，本次活动的设计，重点引导幼儿认真倾听别人谈话，学习用轮流、修补的方式与他人交谈，并能围绕话题大胆清楚地表达。

活动目标

（1）能关注生活中有趣的事物，乐意与同伴分享自己的感受。

（2）认真倾听别人谈话，并能围绕话题大胆清楚地表达，学习用轮流、修补的方式与他人交谈。

（3）认识各种绳子，了解绳子在生活中的作用。

活动准备

（1）教师和幼儿共同收集各种绳子游戏的材料，分组准备好。

（2）幼儿每人自带一根绳子。

（3）录像：小朋友在跳床中游戏、建筑工人在安全网中用吊车吊建筑材料、斜拉钢索大桥。

活动过程

1. 通过"故事"引出谈话话题

（1）教师讲故事：有一个人，常常忘事，他就用绳子打结帮助自己记事，大事打大结，小事打小结，结果呀……

（2）与幼儿简单讨论如下问题：你在哪里看过绳子？绳子可以做什么用？

（3）引出谈话话题——有用的绳子。

评析：此环节教师通过生动有趣的语言创设情境，引起幼儿谈话的兴趣，引出谈话话题。

2. 围绕"带来的绳子"自由交谈

（1）让幼儿自由组合，将自己带来的绳子创造性地玩一玩。在这一过程中，教师可与幼儿共同活动。例如：将绳子绕在椅子上，在椅子上跳、爬；把绳子放在地上，在绳子上面走；玩跳绳游戏……

（2）幼儿分组自由交谈："你带来的绳子是什么样的？可以怎么玩？有什么作用？"

提出交谈要求：别的小朋友在讲的时候，要认真倾听，等别人讲完后再讲，要学会轮流发言；别人没有讲到的地方你可以补充。

（3）集体谈话：请几个幼儿向全班小朋友介绍自己带来的绳子。

评析： 此环节先让幼儿将自己带来的绳子创造性地玩一玩，然后在小组内自由谈论绳子。这样的安排帮助幼儿积累了绳子的有关经验，使他们有话可说，有话想说，并且使他们对谈话更有兴趣。集体谈话将自由交谈"收"回来，通过个别幼儿的发言，教师既能了解幼儿的谈话内容，又能锻炼幼儿在集体场合响亮、清楚谈话的能力。

3. 丰富相关经验，进行拓展谈话

（1）引导幼儿谈论生活中见过的绳子及其用途。

指导语：你还见过哪些绳子？它们有什么用？

（2）观看三段录像，丰富幼儿的谈话经验。

① 跳床四周围了尼龙绳的网，小朋友玩得既安全又开心。

② 建筑工地上有了安全网很安全，钢绳吊东西很牢固。

③ 杨浦大桥是座斜拉桥，它是用很粗的钢索绳拉住桥面，绳子的力量真大。

教师总结不同绳子的作用。

（3）运用假设进行拓展谈话。

① 指导语：如果你有一根绳子，你可以用它来做什么？

② 幼儿分小组交谈。

评析： 教师首先引导幼儿谈论生活中见过的绳子及其用途；然后观看三段录像，丰富幼儿有关绳子的经验，为后面的拓展谈话打下基础；最后运用假设性提问进行拓展谈话。此环节教师由"生活中的绳子"到"假设中的绳子"，由浅入深、层层递进地提出问题，不断拓展幼儿的谈话范围。这样不仅能激发幼儿无限的想象，还可引出更多、更有趣的谈话，使幼儿的谈话经验得到提升。

4. 绳子游戏

（1）指导语：绳子除了在我们生活中有各种不同的用途，也是我们游戏时的好伙伴。你会用绳子做哪些游戏呢？

（2）幼儿分组自选游戏：翻绳游戏、纸绳贴画、玩绳游戏。

（3）教师巡视，鼓励幼儿边玩边进行交流。

评析： 绳子游戏使幼儿用轻松有趣的方式对各种绳子的用途有更全面的认识，达成了活动目标中对绳子的知识经验的要求。此环节是活动的最后一步，孩子们在愉快的绳子游戏中结束此次活动，既能巩固经验，又能获得快乐。

活动延伸

（1）继续引导幼儿观察绳子在日常生活中的各种用途。

（2）在其他活动中利用绳子开展各类游戏。

（3）观看录像：绳子的发展史。

（活动设计：重庆市万州区鸡公岭幼儿园冉娟　点评：熊彩云）

二、案例：鞋子（中班）

设计意图

鞋子是我们生活的必备品，幼儿对谈论鞋子既熟悉又感兴趣，尤其是当爸爸妈妈给他们买了新鞋之后，他们经常会主动与老师和同伴谈论自己的鞋子。中班幼儿能够初步自主地集中注意力倾听他人的发言或讲话，能借助动作、表情等方式来辅助自己的表达，但谈话的积极性还不高。因此，根据中班幼儿谈话学习的核心经验，本次谈话活动的重点目标定位在幼儿能仔细观察鞋子的特征，并敢说、乐意说自己的想法。

活动目标

（1）乐意参与"鞋子"话题的交流，感受鞋子的好处和多样性。

（2）能大胆地运用语言描述鞋子的特征，并对鞋子进行配对。

（3）了解鞋子在生活中的作用。

活动准备

（1）物质准备：各种各样的鞋子（大小、颜色、用途、跟形不同的鞋子）；鞋架；课件《特殊功用的鞋子》。

（2）经验准备：幼儿对脚的大小及对应的鞋子的大小的已有认知经验。

活动过程

1. 猜谜语，激发活动兴趣

（1）指导语：今天老师请你们猜谜语。谜面是这样的：稀奇古怪两只船，没有桨来没有帆，白天载人四处走，晚上躺在大床前。

（2）出示一双鞋子，引出谈话话题——鞋子。

评析：在创设谈话情境的环节中，教师通过谜语吸引幼儿的注意力，制造神秘感，激发幼儿的好奇心及谈话兴趣。

2. 唤醒经验，自由交谈"我的鞋子"

（1）指导语：你穿的是什么鞋子？你为什么要穿它？

（2）幼儿分组自由交谈，教师参与幼儿谈话，间接引导幼儿围绕主题交流。

评析：通过前面环节的导入，幼儿此时的交流欲望已非常强烈。教师组织幼儿由自己脚上穿的鞋子谈起，幼儿既熟悉又有话可谈。

3. 鞋子配对，集体谈话"喜欢的鞋子"

（1）给鞋子配对。

① 指导语：今天我们要开"鞋子展览会"，请你们帮我把地板上的鞋子整齐地摆放在鞋架上。

② 幼儿通过看看、摸摸、比比等方式给鞋子配对。

（2）围绕"喜欢的鞋子"话题谈话。

① 指导语：说说你喜欢哪双鞋子？这双鞋子是什么颜色的？是用什么材料做成的？是什么人穿的？

② 幼儿围绕话题在集体面前轮流发言，提醒幼儿认真倾听别人的发言。

评析： 先让幼儿进行鞋子配对，在看看、摸摸、比比等操作体验中感知鞋子的特征。这样既有利于保持幼儿谈话的兴趣，增强他们说话的积极性，又能丰富幼儿有关鞋子的经验，为谈论"喜欢的鞋子"打下基础。

4. 试穿鞋子，交谈"穿鞋的感受"

（1）试穿不同的鞋子。

组织幼儿穿一穿、试一试多种多样的鞋子，并在场地上走一走。

（2）交谈感受。

① 指导语：刚刚你穿的是什么鞋子？走路是什么感觉？

② 幼儿围绕话题轮流发言。

（3）小结：穿鞋要合脚，小朋友穿上合脚的鞋走走、跑跑、跳跳才会舒服。

评析： 以幼儿试穿喜欢的鞋子展开体验活动，让幼儿通过穿上不同的鞋子，自我体验，进一步感受鞋子大小、样式的特点，并用语言积极表达。

5. 欣赏课件，拓展谈话"我想发明的鞋子"

（1）欣赏课件《特殊功用的鞋子》，丰富幼儿的谈话经验。

（2）拓展谈话"我想发明的鞋子"。

① 指导语：这些鞋子都是发明家动脑筋发明出来的，它给我们的生活带来了乐趣和方便。小朋友，你们见过会长大的鞋子吗？老师想发明一双会长大的鞋子，脚长大了，鞋子也跟着一起长大（教师进行隐性示范）。

你们想发明一种什么样的鞋子？这种鞋子有什么特别的功能？请你和旁边的小朋友讨论一下。

② 请个别幼儿在集体面前交流。

③ 小结：小朋友们真聪明，能发明出这么多奇特的鞋子。可是，想当发明家，从小要怎样做呢？希望将来人们都能穿上小朋友们发明的鞋子。

评析： 课件中出现的各种各样有特殊功用的鞋子能引发幼儿极大的交流兴趣。通过课件的展示和教师的讲解，丰富了幼儿关于鞋子的经验，并在此基础上进一步拓展幼儿谈话的范围。教师采用隐性示范的方法，将新的谈话经验引入，让幼儿不知不觉地沿着新的思路去说，潜移默化地应用新的谈话经验。

活动延伸

（1）组织幼儿把设计的鞋子画下来。

（2）继续引导幼儿观察鞋子在日常生活中的各种用途。

（活动设计：重庆市万州区幼师幼儿园吕爱英　点评：熊彩云）

三、案例：我要上小学了（大班）

设计意图

孩子由幼儿园大班毕业后进入小学学习是儿童成长过程的一个重大转折。幼儿园大班下学期的孩子，内心对于小学是非常向往的，他们会羡慕戴着红领巾背着书包上学的小哥哥和小姐姐，渴望新的书包、新的铅笔盒、新的衣服，时时刻刻都流露出对小学的向往之情。同时他们还有许多关于小学生活的问题，希望得到成人的解答。在此阶段，他们经常会主动与老师及小伙伴谈论有关小学的话题。此话题从幼儿的生活中来，活动将重点引导幼儿围绕话题清楚、完整、连贯地表达自己的观点，通过各个环节引导幼儿了解小学生活，树立幼儿上小学的信心。

活动目标

（1）积极参与谈话活动，体验语言交流的乐趣。

（2）能积极地倾听，并能主动大胆地在他人面前说话，围绕话题清楚地表达自己的观点。

（3）体验成长的快乐，了解小学生活，有想上小学的愿望。

活动准备

（1）物质准备：《小学生的一天》课件。

（2）经验准备：幼儿在活动前和父母一起讨论我想上小学的话题。

（3）其他：邀请部分家长代表。

活动过程

1. 节目开场，激发活动兴趣

（1）"有话大家说"节目开场白，介绍本期节目的背景。

指导语：有话大家说，越说越快乐！观众朋友们，大家好！欢迎来到"有话大家说"节目现场，我是节目主持人艳子。又是一年毕业季，又是满园桃李香，本期节目让我们把目光投向年龄最小的毕业生——大班的孩子们。

（2）欢迎节目嘉宾

指导语：马上就要上小学了，孩子们准备好了吗？家长们准备好了吗？让我们欢迎杏家湾幼儿园大二班的孩子和家长们！

评析：活动一开始，教师利用"有话大家说"谈话节目的形式，吸引了孩子的注意力，并给幼儿创设了一个宽松自由的氛围，让幼儿感觉不是在上课，而是在参加节目，体现了"谈话活动应具有宽松自由的谈话氛围"这一特征。另外，此活动还邀请了部分家长参与，使活动更有趣，幼儿更加放松。

2. 围绕"幼儿园的美好回忆"谈话，体验成长的快乐

（1）回忆幼儿园生活，谈谈幼儿园的快乐趣事。

指导语：幼儿园中最开心、最快乐的事情是什么？

提出要求：围绕话题轮流发言。

（2）幼儿与家长一起谈谈孩子上幼儿园的变化与进步，体验成长的快乐。

① 幼儿自己谈变化与进步。

指导语：现在与以前比，你有哪些进步和变化？

② 家长谈孩子们的变化与进步。

指导语：家长朋友们，孩子们上幼儿园后有哪些变化和进步？最让你们高兴和欣慰的是什么？

对幼儿提出要求：认真倾听。

评析：谈话活动是由一个个有关主题的小话题的交谈组成，一般由幼儿熟悉、已知的话题逐渐过渡到幼儿不熟悉的话题。此环节是正式谈话的开始，从幼儿熟悉的"幼儿园的美好回忆"谈起，孩子们有话可谈。同时教师注重对幼儿谈话核心经验的培养，如围绕话题轮流发言，认真倾听。

3. 围绕"我心中的小学生活"谈话，了解小学生生活

（1）幼儿谈谈小学与幼儿园的不同，初步了解小学生活。

（2）幼儿与家长亲情对话，进一步了解小学生活。

指导语：你们还想知道哪些关于小学的事情？提出问题，请爸爸妈妈来回答。

（3）观看视频《小学生的一天》，全面了解小学生活。

评析：幼儿对小学生活是非常向往的，但他们又不太了解。此环节通过幼儿谈小学生活初步了解、与家长亲情对话进一步了解、观看视频全面了解三个步骤，层层递进地推动活动的开展。

4. 围绕"上小学了应该怎么做"拓展谈话，有想上小学的愿望

（1）介绍活动，提出要求。

① 介绍活动：分小组讨论"上小学应该怎样做"。

② 分组：5人一组，家长2人一组参与到小组中去。

③ 提出要求：小组交谈时间为5分钟；每组孩子都要轮流发言；谈话结束后推选1个中心发言人代表本组发言。

（2）幼儿分组交谈。

（3）小组中心发言人发言。

评析：在幼儿了解小学生活的基础上，教师把谈话内容进一步拓展，让幼儿围绕"上小学了应该怎么做"以小组的形式进行谈话。此环节谈话的形式更加多样，既有小组交谈，又有个别发言。教师让家长参与到小组谈话中，使小组谈话得到保障。

5. 集体宣誓，树立上小学的信心

评析：通过教师带领幼儿集体宣誓，把活动推向高潮，帮助幼儿树立上小学的信心。

6. 活动结束语，前后呼应

我们一起祝愿孩子们做个快乐自信的小学生。今天"有话大家说"节目到此结束，感谢大家的参与。

评析：与第一个环节前后呼应，让整个活动完整、圆满。

活动延伸

（1）组织幼儿到附近小学参观，并和小学生开展活动。

（2）继续组织有关幼小衔接的活动。

（活动设计：重庆市云阳县杏家湾幼儿园万美、周芙蓉　点评：熊彩云）

本章小结

　　谈话是指两个或两个以上的人就某一主题进行交谈，是儿童交流能力发展的重要途径。幼儿园谈话活动是教师启发引导幼儿围绕一定话题，以交谈为主要形式开展的语言教育活动。幼儿园谈话活动的特征主要有：谈话活动有一个有趣的中心话题；谈话活动具有宽松自由的谈话氛围；谈话活动注重多方的信息交流；谈话活动中教师起间接的引导作用。幼儿园谈话活动包括日常谈话活动和集体谈话活动两种类型。

　　幼儿园谈话活动的目标是：培养幼儿的倾听能力；学习围绕一定的话题谈话；学习基本的运用语言进行交谈的规则，提高语言交往水平。

　　幼儿谈话的核心经验主要包括良好的倾听习惯和能力、掌握并运用交流和表达的规则、初步运用谈话策略三个范畴。

　　幼儿园谈话活动的设计与组织包括日常谈话活动和集体谈话活动两方面的设计与组织。日常谈话活动的设计与组织主要包括：创设宽松自由的语言交往环境；提供机会鼓励幼儿自由交谈；根据幼儿兴趣进行日常集体谈话；关注幼儿谈话的核心经验。集体谈话活动的设计与组织主要有三个步骤：创设情境，引出话题；围绕话题，自由交谈；深层次拓展谈话。

　　幼儿园谈话活动存在的问题有：重集体谈话，轻日常交谈；重表达，轻倾听；师幼关系处理不当；话题选择脱离幼儿；自由谈话未能真正放手；谈话范围不能有效拓展。幼儿园谈话活动的指导策略是：重视真实情境下的日常谈话，拓展幼儿语言学习途径；关注幼儿倾听核心经验，提高幼儿倾听能力；灵活转变教师角色，形成良好的师幼关系；选择有趣的谈话主题，提高幼儿谈话的积极性；合理设计提问，激发和推进幼儿的谈话。

思考与练习

1. 如何选择幼儿园谈话活动的谈话话题？
2. 简述幼儿园谈话活动的主要特征。
3. 幼儿园谈话活动中谈话氛围的宽松自由体现在哪些方面？
4. 幼儿园谈话活动的目标是什么？
5. 幼儿谈话学习的核心经验是什么？请简述其发展阶段。
6. 简述幼儿园日常谈话活动的指导要点。
7. 幼儿园集体谈话活动的设计分为哪几个步骤？
8. 如果谈话活动中出现儿童抢话或不发言的情况该怎样处理？
9. 简述幼儿园谈话活动的常见问题及指导策略。

第六章　幼儿园讲述活动

关键词

讲述学习核心经验；讲述活动设计要点；实施的基本程序和步骤

学习目标

1. 掌握讲述活动的特点。
2. 理解幼儿园讲述活动的教育目标。
3. 了解各类型讲述活动中幼儿应获得的核心经验。
4. 能设计讲述活动方案并进行模拟教学。

知识结构图

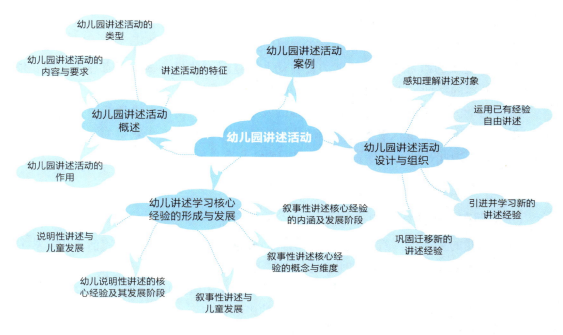

本章共分四节，结合对幼儿园讲述活动的认识和研究，阐述幼儿园讲述活动的特征、类型、教育目标，幼儿讲述学习核心经验的形成与发展，并以实例分析了各类型讲述活动的设计要点，介绍了幼儿园讲述活动实施的基本程序和步骤。本章学习的难点是幼儿园讲述活动的设计与组织。

第一节　幼儿园讲述活动概述

案例导入

在幼儿园讨论活动中，有的老师说："讲述活动就是让幼儿看着图书，用自己的话表达出来，就像看图说话。"有的老师说："这种活动只对幼儿的语言发展有用，对其他领域，如社会、科学等领域没有什么作用。"

问题

讲述活动是一种怎样的活动？这种活动对幼儿语言的发展有什么作用？

　　幼儿园讲述活动是一种以培养幼儿独立构思和语言表达能力为基本目的的语言教育活动，幼儿凭借一定的讲述对象，在相对正式的语言环境中，使用比较规范的语言，独自在集体面前表达对某人、某事、某物的认识、体验、感受，并进行语言交流。《指南》中指出："应为幼儿创设自由、宽松的语言交往环境，鼓励和支持幼儿与成人、同伴交流，让幼儿想说、敢说、喜欢说，并能得到积极回应。"讲述活动是一种有目的、有计划地培养幼儿独白语言能力的教育活动。这种语言活动以促进幼儿独白语言能力的发展为主，讲述活动与幼儿发展有着密切的关系。

　　讲述活动的开展促进幼儿语言综合能力的发展。从幼儿的语言能力发展上来看，讲述是一种复杂的语言综合运用能力，在幼儿讲述时，要具备多重语言能力，如：能选择运用基本的字词、正确的语法、适当的连接词以及清楚的指称用语等。

　　讲述活动的开展促进幼儿认知与思维的发展。讲述活动以促进幼儿语言表述行为的发展为主，需要儿童积极参与命题的讲述实践，帮助幼儿逐步获得独立构思和表述的语言经验。因此，幼儿园语言讲述活动需要幼儿有良好的记忆力。

一、幼儿园讲述活动的特征

（一）拥有一定的凭借物

　　由于幼儿的生活经验贫乏，头脑中积累的表象经验不足，幼儿讲述活动中需要有一定的凭借物来开展活动。这里所说的凭借物是指在讲述活动中，教师为幼儿准备的，或幼儿自己准备的图片、实物、情景等，通过凭借物引起幼儿的关注、想象、回忆、讨论，引出讲述对象（讲述主题），明确讲述的中心和内容，让幼儿围绕主题，按照一定的顺序，有目的、有条理地进行讲述。

　　每一个讲述活动都有与讲述主题或者讲述对象密切相关的凭借物，这是幼儿园讲述活动的独特之处。凭借物在讲述活动中出现，主要基于两个方面的需要：一是幼儿学习讲述的需要。幼儿思维带有具体形象性，长时记忆能力也有限，很难完全凭借记忆、想象进行连贯、完整的讲述。因此幼儿需要一定的凭借物，启发其想象、思考，进而进行丰富的表述。第二是幼儿集体参与的需要。幼儿园的讲述活动是培养幼儿独白言语能力的语言活动，幼儿需在集体面前进行独立讲述，并能得到他人理解。因此，凭借物就是教师组织讲述活动时一种集体的指向，能更好地引起听者与讲述者的共鸣。

不同年龄幼儿讲述活动的凭借物也有所区别。小班幼儿由于表象经验不足、知识经验缺乏，语言能力发展欠缺，因此主要进行实物讲述和简单的图片讲述，只要他们能将实物或图片的主要特征描述清楚、基本完整就可以了。中大班幼儿语言能力有所提高，认识范围也相对广泛，生活经验也有所增加，在凭借物的选择范围上就扩大了许多，不仅要针对实物、图片、情景进行充分的讲述，还要通过想象创造性地进行事件或故事的讲述，讲述时，也可以创编出凭借物本身没有反映的内容，如人物的心情、对话、动作、神态等。凭借物的种类见表6-1。

表 6-1　凭借物的种类

凭借物的种类	凭借物列举
实物	玩具（车、船、飞机、机器人）、食物（水果、蔬菜类）、服装、植物、动物、文具、生活用品
图片	图片、照片、绘本等
人	教师、家人、小朋友等幼儿熟悉的人
情景情境	参观、游览、假日活动、游戏情景、户外情景等
动画片	《小黄人》《喜羊羊与灰太狼》《熊出没》《小魔仙》等幼儿熟悉的动画片
绘画	教师或幼儿的绘画作品

（二）注重锻炼幼儿的独白语言

幼儿园讲述活动是提高幼儿语言交际能力的一种重要形式，在这种活动中，幼儿要学习的讲述是一种独白的语言，是比谈话更为复杂、周密的一种口头语言表达方式。

独白是一个人独自向听者讲述，需要说话的人独自构思和表达对某一内容的完整的认识，讲述内容相对独立，话语相对较长。独白语言需要幼儿用完整、连贯的语言把自己对某人、某事、某物的内心感受和体验准确无误地表达出来，并得到他人的理解，对幼儿言语能力的要求比较高。幼儿的独白语言更多地表现为复述、讲故事等。

例如，在看图讲述《兔子搬家》时，老师让幼儿观察图片，同时提出一组问题："图上有哪些小动物？他们要去干什么？途中遇到了一个什么困难？他们是怎样解决的？你觉得这个办法好不好？"通过问题的列举帮助幼儿确定先说什么、后说什么，逐步养成按顺序讲述的好习惯。可以

图 6-1　兔子搬家 / 图片来源：豆瓣读书

说，讲述活动是幼儿学习运用独白语言的特殊途径，有着独特的语言教育价值。

（三）具有相对正式的语言情境

语言表达受情境的影响，不同的语言情境下所使用的语言不同。与其他活动比较，幼儿园讲述活动为幼儿提供的是一种学习和运用比较正式的语言的场合，幼儿要使用组织较为严密、正规的语言来表达自己对某人、某事、某物的看法和认识。

正式的语言就是说幼儿在讲述活动过程中，不能像谈话活动中你一句、我一句随便地、宽松地说，而是要求按凭借物，在集体面前用更接近于书面语言的方式来表达自己的认识。这种正式表现在两个方面：一是语言规范。在讲述过程中，幼儿要经过比较完善的构思，再完整、连贯、清楚地表达，语言合乎语法规范，避免讲述时东拉西扯，随意性较大。二是环境规范。这类活动一般都在幼儿园专门的语言教育活动中开展，讲述活动正是通过这种经过教师精心计划和准备的语言环境，鼓励幼儿运用言语和知识经验，使用规范性的语言表达自己对人、事、物的看法、见解和认识，进而提高清楚、连贯地在集体面前表达自己见解的能力。

（四）能调动儿童的多种能力

在讲述活动中，幼儿必须集中注意力，在细致观察的基础上展开丰富的想象，在大脑中对人、事物进行初步的逻辑思考，最后才能清楚、有条理地表达出来。因此，讲述活动不仅可以有效提高幼儿的语言表达水平，而且能促进注意力、观察力、思维能力和想象能力的发展。

二、幼儿园讲述活动的类型

幼儿园常见的讲述活动，按照不同的分类标准，可以分为以下几种类型。

（一）按凭借物分

1. 看图讲述

看图讲述
《大象救兔子》
视频来源：腾讯视频

看图讲述是在讲述过程中使用图片来帮助幼儿讲述，幼儿年龄越小，对图片的直观性要求越高。这种讲述活动是幼儿通过仔细观察图片，了解图片中人物和事件的主要特征或经过，理解图片的主要内容。有时还需要考虑到人物的内心世界和语言，并运用恰当的语句流畅表述图意的语言教育活动。看图讲述是幼儿园最常见、最重要的讲述活动形式，也是幼儿最喜欢的一种讲述活动形式。

看图讲述有以下几种特殊的形式。

（1）排图讲述

教师将图片顺序打乱，启发幼儿根据自己的理解将图片组成有情节的画面，最后用完整、连贯的语言讲述出来。排图讲述是一种有利于幼儿创造性思维能力发展的活动。在排图讲述中，老师提供的图片是单个的，每幅图都有相对的完整性，图与图之间又有一定的内在联系，并有多种排列的可能。幼儿根据图片提供的线索，发现图与图之间的关联，将图片排出合理的顺序，构思出一个完整的故事情节，操作的程序为"看—想—排—讲"。"排"的程序对幼儿思维的发展有重要的意义，如仔细观察下面三幅图（图6-2），先给它们排序，再讲述出来。

图6-2　大班语言排图讲述：拔河比赛/图片来源：莲山课件

（2）选图讲述

选图讲述是指由教师提供多种图片，幼儿认真观察，根据自己的设想在众多的图片中选出能构成故事情节的图片组合在一起，并用准确连贯的语言讲出画面所表达的故事情节。

（3）拼图讲述

拼图讲述是指由教师提供各种构图材料，如：纸做的各种形象、磁性图片、玩具、立体图片等，幼儿根据自己的意愿和想象，按照一定的主题将各种构图材料拼成一个完整的、有情节的画面，并用准确连贯的语言讲述画面内容。拼图讲述时，幼儿自己动手、动脑、动口，有利于调动幼儿学习的主动性和创造性，提高幼儿语言表达能力和想象力。

2. 实物讲述

实物讲述的凭借物是实物，包括使用玩具、食物、服装、植物、动物、文具、生活用品等，用真实、具体的物体来帮助幼儿讲述。

实物讲述是在观察过程中或观察后进行的，讲述的内容包括实物的名称、外形特征、材质、用途、使用方法或功效等。

3. 生活经验讲述

生活经验讲述，是指幼儿将生活中所经历的或听到的事情中最清楚、最有趣、印象最深刻的部分，以完整连贯的语句讲述出来。这种讲述活动的重要作用在于它不仅能训练幼儿按照主题要求完整连贯地说话，还可以激发幼儿的观察热情和认真对待生活的态度，有利于培养幼儿积极的生活态度和良好的性格，形成良好的社会行为。

生活经验的讲述可以分成两种情况：一是幼儿共同生活经验讲述，就是在老师有目的、有计划地组织幼儿参加一些活动后进行的讲述，如"有趣的动物园""快乐的六一儿童节""超市的见闻"等内容要求用独白形式讲述。二是幼儿的个人经验和感受的讲述。对幼儿个人来说，教师组织这种讲述比共同生活的经验难度要大，这是因为共同组织的讲述中，教师选择和讲解的内容经过自己的构思，已经组织好语言进行表述。而独特的个人讲述由于不了解幼儿要讲的内容，难以做到及时的指导、纠正、补充。这两种讲述对幼儿都是非常有益的，个人生活经验讲述可以锻炼记忆、思维、语言的组织和概括能力，共同生活经验讲述可以帮助幼儿相互学习语言，增加对已有生活经验的感受和理解，提高幼儿的讲述能力。

幼儿的个人生活经验讲述必须在他们生活范围之内，讲述内容是熟悉的、印象深刻的，也是他们感兴趣的。生活经验讲述有一定的难度。有时幼儿会根据自己的理解组织材料，将几次经历的事情组织在一起，需要有较强的语言的组织和概括能力。一般来说，具体个人生活经验讲述对于生活经验不丰富、语言能力有限的小朋友而来讲还有困难，对于生活经验相对较多元、能力较高的中班后期和大班幼儿比较适合。

4. 情境表演讲述

情境表演讲述是指幼儿在教师的启发和引导下观看情境表演，如木偶表演、玩具表演、童话剧的表演等，并将表演的情节、对话和内容完整、流畅地进行表述的教学活动。情境表演由扮演的角色来实地演出一系列动作发展情节连续性的事件，有场景、情节、角色的对话、动作表情，这种表演生动形象，让幼儿处在真实的活动内容之中，有利于幼儿理解情节，诱发幼儿的观察兴趣和讲述愿望，深受幼儿的喜爱，在大、中、小班都可以开展。

（二）按编码特点分

1. 叙事性讲述

用口头语言把人物的经历、行为或事情的发生、发展、变化讲述出来，就是叙事性讲述。叙事性讲述要注意围绕说清楚一件事情的来去来龙去脉，如时间、地点、人物，事件的起因、经过和结果，并且说明事情发生发展的先后顺序。叙述性讲述有两种方式：一是以第一人称"我"叙事，把事情和个人经历讲给别人听；另一种方式是以第三人称讲述"他""她""他们"所经历的事情。

2. 描述性讲述

描述性讲述是用生动形象的语言把观察到的人物的外貌、表情、动作或物体、景物的性质特性讲述出来。描述性讲述的突出特点在于描述的材料来源于幼儿对于人或事物的具体观察与切身感受。教师对幼儿描述性活动的引导，也必须紧紧抓住事物的特征引导幼儿进行语言描述。如果说叙述性讲述的要求是"线索清"，那么，描述性讲述的要求就是"观察准"。

3. 说明性讲述

说明性讲述是幼儿运用简洁准确的口头语言把事物的形状、特征、功用或活动的步骤和流程等解说出来。在说明性讲述活动中，幼儿对于事物的介绍偏重于揭示事物的特点、功用以及操作的步骤、方法，反映着幼儿对事物性质与特征的判断和认识。

4. 议论性讲述

议论性讲述是幼儿通过亮观点、摆事实来表达自己对事物的态度及其理由的讲述。在议论性讲述中，幼儿首先要明确地亮出自己的观点，其次要阐明自己所持观点的理由。

幼儿的思维尚处于以形象思维为主的阶段，议论性讲述对幼儿有很大的挑战，所以一般到大班才更多地进行这种活动。我们应该从幼儿阶段鼓励孩子敢于把自己真实的想法大胆地讲述出来，这有利于幼儿主见意识和张扬个性的形成，对幼儿的发展有很大的积极意义。

三、幼儿园讲述活动的内容与要求

在《纲要》语言部分的"内容与要求"中，对讲述活动有关的内容的分析具体表现为以下几点。

1. 创造一个自由、宽松的语言交往环境

在讲述活动中，幼儿学习运用比较规范的语言进行交际，对幼儿来说，独自讲述自然不能像在谈话活动中那么宽松、自由，有的幼儿在集体环境中胆怯、不敢说话或说话声音很小，完全不像在游戏活动或个别交谈时那样大方。因此，教师要创设一个既正式又民主和谐、宽松的氛围。如：选择幼儿感兴趣的讲述题目；灵活采用自由讲述、小组讲述、同伴互相讲述、集体讲述等方式调动幼儿参与讲述活动的兴趣；对于幼儿在独立讲述中出现的错误，最好不要在幼儿讲述的过程中立即纠错。

2. 让幼儿养成注意倾听的习惯

听是说的前提，对幼儿来说，倾听是一种不可缺少的能力。愿意倾听、善于倾听才能真正理解语音传达的意义，并能据此采取相应的实际行动，展开联想或想象，学前期养成注意倾听的习惯十分必要。

3. 鼓励幼儿大胆清楚地表达自己的想法和感受

幼儿语言的表达能力是在运用过程中发展起来的，而幼儿语言又是在语言交流中实现的。讲述活动为幼儿实际使用一定的语言内容、语言形式、语言运用方式进行交流提供了良好的活动氛围和组织平台。通过讲述活动，幼儿有机会在他人面前独立使用适当的方法组织语言，说明简单的事物或过程，大胆清楚地表达自己的想法，《纲要》明确提出了"重视儿童语言运用"的要求，强调幼儿在使用语言的过程中学习，这意味着对幼儿讲述活动的重视。

四、幼儿园讲述活动的作用

1. 提高幼儿感知理解讲述对象的能力

幼儿要清晰完整连贯地进行讲述，首先要正确地感知并理解讲述的对象和内容，这就要求幼儿充分调动自己的观察能力，观察要讲述的凭借物，应用分析，综合判断，理解要讲述的对象。例如小班讲述活动"红红的橘子"中，首先，老师让幼儿观察橘子的外部特征，了解橘子的颜色、形状；然后，让幼儿分组观察自己所带的橘子与别人的橘子有什么不一样，交流自己橘子的特点；最后，剥开橘子观察内部结构，品尝并且交流橘子的味道，讨论它的营养价值和药用价值等。在这个相互交流的过程中，幼儿从不同角度加深了对橘子的了解。不同年龄班对告知理解上有不同的要求：小班

要求幼儿能听懂并且按照指令的要求感知理解内容简单的食物图片和情景；中大班要求幼儿运用比较和分析的方法理解较为复杂的讲述内容，包含表面内容和深层次的内容。如看图讲述，表面内容是图片中的人物、事件、背景，而深层次的内容包括人物的对话、心理活动，以及与图片内容有必然联系但在图片上没有呈现出来的内容。

2. 培养幼儿独立构思、清楚完整表达的能力

独立构思、清楚完整表达能力的培养是讲述活动要重点完成的目标。讲述活动为幼儿提供了独立构思、完整表述的机会，幼儿在教师的引导下，对一定的问题有目的、有顺序地去思考。例如，在大班讲述活动"特别的我"中，幼儿要独立思考"我该如何介绍自己？我的特点是什么？为什么我很特别？大家都特别，我们是否有共性？"等。然后将这些完整清楚地在集体面前讲述，态度要自然大方，不胆怯、不扭捏，声音要响亮但不大吼大叫，语调大方自然。

3. 使幼儿掌握对语言交流信息清晰度的调节能力

幼儿园讲述活动不仅要培养幼儿独立构思和表述的能力，还要求幼儿在活动中要善于倾听别人的意见是否与自己相同，是否与要求讲述内容一致。幼儿要根据材料和环境的变化来调节语言表达的方式，以保证交流信息的清晰度。例如：大班生活经验讲述活动"夸夸我的好老师"，由于每个老师的外貌、衣着、职业行为不同，因而在讲述时就要注意倾听别人的讲述，在别人讲述的基础上不断调节自己的信息，抓住主要特征来讲述。幼儿相互之间运用不同的语言交流信息能帮助幼儿成为积极的语言运用者。他们可以察觉自己所说的话是否有遗漏并能按要求进行修补，从而培养幼儿根据听者所发出的反馈而及时调整交流内容和方式的能力。幼儿园讲述活动还可以培养幼儿积极的情感态度和社会行为，对于提高其社会化水平具有重要的意义。

第二节　幼儿讲述学习核心经验的形成与发展

案例导入

图 6-3 《小土坑》/图
片来源：新浪博客

晚上，妈妈和宝宝一起翻看图画书《小土坑》，翻到左图（图 6-3）的时候，妈妈让宝宝讲述图中的内容。宝宝看了看，说："下雨了，路上有个水凼凼（水坑），小羊想去玩水，又怕妈妈骂……"

问题

从案例中宝宝的讲述内容，你能看出孩子在讲述活动中处于哪个阶段？应该如何教育引导呢？

各类型的讲述活动有都其独特的特点和价值，幼儿在各类型的讲述活动中应该并能够获得很多语言学习、语言表达的经验。这些经验的学习和获得为幼儿语言能力的整体发展提供基础。那么，在每一种类型的讲述活动中，我们应该让幼儿习得哪些重要、核心的语言经验呢？这是设计讲述活动之前我们必须了解的重要知识。

一、说明性讲述与儿童发展 [①]

说明性讲述具有自身独特的特点，对于幼儿的发展起着重要的作用。

（一）说明性讲述的特点

首先，说明性讲述使用的是独白性语言。它需要讲述独立构思和表达对某一内容的完整认识，要求讲述者按照这种讲述类型独特的内容组织方式和语言特点来进行讲述，它与其他口头语言类型（如叙事性讲述、谈话）是截然不同的，而且它的难度更高。比如叙事性讲述的语言与日常生活中的口头语言较为接近，幼儿接触的机会也较多；谈话因为有对方的肢体语言和表情等情境线索而较易理解与表达。而说明性讲述这种语言类型，其说明性语言使用的场合较少，幼儿在日常生活中接触的机会也较少，而且讲述者往往很少依赖情境线索，因此难度较大。

其次，说明性讲述的语言讲求客观、简洁、规范、准确。为了更直观地了解说明性讲述语言的特点，下面通过两个简单的对比来说明。

例句一：小蝌蚪不明白为什么他的妈妈跟他长得一点也不像呢？

例句二：蝌蚪是青蛙的幼体，不过它们的外形差别很大。

例句一使用了生动形象的语言，拟人的修辞手法，并带有一定的感情色彩；例句二则使用了简洁明了、规范准确以及客观平实的词句。例句一是叙事性语言，常见于叙述性的书面语言或讲述语言中；例句二是说明性语言，常用于说明新的书面语言或讲述语言中。

了解了说明性讲述的这两个特点，就能深入把握它的概念，将它与其他口头语言形式区分开来。

（二）说明性讲述对幼儿发展的作用

任何语言形式在人一生的发展中都起着不可替代的作用，说明性讲述也有其独特的价值。然而，由于这种语言类型较少出现在文学作品中，与日常生活中所使用的语言也风格迥异，对于幼儿来说，要逐渐获得这种语言的核心经验有一定的难度，因此较易被忽略。下面就重点说明这种语言形式对幼儿发展的作用。

1. 说明性讲述对幼儿语言发展的作用

幼儿通过学习说明性讲述，逐渐获得对这种语言形式的敏感性，了解这类语言的特点、使用场合等，最终能够独立组织并恰当地使用说明性讲述语言。在讲述活动中，幼儿需要独立构思讲述内容、讲述顺序、讲述重心和中心，考虑怎样让别人理解自己

① 周兢.幼儿语言教育与活动指导 [M].北京：高等教育出版社，2015：8.

的话，等等。例如，在讲述动物海豚时，幼儿讲述前需要思考讲述海豚的哪些特点，先讲述什么、再讲述什么、重点讲述什么、用什么样的词汇来描述。所以，讲述活动能够帮助幼儿掌握讲述的一般和特殊方法，使幼儿连贯、完整、清楚地讲述某一事物。

培养幼儿说明性讲述能力不仅对幼儿口头语言的发展具有不可忽略的作用，还深刻影响着幼儿对说明性文体这种书面语言的认知。有研究表明，幼儿能够通过辨认特殊体裁的方式而拥有一些对不同写作题材的辨别意识。劳拉和卡罗尔研究发现，儿童对体裁的认知程度取决于教师的指导程度。而说明性讲述可以使幼儿开始对说明性语言产生敏感性，从而对以说明性语言为主的说明性文体有一定的认知，这对幼儿以后的语言发展有着深远的意义。

2. 说明性讲述对幼儿认知与思维发展的作用

说明性讲述除了对幼儿的语言发展有着重要的作用外，还会影响幼儿的认知与思维的发展。幼儿在进行说明性讲述之前，首先要了解、认识事物的特点、性质或操作过程，只有了解了这些内容，才能有序、有重点、有逻辑地讲述。如讲述兔子时，需要了解兔子的外形特征、习性、喜好、生长特点等。这样一来，幼儿不仅了解了多种事物的相关科学知识，还发展了自己的认知水平。

此外，幼儿要表述明白事物的状态，交代清楚它的特点、来源或操作过程，按照一定的逻辑顺序来组织讲述内容，甚至还要加入自己的判断、分析、重组、推理。比如讲述简单机械的操作步骤，可以根据《小机械立大功》这本图画书了解简单机械的功用后再进行讲述。要学习简单机械的操作步骤，首先就需要明白每一种简单机械的作用，以及它是如何工作的，这些都需要幼儿将简单机械与图画中的其他事物联系起来分析、推理，才能理解它的运作原理，然后才能清楚明白地讲述。其次，在讲述的过程中，还需要通过一幅幅画面进行联想和逻辑关系的重组，才能讲述每一样简单机器的操作步骤。由此可见，这种讲述可以培养和发展幼儿的思维能力，这是其他类型的语言学习无法取代的。

图 6-4 《小机械立大功》/ 图片来源：新浪微博

要对幼儿进行说明性讲述的教育活动，首先就需要了解幼儿说明性讲述的核心经验及其发展特点，这样才能有的放矢地进行教育。

二、幼儿说明性讲述的核心经验及其发展阶段

说明性讲述的核心经验是指幼儿需要学习并获得的说明性讲述所需的最重要、最核心的经验，通过学习获得这些经验，幼儿能够稳步地发展说明性讲述的语言能力。根据幼儿的语言发展规律，可以将幼儿说明性核心经验归纳为以下三条：以独白语言的形式进行说明性讲述；使用规范准确、简洁明了的说明性词句；理解说明性讲述的内容组织方式。

（一）以独白语言的形式进行说明性讲述

说明性讲述这种语言形式属于独白语言，需要讲述者能够在脱离情境的场合，独立构思讲述内容并有条理地讲述出来。

幼儿头脑中储存的事物形象较少，逻辑思维能力和语言表达能力尚处在初步发展阶段，因此能够在集体面前做到脱离情境、独立构思、有条理地讲述是比较困难的，但在此阶段可以开始培养幼儿讲述的兴趣，在提高一定的教学支持的条件下让幼儿开始感受独白语言的讲述要求，学习以独白语言的形式进行说明性讲述。幼儿只有培养起对说明性讲述这种特殊的独白语言的兴趣，才能建立起在集体面前讲述的自信心，逐渐学会独立构思讲述内容。在培养幼儿以独白语言的形式进行说明性讲述的过程中，幼儿会逐渐感知独白语言的特点，区分独白语言与日常谈话的差别，并且也能感受到说明性语言以独白的形式表现时应该如何表达。

1. 初始阶段

此阶段幼儿应愿意在熟悉的人面前独立讲述自己熟悉或喜欢的事物。对于幼儿来说，一定有自己熟悉或喜欢的事物，可能是一个睡前总是抱着的毛绒玩具，可能是一只经常围着自己打转的宠物狗，也可能是电视里纪录片中播放的外形可爱的小松鼠。由于幼儿的表象存储能力有限，他们往往对自己喜欢或熟悉的事物印象深刻，这就为他们提供了独立构思的对象和素材。幼儿在自己熟悉的人面前总是能够比较轻松地表达，因此他们愿意讲述给熟悉的人听，这时如果能够激发幼儿讲述的欲望，建立起讲述的兴趣，他们一定愿意讲述自己熟悉或喜欢的事物。虽然他们只能讲述两三句，讲述的内容也杂乱无章，毫无逻辑，但由此开始，幼儿独立讲述的基础将逐渐确立起来。

2. 稳定阶段

此阶段幼儿在有凭借物的情况下，能够在集体面前独立讲述，但如何构思讲述内容尚需成人的指导与辅助。初始阶段幼儿的说明性讲述是比较随性的，可以在非正式的场合讲述，凭借物也可以只有一两个，而随着幼儿语言水平的发展，成人可以为他们搭建独立讲述的支架，如提供凭借物，帮助他们构思讲述内容，从而让他们能够大方自信地在集体面前讲述。为幼儿提供的凭借物可以是图片，可以是实物，还可以是幼儿通过操作构建的某个模型。幼儿有了眼前的凭借物，不仅方便成人指导，也为幼儿减轻了独立构思的压力，使说明性讲述能够更加流畅。于是，幼儿开始能够在集体面前独立地讲述。

3. 拓展阶段

此阶段幼儿能够在有凭借物的情况下，独立构思讲述内容，并在集体面前讲述。幼儿经过前一阶段核心经验的发展，逐渐熟悉了独白语言的特点，也明白了如何构思讲述内容，并且获得了一定的独立讲述的经验，这些都为他们独立构思讲述内容、在集体面前讲述提供了坚实的基础。但由于幼儿的认知能力有限，尚且不具备脱离情境构思的能力，因此他们还是需要借助凭借物来进行讲述。

（二）使用规范准确、简洁明了的说明性词句

说明性讲述有其独特的语言特点，在词汇的运用、语句的组织上都与其他语言形式有着明显的差别。幼儿最常接触到的语言是日常用语和叙事性语言。日常用语通常不要求用词规范，而且由于有情境、对话者的肢体动作等多重线索，幼儿甚至只需要简单地回应或回答即可，所以也不要求语言的准确性。由于说明性语言在日常生活中使用较少，所以这类语言对于幼儿来说就比较陌生，而对于说明性语言使用的典型方式——说明性讲述来说，体验其语言特点就显得尤为重要。

幼儿阶段说明性讲述的语言特点即了解说明性词句规范准确、简洁明了的特点，并学会使用具有这种特点的词句。在说明性讲述中，能够简洁地表达一句话，就是要求在讲述时尽量不使用多余冗杂的词语，尽量使用较少的词汇表达清楚事物的特点、功能等。当然，"使用较少的词汇"应在保持句子结构完整的前提下，这也正是说明性语言与叙事性语言区别较大的地方。前者更强调简洁明了、客观平实，而后者往往通过丰富的词汇刻画性格特征、表达感情等。获得这方面的经验，有助于幼儿明确不同语言风格以及不同语言类型之间的差异，产生一定的敏感性，为他们在不同的语言情境使用适当的语言形式打下基础。

此外，使用有一定逻辑的语句也是说明性讲述中需要幼儿获得的核心经验。幼儿在语言发展的过程中经历了由只会说简单的事物名称，到能够说由一两个词组成的"电报句"，再到能够说较为简短甚至还不是很完整的简单句，接着发展到能够说表示因果或并列关系但不包含连词的复合句，最终发展到能够使用恰当的连词将句子有机地联系起来。这一过程随着儿童年龄的增长、语言经验的不断丰富而不断发展。国外有研究发现，在学前和小学阶段，使用连词的准确程度与儿童的学业语言发展水平密切相关、相辅相成，因为这意味着儿童能够有逻辑地将句子连贯起来，其逻辑思维能力、语言组织能力也发展到了较高的水平。在说明性讲述这个特殊的语言学习类型中，逻辑性是其句子连贯的重要特点。培养幼儿逐渐有逻辑地进行说明性讲述，就需要根据幼儿语言发展的特点，逐步帮助幼儿学习恰当的搭配词语、有机的组织语句，为他们有逻辑的讲述奠定良好的基础。

1. 初始阶段

此阶段幼儿能够使用事物的规范名称，而非使用口语化的、不规范的名称。儿童从小接触的语言主要是日常用语，不少家长对自己的孩子说话时也喜欢使用"儿向语

言"或是"俗语"，甚至是方言，如把"灯"称为"亮亮"，把"汽车"称为"车车"等，于是儿童就习惯于使用这种指称方式，而不知道事物的规范名称。因此，让幼儿了解在说明性讲述中应使用事物的规范名称，避免使用这些口语化的、非正规的名称，就是幼儿开始学习说明性语言需要获得的核心经验。

2. 稳定阶段

（1）用准确恰当的词汇讲述直观事物的特征或现象。

幼儿了解在讲述中应使用事物的规范名称后，就能意识到说明性语言规范准确的特点。但是因为幼儿对事物的认识程度有限，所以在开始学习使用说明性词句时，以直观的事物特征或现象作为讲述的对象较易为幼儿所接受。在讲述时，需要使用准确恰当的词汇，例如，昆虫的"四肢"是比较规范准确的词语，而如果说昆虫的"四个脚"，不仅量词使用不准确，而且对昆虫身体部位的指称也不规范，这种用法通常用于非正式场合的日常对话中，在说明性讲述中则应培养幼儿学会按照前者的标准使用词汇。

（2）学习用简单句概括事物的特征。

除了使用准确规范的词语外，学习如何组织说明性的语句对于幼儿来说也是非常重要的。说明性语句讲求的是简洁明了，即用简短的句子描述事物，并能抓住事物的主要特征。开始学习说明性语句时，可以先学习如何使用简单句，在句子中使用准确规范的词语即可，不需要加入感情色彩，也不需要华丽的辞藻。

3. 拓展阶段

（1）准确地运用名词、形容词、方位词等词汇讲述事物的各种特征。

核心经验发展到拓展阶段，对幼儿的要求也就更高了，稳定阶段只需讲述直观的事物特征即可，而在拓展阶段，幼儿应能够讲述事物的各种特征，比如熊猫的生活习性、喜欢的食物等，这些是无法通过直观的观察就能讲述出来的，而是需要以幼儿对讲述对象特点的深入了解为基础进行讲述。由于幼儿认识的事物越来越多，获得知识的来源也更加丰富，幼儿对事物的了解不仅局限于表面性的外形观察，所以幼儿能够准确地使用各种词汇讲述事物的不同特征。

（2）感知说明性语言与日常用语、叙事性语言的差别，体会其简洁明了的语句特点。

随着幼儿讲述经验的不断丰富，幼儿逐渐感知到说明性语言与日常用语、叙事性语言的差别，体会到说明性语句简洁明了的特点。幼儿除了会使用简单句讲述外，也可以开始学习用简单的复合句来讲述，如并列句、转折句等。不过这一点并不能苛求，因为幼儿语言发展的水平参差不齐，有些幼儿语言表达的逻辑性较强，能够较多地使用连词，而有些幼儿只会使用简单句，但他们可以理解说明性语句简洁明了的特点，这就足够了。

（三）理解说明性讲述的内容组织方式

说明性讲述中如何组织讲述内容是个难点。众所周知，一篇好文章需要好的内容组织结构，最好能做到条理清楚、重点突出、结构有序。说明性讲述虽然是口头语言，但它比书面语言更需要在讲述前打好腹稿，也就是需要思考如何有条理、有顺序、有重点地进行讲述，这就成为说明性讲述学习的核心经验之一。

幼儿在没有说明性讲述的经验之前，也能讲出一些内容，但是这些内容的组织往往是杂乱无章的。比如讲述一只小白兔，幼儿可能会说："这是一只白色的兔子。它喜欢吃胡萝卜。它很可爱。它的眼睛是红色的。它喜欢吃草。它的耳朵长长的。"幼儿关于这只小白兔的讲述，每个句子都很完整，也符合说明性讲述的语言特点，这几句话中包含了兔子的基本特征，包括外形特征和习性。可是，仔细分析这几句话会发现，内容在组织方面比较混乱，一会儿介绍兔子的外形特征——白色的兔子，一会儿跳到兔子的习性——喜欢吃胡萝卜，一会儿又回到兔子的外形特征——眼睛是红色的，一会儿又跳回兔子的习性——喜欢吃草。例子中幼儿的讲述既没有逻辑顺序，也没有重点，这样的讲述方式虽然也能讲出内容来，但是听众就会很糊涂，思维需要跟着讲述者跳来跳去，而且讲述者自己也会糊涂，可能会出现重复讲述或者讲着讲着不知道如何进行下去的现象。因此，帮助幼儿获得说明性讲述的结构经验，就像帮助幼儿整理一个衣柜，让幼儿学会如何排列和摆放衣柜里的衣服，哪些衣服多一些需要放在大抽屉里，哪些衣服少些需要放在小抽屉里一样，有了这个衣柜，幼儿自然就知道如何放衣服、如何取衣服，不仅思路清楚，而且表达起来也言之有序，并且能有重点、有目标地讲述，讲述者讲得清楚，听众也能听得明白。

在幼儿说明性讲述学习过程中，随着幼儿认知水平的提高，可以逐渐做到从有内容地讲述到有顺序地讲述，最后发展到有重点地讲述。当然这一发展过程有着说明性讲述独特的内容组织方式，其核心经验需要在这一口头语言类型的学习过程中逐渐理解并获得。

1. 初始阶段

此阶段幼儿能够讲述直观的事物特征，如某事物的外形特征。幼儿开始学习说明性讲述时，明确到底应该讲什么比较适合幼儿的语言和认知发展的特点是关键。直观的事物特征较易讲述，能使幼儿能够做到有内容地讲述。比如幼儿在讲述海豚时，可以讲述海豚皮肤的颜色、眼睛的位置、嘴巴的形状等；在讲述苹果时，可以讲述苹果摸起来的触觉感受、吃起来的味觉感受和闻起来的嗅觉感受等。

2. 稳定阶段

此阶段幼儿能够按照一定的顺序讲述某事物的特征，讲述的顺序根据讲述对象的不同而有所差异。

随着讲述内容的丰富与复杂化，如何有条理、有逻辑地组织讲述内容就显得尤为重要。有顺序地讲述不仅可以方便讲述者组织讲述内容，也可以让听众能够听得清楚明白。讲述的顺序根据讲述对象的不同而有所差异，如讲述植物的结构，可以按照空间的位置顺序讲述；讲述某事物的操作过程，可以按照操作的先后顺序讲述；讲述海豚的外形，可以按照海豚身体从头部到尾部的顺序一一讲述；讲述如何折纸鹤，可以按照折纸鹤的操作顺序来讲述。这样的讲述清晰明了，既不容易遗忘讲述内容，也能有条不紊地讲述。俗话说"授之以鱼，不如授之以渔"，幼儿掌握了组织讲述内容的方法，自然就能学会如何讲述。

3. 拓展阶段

此核心经验发展到拓展阶段，幼儿应能做到有重点地讲述。有重点地讲述是让幼儿学习在讲述的过程中能够分清讲述内容的主次，主要的内容多讲或详细地讲，次要的内容少讲或简略地讲。以讲述小白兔为例，幼儿可以学习将小白兔的外形特征作为讲述的重点，将它的习性特征作为讲述中次要的部分；当然也可以将习性特征作为重点。以什么内容为重点可以根据讲述的目的、听众的水平和需要来进行调整。

三、叙事性讲述与儿童发展

叙事又称说故事，是一种脱离语境进行有组织表达的语言能力。叙说者需要由记忆系统启动与叙说主题相关的知识，选择适当的词语表达概念，选择适当的句子表达判断，也需要考虑所叙说内容的合理组织（如有条不紊地叙说内容，交代清楚角色、事件背景或前因后果等），考虑听者的注意力和感受，等等。一位成熟的叙说者必须综合考虑上述的这些因素，才能将一个故事适当地叙述出来。

从语言形式上来说，叙事可分为口语叙事和书面语言叙事。在幼儿阶段，口语叙事是幼儿发展的主要叙事能力，也是他们将来在学龄阶段进一步发展书面叙事能力的基础。

叙事性讲述指用口头语言把人物的经历、行为或事情的发生、发展、变化讲述出来，要说清楚人物、事件、时间、地点和原因，以及事情发生、发展的先后顺序。人们在日常生活谈话中包含许多叙事的日常，这种叙事有可能并不完整，具有即兴和片段式的特点。叙事性讲述与这种日常的叙事不同，要求在独自构思后对事件或故事进行有组织地、完整地表达，是一种在相对正式的语境中进行独白的语言能力，比如在集体面前为大家讲述一起事件。在幼儿园开展叙事性讲述活动，是为了有目标、有计划、有组织地帮助幼儿发展口语叙事能力。

（一）叙事是幼儿了解与表达世界的基本方式

叙事是人类的重要活动，是人类建构自我及整个世界的基本思维模式。人们用故事的形式组织经验，记载历史。虽然叙事可以通过多种媒介进行，如画画、摄影、舞蹈等，但语言是最清楚、最明确的叙事表达方式，并且对于幼儿阶段的儿童来说，口语叙事是其接触和运用最多、最频繁的一种叙事方式。人们在谈论日常事件时，虽然没有充分意识到它是一个有开始、发展和结尾的故事，但只要有相关背景和说明，人们大部分的谈论其实都是叙事性的。因而儿童自出生之日起，就生活在叙事的世界中，叙事是儿童了解社会的途径，儿童通过听他人叙事以及自己叙事参与社会文化活动。反过来，社会文化通过叙事也塑造了儿童对经验的思维与记忆方式。从这一角度来说，幼儿的口语叙事不仅仅是一种语言能力，还是一种思维方式，是幼儿了解与表达世界的基本方式。

（二）叙事是幼儿语言综合能力水平的反映

从幼儿的语言能力发展上来看，口语叙事反映的是一种复杂的语言综合运用能力，幼儿在叙事时要具备多重语言能力，如能选择运用基本的字词、正确的语法、适当的连接词以及清楚的指称用语等，并且要在脱离语境的情况下对听者所不了解的事物进行清楚的描绘。一般而言，幼儿在初学语言时，都需要依赖当场所能见到的事物进行叙述，如"这本书""那个娃娃"。随着认知与语言能力的发展，幼儿逐渐能够借助玩具、图画等凭借物对不在眼前的事物进行回忆、想象和表达，如幼儿在角色游戏中一边拿着玩具小勺喂娃娃一边说"宝宝吃饭"，或是一边翻看图画书一边说"毛毛虫饿了"等，这表明幼儿已初步具有了脱离语境叙述的能力。在整个学前阶段，儿童的口语叙事能力获得较快发展，但整体水平仍然不高。往往直到六七岁以后，儿童完全脱离语境而直接运用语言符号进行独立叙事的能力才开始获得较快的发展，如儿童这时可以直接运用口头语言较完整清楚地叙述故事。幼儿叙事能力的发展反映出其语言综合能力的水平，也正因如此，研究者往往通过对幼儿叙事水平的评估考量其语言能力的发展状况，或诊断语言发展障碍。

（三）幼儿的叙事能力与日后的读写能力发展有密切联系

幼儿脱离语境的口语叙事能力与其日后的读写能力有着密切联系。研究表明，幼儿的叙事能力与其在小学阶段的读写能力和学业表现关系密切，即幼儿阶段叙述能力较强的孩子，在小学时读写能力多半较强；反之，则较弱。台湾学者张鉴如对台湾幼儿叙述能力所做的纵向研究发现，叙述结构完整、叙述顺序较清楚，并会在故事中陈述自我观点和表达故事意义的孩子，在故事理解、下定义、图片描述和中文阅读理解等能力上表现较好；故事内容简短，结构不完整、时间顺序或人物、事物指称不清楚的幼儿，故事理解、下定义、图片描述和中文阅读理解等能力则较差。这表明，学前阶段儿童脱离语境的口语叙事很可能为儿童今后直接运用抽象语言符号进行读写活动提供重要的经验基础。

四、叙事性讲述核心经验的概念与维度

叙事性讲述的核心经验是指儿童在发展叙事性讲述语言能力过程中所需要学习并获得的最重要、最核心的经验，这些经验与儿童叙事能力发展的过程相关，但又不仅限于此。

儿童的叙事能力一般随着年龄、语言和认知能力的发展而发展。研究表明，两岁左右的儿童开始和大人一起叙述过去的经验和生活故事，不过这个阶段儿童所叙述的故事既简短，又没有条理，而且过多依赖于大人的提示与帮助；三四岁的幼儿开始

能够独立叙事，并且在叙述时能提到两个以上的事件，还会使用到时间和指称用语；五六岁的幼儿一般可以叙述一个较长和完整的故事，呈现一定的故事结构，并用恰当的语言形式对事件以及事件之间的关系做进一步解释。一般来说，研究者通过考察叙事结构、叙事顺序和叙事评价来考量儿童叙事能力的发展水平。

叙事结构表明了叙事内容的组织框架，包含：摘要，人物、时间、地点、背景，行动，观点，解决方法和结语六个要素，不过在 6 岁以下儿童所叙述的生活故事中一般看不到如此完整的叙事结构。3.5 岁到 9.5 岁的儿童中有七种常见的叙述模式：①混乱模式，对事件的叙述不辨时间，地点、人物混乱不清，听者难以理解，常见于 4 岁以下的儿童叙事。②贫乏模式，语言很少或只叙述了两个连续的事件，常见于 4 岁儿童的叙事。③跳跃模式，围绕整合的经验，从一个时间跳跃到另一个时间，中间遗漏了一些重要事件。④时间顺序模式，只有按时间顺序排列的事件，没有带情感色彩的实际评价，这种模式在每个年龄段都有出现，但是在四五岁的儿童中最多。⑤以高潮结尾的模式，故事以高潮结尾，没有解决方法，常见于 5 岁儿童的叙事。⑥古典模式，故事中有高潮、有解决方法，是最完整的叙述结构，常见于 6 岁及以上儿童的叙事。⑦混杂模式，即上述不同叙述模式混杂在故事中。

叙事顺序指用来表达时间、因果关系或连接所述事件的连词、表示时态或时间的副词等词汇的使用情况，如"然后""接下来""已经"等。恰当地使用这些词语可更清楚地呈现事件之间的关系，使得叙述的内容组织更加有条理。这种能力在学前儿童的叙事中可以看到，不过要到六七岁或小学阶段，这些词语出现的机会才较多。

叙事观点指儿童在叙事中表达自己或故事中人物的感受和观点、情绪、认知、意愿时所使用的词汇或语气，如"高兴""希望""很快"等。通过这些词汇和语气，儿童表达出自己的感受与评价。成功的叙事除了提供听者需要知道的信息外，还会表达出叙述者的观点，这是叙述的意义所在。年幼的儿童往往不能在叙述时表达自己的观点，随着年龄的增长，儿童在叙事中出现的观点逐渐增多。

从儿童叙事语言能力发展来看，其叙事能力的提高涉及对事件发生发展过程的呈现、对事件内容的组织与连接，以及对个人观点的表达等方面的经验与日常的叙事不同，叙事性讲述更强调在较为正式场合中的独白，因而独立构思讲述内容、对语境和听众具有敏感性等，也是儿童发展叙事性讲述的语言能力必不可少的经验。《纲要》在语言领域的目标中提出"能清楚地说出自己想说的事"，并要求"鼓励幼儿大胆、清楚地表达自己的想法和感受……发展语言表达能力和思维能力"；《指南》在"语言"领域的"倾听与表达"维度也提出"愿意讲话并能清楚地表达"，并建议"鼓励和支持幼儿与同伴一起玩耍、交谈，相互讲述见闻、趣事或看过的图画书、动画片等"。这些内容都在一定程度上反映了发展儿童叙事讲述能力的目标与要求。据此，我们将幼儿叙事性讲述的核心经验划分为三个维度：一是使用较为丰富多样的词句讲述；二是有条理地组织叙事性讲述的内容；三是感知独白语言的语境。

五、叙事性讲述核心经验的内涵及发展阶段

（一）使用较为丰富多样的词句讲述

叙事性讲述是一种脱离语境的语言能力，所描绘的事件与当前的现实只有极少的关联，也就是说，事件远离现实情景。这种脱离语境的语言能力表现为叙说者不必借助现场的事物，即能对听者所不了解的事件清楚地描述，这就要求叙说者能够选用恰当的词汇和运用不同形式的语句讲述。在叙事性讲述学习的过程中，幼儿能逐渐积累丰富的词汇如名词、动词、形容词、副词等，以及常用的句型，如陈述句、疑问句和反问句等，并学会在讲述时选择恰当、准确的语言形式进行，从而为听者提供清楚的故事信息与生动的形象描绘，吸引听众的兴趣并帮助听众理解。《指南》中要求5~6岁幼儿"讲述时能使用常见的形容词、同义词等，语言比较生动"，即反映了对这一核心经验的要求。这个方面叙事性讲述核心经验的发展阶段如下。

1. 初始阶段

（1）在讲述中说出事件中相关的人、事、物名称。

词汇能力是儿童较早发展起来的一种语言能力，是儿童学习叙事性讲述的基础。研究表明，儿童最早的叙事是对事件中的相关人、事、物进行命名。儿童最早掌握的词汇以名词为主。因而，在"使用较为丰富多样的词句讲述"这一核心经验发展的初始阶段，表现为在讲述中能说出事件中相关的人、事、物名称。教师可以在教育教学活动中为幼儿提供各种支架感知讲述的对象，帮助幼儿认识不同的事物并掌握其名称，为进一步讲清楚事情的过程做好铺垫。如在"小猪的野餐"这一活动中，教师一边播放 PPT，一边通过提问引导幼儿说出小猪的名字和小猪去野餐时带的各种食物。在弄清楚事件中的关键人物与物品后，幼儿才有可能将事情的经过讲清楚。

（2）使用常见的动词讲述人、事、物之间的简单关系。

名词和动词是儿童较早掌握的两种词汇，名词可以用来描述动作的施者或受者，而动词将动作的施者与受者联系起来，构成了最简单的叙事情节，即谁做了什么。因而，在使用丰富多样的词句讲述这一经验的初始阶段，还包括使用常见的动词讲述人、事、物之间的简单关系。如在"幼儿园里朋友多"这一活动中，教师出示幼儿在骑木马、拍铃鼓、抱娃娃的照片，用提问的方式引导幼儿观察，使之学会用"抱、骑、拍"等动词描述人与物之间的简单动态关系。

2. 稳定阶段

（1）在讲述中注意运用一些生活中习得的形象的词句。

叙事性讲述不仅要求讲清楚谁做了什么，还要求使用较为丰富形象的语言。一方面，幼儿可以表达自己的感受与评价，如"喜欢""小小的""把球踢得远远的""五彩缤纷的花朵"等；另一方面，这些形象的词语也能使得讲述的内容更为生动，从而满足听众的兴趣，吸引听众的注意。因此，在能够讲述清楚事件中基本的人、事、物及其之间关系的基础上，幼儿还需要学会运用一些生活中习得的形象的词语。如在"森

林里的声音"这一活动中，教师首先播放动物的叫声，然后通过提问引导幼儿从不同的角度形容动物的声音。幼儿依据自己的生活经验，分别运用了"又粗又响""震得树叶唰唰地抖"等形象的词句描述老虎的声音。

（2）在讲述中使用几种不同的句式。

汉语中常用的句式从表达语气上分为陈述句、疑问句、祈使句、感叹句等。陈述句是用来陈述一件事情的句子，分肯定句和否定句两种，是叙事讲述中最常用的句式。疑问句是用来向别人提出问题的句子，包括是非问句、反复问句、选择问句、特指问句和简略问句五大类。祈使句是用来要求别人做什么或不做什么的句子，包括要求和禁止两类。感叹句是用来表示某种感情的句子。如何使用及使用哪种句式，主要看说话的场合、对象、目的和范围等。随着语法能力的发展，幼儿逐渐在日常交流中掌握上述句式。因而，在稳定阶段，教师可以鼓励幼儿在叙事性讲述时同时使用几种不同的句式，以使讲述的语气有所变化，表达出更丰富的情感色彩。

3. 拓展阶段

（1）运用较丰富的词句讲述相近的意思。

到了拓展阶段，为增强叙事性讲述的生动形象性，要求幼儿能够在讲述中灵活运用较丰富的词句。随着词汇、语法和语用等基本语言能力的发展，幼儿有了较为丰富的词汇和句式的积累，在教师的帮助下能够学会依据讲述的场合、对象和目的等因素，灵活地运用各类名词、动词、形容词、副词，以及陈述、疑问、祈使和感叹等各种句式，使自己的讲述更生动。

（2）描述一些细节让讲述更生动。

要使叙事性讲述更为生动形象，还有一种方法就是描述细节，比如描述事件中人物的外貌、语言、心理活动等，让听众听了以后能够在脑海中产生画面感，如同身临其境。因而，在使用丰富多样的词句讲述这一经验的拓展阶段，还包括描述一些细节让讲述更生动。如在"小鸟旅行记"这一活动中，教师除了给出看图讲述的四要素以外，还通过出示对话框提问"小鸟在无边无际的湖面上飞时是怎样想的？""小鸟看到自己在乌龟的背上会说什么？ 小乌龟又会说什么？"等等，引导幼儿讲述小鸟的心理活动和乌龟的对话，丰富幼儿的想象与表达。

（二）有条理地组织叙事性讲述的内容

成人较完善的叙事结构通常包括摘要、人物、时间、地点、背景、行动、观点、解决方法和结语等。在叙说故事时，有条理地组织内容能够更好地呈现故事结构，能更清楚地交代整个事情发生、发展与结束的来龙去脉，使听者了解完整的故事内容。在叙事性讲述学习的过程中，幼儿逐渐学会通过主题联系一个个行动事件，理解并说明事件与事件之间的关系，学会有内容、有顺序、有重点地讲述，从而使听者更清楚地获得事情发生发展的线索。《指南》要求幼儿在4~5岁时"能基本完整地讲述自己的所见所闻和经历的事情""讲述比较连贯"，在5~6岁时"能有序、连贯、清楚地讲述一件事情"等，即反映了对这一核心经验的要求。这一叙事性讲述核心经验的发展阶段如下。

1. 初始阶段

此阶段幼儿能围绕主题讲述一些相关的内容，可能包含一两个行动事件。叙事性讲述从语言应用上来说具有命题的特点，即教师给幼儿讲述的命题，幼儿必须根据内容要求，组织相应的词和句子来讲述命题内容。因而，在初始阶段，最重要的一点是幼儿能够围绕主题讲述，不说与主题无关的事，也就是不跑题。另外，从幼儿讲述能力发展的过程而言，在初始阶段幼儿能够讲述出 1~2 个行动事件就可以了。如在小班"过年啦"这一活动中，教师请幼儿以"过新年"为主题，讲一件过年时有趣的事。幼儿以自己带来的照片为凭借物，围绕"过新年"这一主题，有的讲述"吃好吃的"，有的讲述"回家看奶奶"，有的讲述"看烟花"等。

2. 稳定阶段

（1）围绕主题讲述几个相关的行动事件。

在稳定阶段，围绕主题讲述依然是叙事性讲述的核心经验要点，但是在讲述的事件数量上提出了更高的要求。到这一阶段，幼儿应该可以围绕主题讲述两个以上相关的行动事件。如上面提到的"过年啦"这一活动，如果是中班幼儿，教师可以请幼儿围绕"过年"讲述两三件有趣的事，并把他们串起来成为一个故事。

（2）会使用常用的连接词表明事件发生的顺序。

在讲述多个行动事件时，使用连接词将这些事件按照一定的顺序串起来，能够更清楚地表达出事情发生的经过，让讲述的内容更有条理。因此，在稳定阶段，幼儿应该不仅能围绕主题讲述几个相关的行动事件，还应该会使用常用的连接词表明事件的顺序，即有顺序地讲述。如在"风娃娃"这一活动中，教师按顺序出示四张图片，并提示中班幼儿用"先""然后""最后"等表示时间顺序的连接词把风娃娃做的几件好事连起来讲。

3. 拓展阶段

（1）围绕主题讲述清楚几个行动事件及其关系。

围绕同一主题所发生的几个行动事件之间的关系并不仅有时间关系，即事件发生的顺序，这些事件之间还有可能是因果关系。在拓展阶段，叙事性讲述要求幼儿不仅能按顺序讲述几个行动事件，还能够讲清楚事件之间的因果关系，增强讲述的逻辑性。

（2）重点详细地描述印象最深刻的行动事件。

叙事性讲述是在较为正式的场合面向听众的独白语言。由于讲述的目的不同，以及听众的年龄、性别、职业等特点不同，讲述者需要考虑实际的需求，从而突出更为重要的内容，或强调听众最想获得的信息，即叙事性讲述要有重点。因而，在拓展阶段，幼儿要能够重点详细地描述印象最深刻的行动事件。如在大班的"大象救兔子"这一活动中，教师通过对比图片、设置悬念、提供声音线索、导入多媒体动画等方式，促使幼儿更加仔细、准确地观察图片，分辨角色的语言，理解"大象如何救兔子"这一重点情节，从而准确详细地描述大象救兔子的过程以及他们在这一过程中的心理活动和对话。

（三）感知独白语言的语境

叙事性讲述要求叙说者具有对语言交流信息清晰度的调节技能，能够依据讲述的语言情境、听众的特点，以及反馈等具体情况调节自己讲述的主题、内容、语言形式以及时间长短等，以清楚有效地传达信息。在叙事性讲述学习的过程中，幼儿逐渐感知在集体面前讲述与日常谈话语境的不同，尝试独立构思并清楚完整地讲述，同时学习运用动作、语气和评价等方式吸引听众的注意。这一叙事性讲述核心经验的发展阶段如下。

1. 初始阶段

此阶段幼儿知道在集体面前讲述与日常谈话有所不同，并愿意在集体面前讲话。与日常谈话不同，叙事性讲述为幼儿提供的是一种学习和运用比较正式的语言的场合，幼儿在叙事性讲述活动中不能像谈话活动中那么宽松自由地交谈，要慎重考虑后才能发表个人见解；幼儿说话不能有很大的随意性，应该经过较完善的构思，有头有尾地说出一段完整的话来；在用词造句方面，要尽量注意正确、准确，合乎规则。如，同样是说"春天"这一主题的内容，在谈话中幼儿可以随便谈论："我看到小草发芽了，才露出一点点绿的颜色，嫩嫩的有一点好闻。"而在叙事性讲述活动中，幼儿则要根据图片内容说："春天来了，冰雪融化了，小草透出了一点点绿色，柳树发出了新芽。春风轻轻地吹过……"

同时，由于叙事性讲述活动是一种集体参与的活动，无论活动参与的人数多或少，幼儿都要在集体面前讲述。因此，在初始阶段，要求幼儿能够愿意在集体面前讲话，但并不强求幼儿在集体面前讲述时能做到大胆、轻松、声音洪亮、吐词清楚等较高的要求。

2. 稳定阶段

（1）借助凭借物，能够围绕叙事主题进行简单构思并在集体面前讲述。

幼儿阶段儿童脱离语境进行讲述的能力正在逐步获得发展，在讲述时往往需要借助凭借物进行回忆、想象和构思。凭借物可以是教师或幼儿准备的图片、实物、情景等。教师通过提供讲述活动的凭借物，给幼儿划定讲述的主题，使幼儿能够学习围绕主题进行构思和讲述。在稳定阶段，要求幼儿能借助于凭借物，围绕主题进行简单构思并在集体面前讲述，对构思的完整性和生动形象性等不做过高的要求。如在中班"快乐的星期天"这一活动中，教师提供三幅图片，并准备了示范性讲述内容："星期天的早上，阳光明媚。妈妈给乐乐做了丰盛的早餐，有牛奶，有鸡蛋，还有三明治，乐乐吃得饱饱的。吃好早饭，妈妈带乐乐去公园玩。公园里面真热闹，有的小朋友在荡秋千，有的小朋友在踢皮球，乐乐骑上了旋转木马，转啊转，他可开心了！快乐的星期天一眨眼就过去了，今天过得真高兴，乐乐在梦里也笑得甜甜的。"示范性讲述内容不仅讲述清楚了三幅图片中的内容，并且生动形象地描述了事情发生的时间、地点、人物的动作、心情，周围的场景等细节，而对于幼儿来说，只要能够依据图片清楚有顺序地讲出乐乐在星期天做了三件事情、感到很开心等内容就可以。

（2）讲述时借助一些简单的表情、动作进行形象表现。

言语交际的实质是利用语言传递信息，交流思想感情。人们在交流时并不仅限于口头语言，往往会伴随着丰富的肢体语言，如表情、手势等，这些肢体语言往往能够更直观地表达出人在交流时的情感色彩，给听众以更强烈的感受。因而在稳定阶段，要求幼儿在讲述时借助一些简单的表情、动作进行形象表现，给予听众更直观、更强烈的情感感受，更好地抓住听众的注意力。

3. 拓展阶段

（1）借助凭借物，围绕叙事主题进行较完整的构思并在集体面前讲述。

到了拓展阶段，叙事性讲述对幼儿借助凭借物进行构思的能力提出了更高的要求，即不仅能够构思出相关的内容，而且要求构思出较完整的内容，能面向集体，合理地组织语言，完整地讲述事情发生的来龙去脉。如上面提到的"快乐的星期天"这一活动，在拓展阶段虽然不要求幼儿的构思与讲述能达到老师的示范性讲述内容的水平，但要求幼儿除了说清楚图片中的内容外，还要能够用连接词把几件事情串起来，讲清楚事情发生的时间顺序、乐乐做的几件事情和他的快乐心情之间的因果关系等。

（2）讲述时会表达自己的一些观点和评价以增强叙事的情感色彩。

在叙事性讲述中，通过形容词、副词和感叹词等词汇的运用，能够表达讲述者对所讲述内容的感受与评价，即讲述者的观点，这也是讲述的意义所在。因而，在拓展阶段，要求幼儿在讲述时会表达自己的一些观点和评价以增强叙事的情感色彩。以"快乐的星期天"这一活动为例，在拓展阶段，除了要求幼儿较完整地构思并在集体面前讲述以外，教师还可以鼓励幼儿使用较丰富的词汇表达观点和评价，如使用"阳光明媚"形容这天的好天气，使用"热闹"形容公园人多的景象，使用"笑得甜甜的"表现乐乐的快乐心情，等等。

幼儿叙事性讲述核心经验由初始阶段经稳定阶段再到拓展阶段的过程与儿童的年龄发展具有一定的关系，因为叙事性讲述经验的获得需要儿童具备某些基本的语言能力。然而，幼儿叙事性讲述核心经验的获得与幼儿所处的叙事环境也有密切的关系，如幼儿所处的文化环境是否鼓励叙事，幼儿的语言环境是否丰富以及幼儿是否拥有叙事性讲述的机会等，这些条件都会影响幼儿对叙事性讲述的兴趣以及幼儿学习叙事性讲述的机会，从而造成幼儿在叙事性讲述核心经验获得上的个体差异。一般而言，初始阶段的核心经验是幼儿在发展了语义、语法和语用等语言能力之后至开始叙事时幼儿所处的基本水平。随着幼儿语言能力的不断发展以及叙事性讲述练习次数的增加，幼儿的叙事语言能力不断获得发展，逐步获得稳定阶段的核心经验，并逐渐到达幼儿所能获得的叙事讲述核心经验的最高水平——拓展阶段。前一个阶段核心经验的获得是后一个阶段核心经验积累的基础，但后一个阶段核心经验获得之后，前一个阶段的核心经验的积累并未停滞下来，而是仍然在继续。

第三节　幼儿园讲述活动设计与组织

案例导入

　　秋天到了，果园的橘子成熟了。教师根据幼儿的兴趣，决定开展一个"酸酸甜甜的橘子"的讲述活动。

问题

如果你是老师，你会准备哪些材料？会选择哪些教学方法？

　　要想设计一次好的幼儿园讲述活动，适宜的教学目标是必不可少的。确定活动目标是设计幼儿园讲述活动的第一步，也是极为关键的一步。幼儿园讲述活动的设计目标要从幼儿的年龄特征为出发点，尊重幼儿的个体差异，以儿童为本，培养幼儿感知、理解讲述对象和独立构思、讲述的能力。

　　幼儿讲述活动是一项比较复杂的交际活动，幼儿教师应该在活动之前进行充分的设计，以保障活动的效果。一般来讲，幼儿讲述活动的设计与实施主要围绕以下环节来进行。

一、感知理解讲述对象

　　讲述活动的中心内容是讲述的凭借物，幼儿要对凭借物非常熟悉和了解，才能较好地进行讲述活动。在教学过程中，主要通过观察感知，尽量应用各感官帮助幼儿感知理解，同时，要据讲述类型的特点、凭借物的特点、具体活动的要求引导感知理解，无论哪种形式的讲述，都要从引导幼儿观察、倾听和感觉入手。

1. 看

　　引导幼儿观察凭借物的整体内容，促进幼儿对于事物的整体感受与把握；其次，观察凭借物的重点细节，强化对细节特征的理解。如首先引导幼儿关注图片中时间、地点、角色的关键信息，其次注意观察角色的表情，揣摩角色的心理活动等。一般来说，观察也会有一定的顺序，如先中间，后四周；先上后下；先近后远；先看人物，再看环境；先看活动，再看地点等。如果是多幅，就要先看主要情节，确定人物与人物的关系，再看次要情节，让观察更有效。

2. 听

　　感知理解讲述对象就是要充分利用多种感官，在感知过程中，倾听语言或者其他声音，具体感受情境和氛围，为幼儿的讲述活动奠定基础。如在讲述活动"夏天的歌"中，老师可以先让幼儿听一段夏天的鸟叫虫鸣，分辨录音中的各种声响，再将所有声音联系起来，想象夏天的情境。

3. 问

幼儿感知讲述对象过程中，往往需要老师的引导，引导时最常用的方法便是提问。所以，什么时候提问，提哪些问题就显得特别重要。一般来说，先要给幼儿足够的观察和思考的时间，幼儿有不清楚、不明白的时候，老师再提问。提问的类型可以是描述性问题，如：有谁，是什么样的，有什么表情或动作，在做什么等；推理性的问题，如：会想些什么，会怎么做，会发生什么事等；还可以是分析性的问题，如：为什么，你是怎么知道的，等等。

二、运用已有经验自由讲述

讲述活动必须要和幼儿的早期经验密切联系在一起，只有符合幼儿的先前经验，才能引起幼儿的兴趣，才能在讲述活动中让幼儿有话可讲。在这一环节，就是要尽量放手让儿童自由讲述。运用已有经验讲述的方式很多，一般有集体讲述、分组讲述、个别交流等。在讲述时，要注意讲述前交代讲述要求，提醒围绕感知理解的对象进行讲述。其次，在讲述过程中，教师要注意倾听，及时发现讲述的"闪光点"以及存在的问题，给予适时、适当的纠正和评价。教师在幼儿讲述过程中不要过多地指点，如确有问题，也应采用委婉的方式指出，确保不会对幼儿的自尊心造成伤害。

三、引进并学习新的讲述经验

幼儿讲述完毕后，除给予幼儿适当的评价外，还要促进和帮助幼儿进行反思和提升讲述的思路。首先是讲述的顺序性与条理性。讲述活动应该围绕中心、条理清晰、重点突出。其次是讲述的全面性：人物（动作、对话和内心感受）—地点—事件（开始、过程、结束）—结果。讲述的基本方式上，重点内容多讲，次要部分略讲，按一定的顺序（从上到下、从左到右、从大到小、从近到远、从表面到本质等）讲述。

对于幼儿来说，引出新经验的最直接的方式就是示范。在讲述的过程中，直接用新的讲述方式给幼儿做出范例，再要求幼儿进行仿照的讲述。

四、巩固和迁移新的讲述经验

在幼儿获得新经验的基础上，还应进一步培养幼儿思维的创造性，给幼儿提供运用新经验的机会，所以，教师应该在讲述活动中设计具体环节以巩固幼儿的讲述能力和经验。巩固的最好的办法就是组织适当的练习，让幼儿用同样的方法或类似的思路讲述其他的事物或内容。如刚刚学习了"夸夸我的好妈妈"后，可以再让幼儿讲"夸夸我的好爸爸"。又如，刚刚讲述完"兔子的耳朵"后，让幼儿观察讲述"小猫的耳朵"。

因此，在组织讲述活动时，应让幼儿反复操练、实践，让他们在原有的基础上不断积累，在愉快的活动中，发展语言表达能力和思维能力。

第四节　幼儿园讲述活动案例

一、案例：小松鼠的大尾巴（中班）[①]

设计意图

《小松鼠的大尾巴》是一个充满浓浓爱意的故事。故事字里行间始终洋溢着欢快热烈的气氛与充满关爱的情感基调。中班幼儿喜欢和同伴一起讲述自己感兴趣的事物，但讲述有时不够丰富、较平淡，讲述内容也没有层次性、不够深入。本活动旨在运用故事中有趣的情节吸引幼儿，引导幼儿在讲述时能选取恰当、形象、生动的语言，对角色的状态、动作、对话进行简单的描述。

活动目标

（1）学习用简单的句子讲述小松鼠在不同季节帮助别人的情节。

（2）能根据图片以及教师的语言提示，讲述画面的主要内容。

（3）愿意帮助别人，体验帮助别人的快乐。

活动准备

小松鼠的大图片，PPT 图片四幅，人手一份故事的小照片，小篓子六个。

活动过程

1. 观察并讨论小松鼠的图片

（1）教师出示小松鼠的大图片，提问："你们见过小松鼠吗？"（引导幼儿用"它有一条……"句式表达）

（2）引导幼儿围绕"小松鼠的尾巴像什么""小松鼠的大尾巴有什么作用"进行讨论。

2. 运用已有经验，尝试讲述故事

（1）教师引导幼儿选择一张图片，运用已有经验讲述图片内容。

指导语：小篓子里有三张照片，请小朋友每人选一张照片看一看，说一说，照片上有谁？发生了什么事？

（2）教师巡回指导幼儿讲述。

（3）教师出示 PPT 图片，请个别幼儿讲述自己的照片内容。

129

① 郭咏梅.幼儿园优秀语言活动设计 70 例 [M].北京：中国轻工业出版社，2015：54-56.

3. 仔细观察图片，根据教师的提问，感知理解小松鼠的大尾巴在不同季节的作用

（1）教师示范讲述前三幅图片，引导幼儿理解故事内容。

（2）启发幼儿想象故事情节，讲述画面内容。

提问：前面我们说了春天、夏天、秋天，接下来是什么季节？在这个季节里，小松鼠会用他的大尾巴做什么呢？

（3）教师用 PPT 出示第四幅图片，启发幼儿看图讲述小松鼠用大尾巴当被子盖的情节。

（4）鼓励幼儿完整讲述第四幅图片的内容。

4. 师幼共同讲述故事

在讲述过程中，教师采用等待、留白等方法让幼儿填空，讲述图片内容。

5. 巩固新经验，仿编小松鼠用大尾巴帮助别人的情节

（1）指导语：小松鼠的大尾巴真神气！想一想，小松鼠还会用他的大尾巴帮助谁呢？

（2）教师提醒幼儿用上述思路，讲述仿编的故事情节。

6. 讨论、体验帮助别人的快乐

（1）引导幼儿讨论小松鼠帮助他人的心理。

提问：小松鼠帮助了别人，他心里会怎么想？为什么？

（2）引导幼儿联系自己，理解帮助别人的快乐。

指导语：你在什么时候帮助过别人？帮助了别人，你感觉高兴吗？

专家评析

《小松鼠的大尾巴》故事是四段式结构，采用了排比的句式，尤其是"××，我来帮助你吧"句式的反复出现，不仅给幼儿带来了学习的乐趣，还有助于幼儿在日常生活中应用，因此适合中班幼儿讲述。

活动中，教师采用灵活、多样、有效的方法重点引导幼儿观察画面并讲述。首先，通过开放性的问题引导幼儿感知讲述对象；其次，采用幼儿自由选择画面讲述和示范讲述等策略，为幼儿提供了讲述支架；再次，运用情境性想象描述、等待、留白等游戏方法，保持幼儿讲述的兴趣；最后，以仿编故事的方式迁移幼儿的讲述经验，总结讲述方法。整个活动层层推进，生动有趣。

附录：

小松鼠的大尾巴

春天，小松鼠出门去，看见小鸡被淋湿了，小松鼠说："小鸡，我来帮助你吧！"小松鼠用大尾巴帮小鸡挡雨。

夏天，小松鼠出门去，看见小蜗牛被太阳晒出汗了，小松鼠说："小蜗牛，我来帮助你吧！"小松鼠用大尾巴帮小蜗牛扇扇子。

秋天，小松鼠出门去，看见小兔在扫树叶，小松鼠说："小兔，我来帮助你吧！"

小松鼠用大尾巴帮小兔扫树叶。

冬天，天很冷，小松鼠在家睡觉，用他的大尾巴当被子盖，真暖和啊！

图 6-5 《小松鼠的大尾巴》/ 图片来源：新浪微博

二、案例：猴子学样（大班）①

设计意图

《猴子学样》是一个经典的民间故事，讲述的是一位老爷爷丢帽子、找帽子、夺回帽子的过程，非常适合大班幼儿阅读，符合他们好奇、好问、爱模仿、爱体验的特点。本活动采取启发式、推理式、互动式等多种引导方法，不断地设疑提问，激发幼儿的好奇心和探究欲，让幼儿在发现问题—探索问题—解决问题中丰富经验，体验成功。

活动目标

（1）感受故事情节的滑稽幽默。

（2）能运用完整、连贯的语言讲述图片的内容、情节。

（3）能运用幽默的语气和象声词表现猴子与老爷爷之间的对话，用动作进行创造性表演。

活动准备

（1）知识经验：幼儿玩过"照镜子""请你这样做"的游戏。

（2）物质材料：《猴子学样》故事图片，表演用的草帽、面具若干。

活动过程

1. 观察图 1、图 2，感知了解讲述对象

提问：图片上有谁？发生了一件什么事？

2. 逐一观察图片，了解故事的发展过程

（1）观察图 3、图 4，简单讲述故事内容。

提问：老爷爷和小猴子之间发生了什么事？老爷爷和小猴子的动作、表情如何？

---

① 郭咏梅. 幼儿园优秀语言活动设计 70 例 [M]. 北京：中国轻工业出版社，2015：120-122

（2）观察图5、图6。

提问：最后老爷爷想了个什么办法夺回了帽子？

3. 观察小图片，自由结伴讲述

（1）自由结伴进行讲述。

指导重点：教师注意倾听，帮助幼儿流畅地进行讲述。

（2）个别幼儿在集体面前示范讲述。

指导重点：请其他幼儿提出"××哪里讲得不合理、不合适"等问题。

4. 引进新的讲述经验

提问：卖草帽的老爷爷在哪里睡着了？小猴子看见了是怎么做的？老爷爷发现后先是怎样追猴子的？后来又是怎样巧妙地夺回帽子的？

小结：在讲故事的时候，我们可以将角色的动作、心理都说清楚，这样故事会更有趣。

5. 扮演角色，表演故事，加深对故事的理解

先由教师扮演"老爷爷"，幼儿扮演"猴子"，表演幼儿感兴趣的情节。再由幼儿分别扮演老爷爷和猴子，自由表演。

专家评析

《猴子学样》是一篇非常有趣的故事，它伴随了一代又一代中国人的成长。故事讲述了一个老汉挑着一担草帽到城里去卖，中途在一棵大树下纳凉，结果草帽被一群猴子拿到树上，然后通过与猴子智慧的较量，老汉最终战胜了调皮捣蛋的猴子，拿回了草帽。阅读过程中，幼儿能够在笑声中体会故事的幽默与诙谐。

活动中，教师重点引导幼儿观察细节，从人物的表情、动作到想象角色对话，让幼儿边观察边模仿，体验故事情节。活动最后，教师让幼儿两两结伴分别扮演老爷爷和猴子表演故事，不仅可以让幼儿有轮流讲述的机会，还能让他们相互评价，分享学习经验。

附录：

猴子学样

图1、图2：一个老爷爷，挑着一担草帽上城里去卖。走到半路上，老爷爷累了，放下担子，坐在大树底下休息，不知不觉睡着了。这时，一只老猴子带着一群小猴子出来玩。老猴子看见大树底下放着一担草帽，又看见一个老爷爷戴着草帽在睡觉，就轻轻地走过去，拿起一顶草帽，学老爷爷的样子戴在头上。小猴子看见了，也拿了一顶草帽戴在头上。

图3、图4：老猴子戴着草帽，爬上了大树，小孩子们也戴着草帽跟着它爬上了大树。它们在树枝上跳来跳去，又是叫，又是笑，把卖草帽的老爷爷吵醒了。老爷爷睁开眼睛一看，发现箩筐里一顶草帽也没有了！他就赶紧起来，东瞧瞧，西找找。躲在大树上的猴子看见老爷爷着急的样子，一齐大声笑起来。老爷爷抬头一看，这才明白，

原来草帽全让猴子拿走了。老爷爷气极了，指着猴子们大声说："你们这些坏东西，赶快把草帽还给我，不然我就把你们都捉起来！"猴子们看见老爷爷指手画脚地嚷嚷，也指手画脚地叫起来，不肯把草帽还给他，老爷爷急得一边晃拳头，一边跺脚："你们到底还不还我的草帽？再不还给我，我就把你们抓到城里去关起来！"猴子们也学老爷爷的样子，晃着拳头，跺着脚，还是不把草帽还给他。老爷爷又急又慌，摘下草帽，挠起了脑袋，猴子们也学老爷爷的样子，摘下草帽，挠起脑袋来。

图5、图6：老爷爷看见猴子又在学他的样子，心里想：有了！有了！他把手里的草帽使劲往地上一摔，叹了叹气说："唉！真把我气死了！真把我气死了！"猴子们见了，也学老爷爷的样子，一个个把草帽使劲地摔了下来。老爷爷赶忙把地上的草帽捡起来，一顶一顶装到箩筐里，挑起担子，进城去了。

🪶 本章小结

幼儿园讲述活动是一种以培养幼儿独立构思和语言表达能力为基本目的的语言教育活动，幼儿凭借一定的讲述对象，在相对正式的语言环境中，使用比较规范的语言独自在集体面前表达对某人、某事、某物的认识、体验、感受，进行语言交流。

幼儿园讲述活动是幼儿园语言教育的基本形式之一，其特征是：拥有一定的凭借物；注重锻炼幼儿的独白语言；具有相对正式的语言情境；能调动儿童的多种能力。幼儿园讲述活动根据凭借物的特点可以分为：看图讲述、实物讲述、生活经验讲述和情景表演讲述。根据编码特点的不同，分为：叙事性讲述、描述性讲述、说明性讲述和议论性讲述。

幼儿园讲述活动着重培养幼儿以下三个方面的能力：感知理解方面——提高感知理解讲述对象的能力；表述方面——培养独立构思、清楚完整表达的能力；能力方面——掌握对语言交流信息清晰度的调节能力。

幼儿讲述学习核心经验的形成主要有说明性讲述和叙事性讲述两部分。说明性讲述核心经验，即以独白语言的形式进行说明性讲述，使用规范准确、简洁明了的说明性词句，理解说明性讲述的内容组织方式。叙事性讲述核心经验，即使用较为丰富多样的词句讲述，有条理地组织叙事性讲述的内容，感知独白语言的语境。每一核心经验又对应了三个发展阶段。

讲述活动的设计与实施的基本模式为：感知理解讲述对象——运用已有经验自由讲述——引进并学习新的讲述经验——巩固和迁移新的讲述经验。

思考与练习

1. 什么是讲述活动？开展讲述活动有什么意义？

2. 讲述活动有哪些类型？各种讲述活动有哪些特点？

3. 请从以下三个材料中选择一个，设计一个讲述活动。

（1）秋天到了，孩子们带着很多新鲜水果来到了幼儿园，请你以"我最喜欢吃的水果"为题，设计一个小班或中班的实物讲述活动。

（2）请以"过生日"为主题，设计一个大班生活经验讲述活动。

（3）请依据《小红伞》图片，设计一个大班看图讲述活动。

图 6-6 《小红伞》/ 图片来源：网易博客

第七章　幼儿园文学作品活动

关键词

文学作品学习核心经验；文学作品活动设计；文学作品活动组织要点

学习目标

1. 理解幼儿园文学作品活动的特征与目标。
2. 了解幼儿文学作品学习活动的核心经验。
3. 掌握幼儿故事、诗歌及散文活动的设计与组织要点。
4. 初步进行幼儿园文学作品活动的方案设计并进行模拟教学。

知识结构图

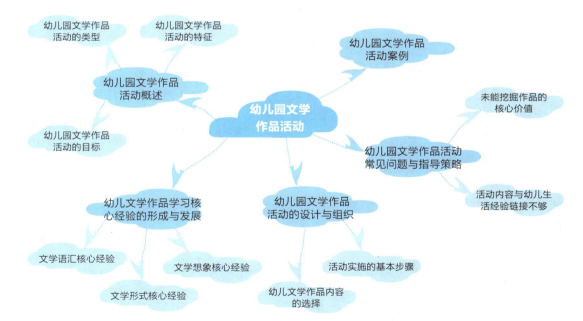

　　本章共分五节，分别讨论了幼儿园文学作品活动的特征、类型和目标，幼儿文学作品核心经验的形成与发展，幼儿园文学作品活动的设计与组织，幼儿园文学作品活动常见问题与指导策略，以及幼儿园文学作品活动案例，重点阐述了幼儿故事、幼儿诗歌、幼儿散文等各类型文学作品活动的设计与实施，并结合案例分析了这些活动的实施要点。本章学习的难点是各类型文学作品活动的组织和实施要点。

第一节　幼儿园文学作品活动概述

案例导入

　　通过观察，吴老师发现班上的孩子们最近很喜欢文学作品，于是她准备了很多故事和儿歌。肖老师建议她，为进一步丰富幼儿的经验，还可以准备一些谜语、绕口令、散文等。但吴老师觉得谜语、绕口令等不属于文学作品。

问题

　　你同意谁的观点？如果是你，你会为幼儿准备哪些体裁的文学作品？

经典绘本推荐
资料来源：豆丁网

　　幼儿园文学作品活动是学前儿童语言教育活动的重要组成部分，是以0~6岁儿童为对象，围绕学前儿童文学作品而开展的、适合学前儿童认知特点和接受能力的系列语言教育活动。

　　幼儿园文学作品活动是幼儿园语言教育活动中常见的类型。幼儿文学作品学习对幼儿审美、娱乐的发展，想象力、创造力、情感体验等审美心理的发展具有重要的价值。

一、幼儿园文学作品活动的特征

（一）围绕幼儿文学作品开展多层次的、系列的活动

　　幼儿园文学作品活动是围绕学前儿童文学作品而开展的，侧重于对儿童审美能力、文学理解能力、想象力的培养，是引导幼儿理解美、欣赏美、表现美以及表达自己对文学理解和想象的多层次的系列活动。每一个文学作品都含有丰富的语言信息，在活动中，要用多种形式和手段，引导幼儿在理解和感受的过程中，提高欣赏文学作品的能力，以及利用文学作品表达想象、表达生活经验的能力。因此，文学作品的学习并非是通过一种活动就能完成的，而是一个包含理解美、欣赏美、表现美以及表达自己的美好感受的一系列活动。

小案例

　　《拔萝卜》是一个经典的小班语言教材，这个故事选用了小朋友生活中比较熟悉的人物和动物，故事的主要结构特点是情节有趣单一、语言具有重复性，正好满足小班幼儿喜欢熟悉而单一事物的心理需求，可以根据故事情节设计系列活动。活动一，经验讲述《拔萝卜》，鼓励幼儿讲述自己拔萝卜的过程；活动

二，欣赏故事《拔萝卜》，理解感受作品的趣味和语言的美；活动三，音乐游戏"拔萝卜"，加深对作品的理解和感受。活动四，表演游戏"拔萝卜"，学习作品中的语言，感受作品的幽默有趣。通过这一系列的活动，幼儿才能真正理解作品，理解作品的语言特色，创造性地表达作品。

图 7-1 《拔萝卜》/图片来源：搜狐网

（二）整合相关领域内容展开活动

从文学作品的教学出发，整合其他领域相关内容，使文学作品渗透于生活、游戏及其他教育活动中。文学作品中不仅包含语言知识，也涉及社会知识、认知知识。因此，在幼儿文学作品的学习过程中，应将文学作品和相关领域的内容以整合的方式展开活动，不仅仅只是关注到语言的学习，而是要顾及幼儿多方面的发展，使幼儿有更多的机会认识某一个文学作品中表现的科学知识或社会生活内容。如在故事《雪孩子》中，就融入了"水的三态"的科学教育内容；在故事《圆圆和方方》中，就可以让幼儿了解生活中的圆形物体和方形物体，进而了解圆形和方形的特性。

（三）多种与幼儿文学作品相互作用的方式

儿童发展是通过个体与外界环境的交互作用而建构起来的，通过调动幼儿动手、动脑、动眼、动耳等多途径，获得对作品的理解和感受。在故事《金色的房子》中，幼儿可以先听故事，再看图画，再表演人物角色，体会故事中的人物情感历程；还可以画一画漂亮的房子，再说一说漂亮的房子，为幼儿提供多种与文学作品交互作用的机会，以及多种操作语言与非语言信息的经验。又如在学习儿歌时，可以配合动作，让幼儿表演，比如学习儿歌《小兔子》时，就可以让宝宝把两手举到头顶当耳朵，说到蹦蹦跳跳时就学着跳，生动有趣。

小案例

图 7-2 小白兔/图片来源：宝宝巴士

小白兔

小白兔，白又白，
两只耳朵竖起来，
爱吃萝卜爱吃菜，
蹦蹦跳跳真可爱。

二、幼儿园文学作品活动的类型

"文学作品"是一个笼统的概念，它包含诸多不同种类不同特征的文学样式。一般而言，幼儿园常用的文学作品包括以下几类。

（一）幼儿故事

幼儿故事一般分为童话故事和生活故事两类。

童话是一种带有浓厚幻想色彩的虚构故事，通过夸张、象征、拟人等语言表现手法方式去塑造形象、表现生活，是儿童文学最基本、最重要的题材之一。例如《桃树下的小白兔》《小猪和靴子》。

生活故事活动取材于现实生活，以叙述为主反映幼儿熟悉或需要了解的生活内容，向幼儿讲述经过提炼概括的人物或事件，如《瓜瓜吃瓜》《圆圆和方方》。

（二）幼儿诗歌

幼儿诗歌包括儿歌、儿童诗、谜语、绕口令和浅显易懂的古诗。幼儿园常用的是儿歌和儿童诗。

1. 儿歌

儿歌是采用韵语形式、适合于低幼儿童听赏念唱的简短"歌谣体"诗歌。它强调听觉，重音韵节奏，单纯浅显，易记易唱，歌戏互补，富于情趣。

小案例

排排坐

排排坐，吃果果，

你一个，我一个，

弟弟睡着了，

给他留一个。

2. 儿童诗

儿童诗是适合幼儿听赏、诵读的自由体短诗。与儿歌相比，儿童诗的内容要深一些，篇幅略长，对韵律的要求宽松些。儿童诗善于以孩子们的眼光去捕捉、提示生活中蕴含诗意的事物，用切合幼儿心理的想象、符合幼儿语言特点的天真口吻、富有情趣地表现出来。

小案例

太阳和月亮

太阳出来了，小鸟醒来了，小树醒来了，小朋友醒来了，白天真热闹。

月亮出来了，小草睡着了，小花睡着了，小朋友睡着了，黑夜静悄悄。

3.绕口令

绕口令是利用一些读音相近的字词形成的语音拗口的儿歌，其结构巧妙，短小活泼。绕口令可以训练幼儿的发音能力，提高幼儿思维的敏捷性。

小案例

盆和瓶

桌上放个盆，盆里有个瓶。

砰砰啪啪，啪啪砰砰，

不知是瓶碰盆，还是盆碰瓶。

（三）幼儿散文

幼儿散文是为幼儿创作的，以幼儿为主要阅读对象的散文。它篇幅短小、意境优美，便于幼儿吟诵。

小案例

春天的色彩

一声春雷惊醒了正在冬眠的小熊，小熊在黑黑的树洞里睡了一个冬天。小熊想：过了一个黑色的冬天，春天来了，春天是黑色的吗？春天是什么颜色的呢？

小草告诉小熊："春天是嫩嫩的绿色。"

草莓告诉小熊："春天是甜甜的红色。"

小白兔告诉小熊："春天是跳跳的白色。"

小熊听了说："哦！我知道了，原来春天是嫩嫩的绿色、甜甜的红色、跳跳的白色。"

三、幼儿园文学活动的目标

《幼儿园教育指导纲要（试行）》在语言部分提出了"喜欢听故事、看图书"的目标，在教育内容与要求中明确指出"引导幼儿接触优秀的儿童文学作品，使之感受语言的丰富优美，并通过多种互动帮助幼儿加深对作品的体验和理解"。

（一）对文学作品感兴趣，学会欣赏文学作品

幼儿文学作品语言优美、规范，内容涵盖极广而又生动有趣，蕴含许多做人的道理和处事的哲理，具有优美的意境，充满想象和幻想的色彩，能吸引幼儿，深受幼儿的喜欢。在组织开展文学作品活动时，教师要特别注意培养和保护幼儿对文学作品的兴趣，因为只有幼儿喜欢，才会静下心来欣赏。教师优美生动的讲述、朗诵，配合精美的教具、图片等，为儿童创设一个"美"的环境，让幼儿感受到文学作品的语言美、情感美、形式美。

（二）学会用准确、生动、优美的文学语言表达

幼儿正处于语言快速发展的时期，幼儿文学作品中的语言是经过作家提炼、加工后的艺术语言，不仅浅显易懂，而且规范优美，为幼儿提供了很好的语言样本。通过学习这些作品，幼儿可以倾听各种语言句式、不同风格和各种特色的语言，并模仿和记忆下来，扩大词汇量和句型量。

（三）掌握幼儿善于倾听的技能

幼儿主要是通过"听"来接受文学。因此，在文学作品学习活动过程中，首先要求幼儿能集中注意力、有意识地倾听，由"听"到"懂"，继而会讲、会用。

（四）学会创造性地运用语言

语言是在运用的过程中，在与人、与环境的交互作用中创造性的习得。幼儿在学习文学作品的过程中，教师应鼓励幼儿进行创造性的想象，用自己的语言表达经验和认识，用语言或非语言的方式表达自己对文学作品的理解，创造性地运用语言、动作、绘画等形式，积极主动地表达对作品的理解。

第二节　幼儿文学作品学习核心经验的形成与发展

案例导入

晚上，宝宝躺在床上睡不着，妈妈说："我给你念首儿歌吧！"说完，便开始念起来："小老鼠，上灯台，偷油吃，下不来，喵喵喵，猫来了，叽里咕噜滚下来。"宝宝一边随妈妈的儿歌点头，一边乐得哈哈大笑，嘴里不停地重复着："滚下来、滚下来……"

问题

案例中的宝宝的文学作品核心经验处在哪个阶段？幼儿的文学作品核心经验又是怎样发展的呢？

早期阶段，儿童文学作品的学习对幼儿语言发展极其重要。那么，幼儿在聆听诗歌、故事或者散文的时候，逐渐增长起来的与语言相关的核心经验是什么呢？

一、幼儿文学作品学习的文学语汇核心经验及其发展 ①

在幼儿文学语言的学习中，能欣赏与理解诗歌、故事和散文等文学作品，并且能够在文学语言的初步表达中，用词相对丰富，语句优美且基本正确，依据文学语汇所包含的内容、幼儿文学作品自身的特征以及幼儿理解与欣赏文学作品能力的发展过程，本节从词汇、语句以及修辞手法三个层面来构建幼儿文学语汇学习的核心经验。发展幼儿的文学语汇学习经验，主要就是要帮助幼儿获得这些未来文学语言发展中所必需的核心经验。

（一）词汇经验

词汇是文学作品的基本构成部分，理解与运用文学作品中的词汇是文学语言学习的第一步。发展幼儿的文学语汇能力首先要培养幼儿对文学作品中词汇的感知，其次是理解作品的词汇，并能够逐步地运用获得的文学词汇进行创意表达的能力。幼儿关于文学词汇的经验经历了以下三个发展阶段。

1. 初始阶段

初始阶段的幼儿喜欢听成人诵读儿歌，感知不同词语构造出的语音效果，如幼儿在听成人念儿歌，《小老鼠上灯台》时，能够感知到儿歌中的词汇变化所带来的韵律流畅而生动的音乐效果；在倾听文学作品时，幼儿能凭借在生活中积累的词汇去理解作品中对应的词汇；在讲述或日常生活中，逐渐学习使用文学作品中表示人或物的名词、动词或象声词等词汇。

图 7-3 《小老鼠上灯台》/
图片来源：荔枝

2. 稳定阶段

稳定阶段的幼儿愿意大声朗读有汉语押韵规则的儿歌和儿童诗，能根据作品的上下文猜测不懂的新词，比如根据上下文内容来猜测童话《鸭子骑车记》中"疯狂""打赌""一摇一摆"等词汇的意思，并尝试使用作品中的修饰性词汇进行表达。例如，一个 4 岁的男孩在讲述他在海洋馆看到各种鱼时，用到了在童话故事《我是彩虹鱼》中学到的"五颜六色""闪闪发光"等词汇。

① 周兢.幼儿园语言教育活动设计与组织 [M].北京：高等教育出版社，1996：112-121.

3. 拓展阶段

拓展阶段的幼儿开始初步理解表现人物特征、情节发展或主题的关键性词语的含义，比如童话故事《最奇妙的蛋》里的"最奇妙""最完美""最不可思议"等词语；愿意尝试运用获得的各类文学词汇进行仿编，体会创造新的语言音韵效果的快乐。

（二）语句经验

理解复杂的语言句法结构和熟练地使用这些句法结构是幼儿语言发展的关键问题。幼儿句法结构的学习有两个主要来源：一是与成人的交谈，二是文学作品。文学作品中的语句是由一个词或句法上有关联的一组词构成的，相对而言，文学作品给幼儿提供的语言句式更为丰富，也更为规范。通过接触文学作品中不同的语言句式，儿童能感受汉语词序排列的规律、简单句子的构成方式以及由于词语顺序变化所带来的语言效果，并逐渐学习使用正确的语句形式进行表达。幼儿在这一核心经验上的三个发展阶段如下。

1. 初始阶段

通过聆听的方式，形成对词序（也称"语序"，具体指语言里词语组合的次序）排列的初步印象，并乐意模仿和学说儿歌中有趣的语句。比如，当成人给孩子读儿歌《小板凳歪歪》中"小板凳歪歪，里面坐个乖乖；乖乖出来买菜，里面坐个奶奶"的语句时，幼儿不仅初步感受汉语中词序的排列顺序，同时还会学说其中他们觉得有趣的语句。

2. 稳定阶段

幼儿能够逐步感受零星的词语组合成简单的句子方式，比如在聆听儿童诗《月亮》中"小鸟说：'月亮和我好。'"这样的语句时，感受到"主语＋谓语＋宾语"的句法形式；感知不同作品中的词序排列组合可以构成不同的句型，例如叙述式的陈述句型，抒情的感叹句型，存在疑惑或问题的疑问句型，等等。在对文学作品语句形式感知的基础上，幼儿在讲故事或日常表达中能运用基本正确的语句形式进行表达。

3. 拓展阶段

在接触多样的文学样式的基础上，幼儿逐渐能够感知不同风格、不同体裁的作品由于词序变化而产生的语境效果。比如儿歌的音乐性，诗歌的含蓄隽永，散文的清新抒情，故事的生动有趣。随着幼儿文学词汇经验的不断丰富，幼儿尝试运用文学作品中的简单语句形式进行仿编和创意表达成为这一经验发展的最高阶段。比如一个 5 岁的幼儿根据儿歌《什么弯弯》中的句式，仿编出"什么弯弯在泥土里？蚯蚓弯弯在泥土里"的语句。

（三）修辞手法经验

修辞手法指通过修饰、调整语句，运用特定的表达形式以提高语言表达作用的方式或方法，具体指幼儿对文学作品中的比喻、夸张、拟人、反复等修辞手法的学习。已有研究发现，在学前阶段，幼儿在口语表达中运用修辞手法的能力呈上升的趋势。

幼儿在 2.5 岁之前就已经有一定数量的"修辞特征"语言，4.5~5.5 岁阶段，几类修辞手法使用几乎都达到高峰。其中，比喻、拟人、夸张三种修辞手法发生频率最高。文学作品是幼儿学习修辞手法的重要媒介，修辞手法经验的获得是幼儿欣赏、理解文学语言的表现，也是幼儿运用文学语言能力的升华。幼儿在这一核心经验上的发展经历以下三个阶段。

1. 初始阶段

初始阶段的幼儿对于运用修辞手法的文学作品（比如运用反复手法的儿歌，运用夸张和拟人的童话故事、运用比喻手法的散文等）会表现出喜爱之情，幼儿会表现出乐意倾听或自己吟诵。通过接触这些具有多种修辞手法的文学作品，能够为幼儿文学词汇中修辞手法的学习奠定感性基础。

2. 稳定阶段

稳定阶段的幼儿能够借助已有经验去理解文学作品中运用的比喻、拟人、夸张等修辞手法的语句，并尝试仿编个别具有比喻、拟人或夸张手法的语句。比如幼儿要理解诗歌《月牙儿，一晃一晃》中"月牙儿在天上一晃一晃，北方娃娃说那是一盏冰灯，挂在天空高高的屋檐下。星星，是冰灯滴落的水花。南方的娃娃说，那是一只小船，在天湖里采菱。菱角，就是那闪亮的星星"中的比喻手法，就需要具有与"冰灯""菱角"相关的生活经验。在理解这首诗歌的基础上，一个中班的幼儿仿编出了"月牙儿在天上一晃一晃，我说那是秋千挂在天空上"的比喻句。

3. 拓展阶段

随着修辞手法经验的不断丰富，幼儿逐渐能够从仿编具有修辞手法的语句过渡到能够仿编出段落来。在日常生活中，幼儿会尝试运用具有修辞手法的语句描述人、物或景。比如一个 6 岁的孩子，看到晚上的满月时说"月亮圆圆的，像一个大皮球"，看到月牙时说"月亮弯弯的，像一艘小船"。

二、幼儿文学作品学习的文学形式核心经验及其发展

结合儿童文学作品的特征与学前阶段儿童文学语言发展的过程，我们以诗歌、故事以及散文这三种文学作品为基点，整合幼儿文学形式学习的核心经验。

（一）诗歌的形式经验

幼儿有关诗歌的形式经验，是指在文学作品学习过程中，幼儿对于儿歌和儿童诗两种文学作品在形式特征方面的认知。儿歌和儿童诗这两类作品共同的特点，是它们都源于古代文化中的"童谣"，在语言形式上的特征表现为分行分节，在分行排列的基础上，通过句式长短的变化，按照音韵和谐规律地塑造出诗歌独特的形式美。因此，幼儿关于诗歌的形式特征经验集中表现在节奏韵律和句式结构两个方面。《指南》中提出"有意识地引导幼儿欣赏或模仿文学作品的语言节奏和韵律"，即反映了这一经验的要点。幼儿在这一核心经验上的发展阶段如下。

1. 初始阶段

初始阶段的幼儿能够感知儿歌朗朗上口（有韵律）的特征，跟读韵律感强的儿歌或童谣。如幼儿边拍手边吟诵传统的儿歌《拍花箩》，"你拍几呀？我拍一呀。一个蜗牛，上楼梯呀……"在这种一边吟唱，一边游戏的过程中，幼儿有关诗歌韵律和节奏的经验逐步发展起来。

2. 稳定阶段

稳定阶段的幼儿知道诗歌语言具有明显的节奏性特点，在诵读儿歌或童谣时，幼儿会自然而然地表现这种节奏感，如在念《上山打老虎》时，节奏感使幼儿体验到诗歌学习所带来的快感。在这一阶段中，幼儿对于诗歌简短句式（如三言句、四言句、五言句、七言句和杂言句）的组成有了初步认识。

3. 拓展阶段

拓展阶段的幼儿能对不同形式（如数字歌、连锁调、谜语和绕口令等）诗歌类型有所感知，能够借助动作或口头语言表现诗歌的节奏和韵律，并尝试运用文学语言，根据诗歌的重复句式进行仿编。比如幼儿根据《什么弯弯》中"××弯弯在××？弯弯在××"的重复句式仿编出了儿歌；"什么弯弯在树上？叶子弯弯在树上。什么弯弯在山上？山路弯弯在山上。什么弯弯在书上？迷宫弯弯在书上。"

（二）故事的形式经验

儿童故事包括童话故事和生活故事，与其他文体相比较，故事在形式方面最典型的特征是人物角色和情节。因此，幼儿关于故事的形式经验以对作品中的人物特征和情节结构的理解为主。其中，幼儿对故事中人物特征的认识主要通过理解人物的语言和行动来实现，而对情节结构的理解则包括幼儿对故事主要情节乃至主题的概括。《指南》中语言领域目标 2 中的年龄阶段目标：3~4 岁"能听懂短小的儿歌或故事"，4~5岁"能大体讲出所听故事的主要内容""能根据连续画面提供的信息，大致说出故事的情节"，5~6 岁"能说出所阅读的幼儿文学作品的主要内容""能根据故事的部分情节或图书画面的线索猜想故事情节的发展，或续编、创编故事"，即是对这一经验的要求。与生活故事不同的是，童话还具有浓厚的幻想色彩，童话中拟人的表现手法的感知也是幼儿必须获得的经验。幼儿在这一核心经验上的发展经历了三个阶段。

1. 初始阶段

初始阶段的幼儿能够知道故事中的主要人物，理解故事的起始与结尾，即故事开始的时候是怎样的，结果又是怎样的。

2. 稳定阶段

稳定阶段的幼儿开始初步理解故事中人物的对话和动作，能模仿故事中的人物对话和动作来讲述。在对故事情节结构的认知方面，幼儿能从最初知道故事的开始和结尾，逐渐地理解故事情节的整个发展脉络，即起始、发展、高潮、结尾。

3. 拓展阶段

拓展阶段的幼儿能够运用故事中书面语言的形式来讲述故事，能在讲述的过程中运用书面语言的句式来体现人物特征。以《三个强盗》为例，幼儿在讲故事时，不再使用如"这里有三个黑乎乎的东西，有斧头、喇叭……"的口语句式，而是尝试使用故事中的书面语言句式，如"很久很久以前，有三个强盗，他们穿着黑斗篷，带着高高的黑帽子……"在这一阶段，幼儿能初步概括故事的主要情节（即粗略地说出故事先后发展的过程），根据故事的已知情节预测故事情节的发展或续编、创编故事，并初步感知童话故事夸张、拟人的表现特点。

（三）散文的形式经验

儿童散文是用简洁、生动、优美的文学语言写成的，是供幼儿学习叙事、记人、状物或写景的文学作品。散文具有灵活多样的表现形式，联想自由而无拘束，但仍有一个内在的结构线索将所有材料有机地串成一个整体，这就是散文形散而神不散的形式特征。散文中常见的线索有两种：一是以含有深刻意义或象征意义的事物为线索；二是以作品中的"我"来做线索。《指南》中语言领域目标2中的年龄阶段目标指出，5~6岁"能初步感受文学语言的美"，其中就包含了幼儿对于散文语言美与意境美的欣赏，而这种对散文美的感受又是建立在幼儿对散文内在的结构主线与画面内容理解的基础之上。梳理幼儿有关散文的形式经验，其发展经历了以下三个阶段。

1. 初始阶段

初始阶段的幼儿在成人的引导下，逐渐了解散文中描绘的主体，即人、物或景。比如幼儿散文《秋天的雨》中描绘的主要事物是秋天的雨。

2. 稳定阶段

稳定阶段的幼儿能够知道散文中所描绘的各个画面的内容与意境。比如在《池塘音乐会》这篇散文的学习中，幼儿首先知道这篇散文所描写的是夏日池塘中的音乐会，接下来需要理解的是三幅画面的内容，即风娃娃唱歌，柳条伴舞；青蛙唱歌，池塘水伴舞；蟋蟀唱歌，小鱼儿伴舞。只有了解散文中这三幅画面内容的意境，幼儿才能初步理解作品的内容。

3. 拓展阶段

拓展阶段的幼儿能理解不同情景画面之间的联系与线索结构，按照散文的某一线索结构（事物形象、时间、空间或人物等），尝试仿编散文中的语句或段落。例如，幼儿散文《秋天的雨》中各个画面中分别呈现了"秋天的雨像塑料盒，像金色的小喇叭，有着好闻的味道……"，而将各个画面串联起来，会发现作者是从视觉、听觉、嗅觉等各种感官的角度来描述秋天的雨。按照此线索结构，在成人的引导下幼儿仿编出"冬天的雪像鹅毛，轻轻地飘舞着；冬天的雪像晶莹的冰糖，甜甜的；冬天的雪像淘气的娃娃，咯咯笑着挠我的痒痒"等语句。

三、幼儿文学作品学习的文学想象核心经验及其发展

幼儿在文学作品学习和理解过程中"文学想象"的核心经验主要是指幼儿在学习和欣赏文学作品的过程中，能通过想象理解文学作品中的词汇概念；能想象出文学作品所传达的情节画面、人物特征和主题意境等内容；能体会作品的情感和意境；能初步根据文学作品创造性地想象出新的内容和情节。根据想象的程度不同，幼儿文学想象的核心经验又可以划分为再造想象和创造想象两个范畴，即再造文学作品中的想象和创造文学作品中的想象。

（一）再造文学作品中的想象

这个范畴的核心经验主要指幼儿调动个人生活经验和已有文学作品学习的经验，通过对文学作品内容的理解，在大脑中再现文学作品中作者欲表现出来的情节、人物特征、人物关系、事件背景、蕴含情感、主题意境等的想象。通过对文学作品的再造想象，幼儿理解和掌握作者所要表达的内容，从而为创造想象奠定基础。

1. 初始阶段

这个阶段，幼儿文学作品的再造想象主要表现为对文学作品中主要人物形象和文学作品背景性要素的再造想象，这种再造想象帮助幼儿初步理解文学作品。在幼儿学习、欣赏文学作品中，幼儿在这个阶段的再造想象主要表现为幼儿在听故事的过程中，会跟随教师的讲述或朗诵，结合自己的生活经验和文学经验，获得所学习文学作品中人物的语言、动作、表情等，并能在教师的要求下回忆并表现出这些动作或表情；同时能获得对整个文学作品的初步印象，表现为能回忆出主人公的名字，故事或事件发生的地点等。

2. 稳定阶段

在这个阶段，幼儿在文学作品上的再造想象主要表现为对文学作品中主要人物特征（如外貌、语言、动作和表情等）的准确理解和描述，并能够初步概括出文学作品中主要人物的性格特征、心理状态等；能够较完整地叙述出文学作品的主要情节，并回答他人有关原因和结果方面的问题，理解文学作品的前因后果。同时，这一阶段的幼儿在完整理解文学作品的基础上，会形成对所学习和欣赏的文学作品在主题上的初步理解，说出自己对作品的初步感受，但这种理解和感受往往不稳定、不具体。

3. 拓展阶段

在这个阶段，幼儿在文学作品上的再造想象主要表现为对所学习和欣赏的文学作品内容的完整和较深刻理解。具体表现为幼儿能清楚、完整地说出文学作品中的要素（如时间、地点、人物等），能准确描述出文学作品中主要人物的性格特征，能够完整、有序地叙述出文学作品的情节。同时，在这个阶段，幼儿还会表达出自己对文学作品喜爱与否及其原因，能初步感知作者在文学作品中传递的基本态度，能够较为准确地描述作者在文学作品中展现的态度、情绪，并结合自己的生活经验，谈论自己的态度和做法。

（二）创造文学作品中的想象

这个范畴的核心经验是指幼儿在理解文学作品的内容、结构和主题的基础上进行想象，从而创造出一个新的结构片段、情节或结尾的经验。这个经验有三种表现形式：一是仿编，即利用已有文学作品的结构，填充自己想象的内容；二是续编，即根据文学作品已有的情节，创造一个与前面情节相联系的情节或结尾；三是局部创编，即根据主题想象一个有较为完整的文学要素的文学作品。创造文学作品中的想象分为以下几个阶段。

1. 初始阶段

在这个阶段，幼儿在文学作品上的创造想象主要表现为幼儿理解文学作品的基本结构（如故事中片段情节的结构，儿歌或三维诗的句子结构），在教师的提问启发下，能发挥自己的想象，回忆自己原有的生活经验或发挥自己的想象，替换文学作品中情节和句子的单个要素（如替换人物、动作），从而初步仿编出一个符合原有文学作品结构要求的情节或句子。如在诗歌《水果宝宝去旅行》的学习中，幼儿在理解并掌握诗歌的结构"××宝宝上火车，咔嚓咔嚓去旅行"后，在教师的提示下，会用自己喜爱或认识的水果名称进行仿编，如"桃子宝宝上火车，咔嚓咔嚓去旅行"等。

2. 稳定阶段

在这个阶段，幼儿在文学作品上的创造想象主要表现为能够替换文学作品中的多个要素，仿编出一个在结构上符合文学作品要求的片段或句子。在此基础上，幼儿会根据自己的想象，尝试编构一个文学作品的片段，如续编一个情节，编构的情节符合原有文学作品的基本逻辑、合理想象。在故事《春天的电话》中，教师在提问"打电话的时候又会说些什么呢？"后，幼儿发挥自己的想象，想象一个动物形象，设想对话的内容，并根据故事的原有结构，先拨号，然后将对话内容按照故事中的对话结构表达出来。这个阶段的幼儿能在教师的引导下将自己编构的情节用语言、动作等方式，借助表演、绘画完整地表述出来。

3. 拓展阶段

在这个阶段，幼儿在文学作品上的创造想象主要表现为能编构出具有完整情节，结构、内容和主题合理，有逻辑的文学作品片段（情节或句子），如在诗歌《摇篮》的学习中，幼儿能够在编构的句子中合理地想象出代表摇篮和宝宝的两个事物之间的主被动关系；又如在根据散文诗《梦姑娘的花篮》编构的时候，能够根据散文诗中春夏秋冬的时令顺序进行编构，所编构的情节有着一定的创意，富有画面感。在这个阶段，幼儿在仿编的基础上，能更多地发挥自己的想象，想象的内容更加丰富，并与其他幼儿的想象有区别，更加具有独特性和新颖性。同时，幼儿在表述自己编构片段的过程中，会更多地使用文学性和书面化的语言，如形容词、成语，运用因果复句、排比复句等。

第三节　幼儿园文学作品活动的设计与组织

下　雨

刘饶民

滴答，滴答，滴答，滴答，下小雨啦！

种子说："下吧，下吧，我要发芽！"

梨树说："下吧，下吧，我要开花！"

麦苗说："下吧，下吧，我要长大！"

小孩子说："下吧，下吧，我要种瓜！"

问题

这首儿歌适合哪个年龄段呢？如果你是幼儿教师，根据这首儿歌你会怎样设计活动呢？

文学作品活动是围绕一个文学作品展开的一系列相关的活动，在设计和组织时，就是要帮助幼儿理解文学作品所展示的丰富而有趣的生活，体会文学语言的艺术美，为幼儿提供全面的语言学习机会。在设计与组织时，一般按照如下环节进行。

一、幼儿文学作品内容的选择

选择幼儿文学作品是幼儿文学作品学习活动开展的基础，虽然幼儿文学作品浅显易懂，但什么样的文学作品适合学前各年龄段幼儿的理解水平、适合该年龄段幼儿进行欣赏，教师一定要深入考虑，绝不能轻视。根据《幼儿园教育指导纲要》中语言领域的目标，从学前儿童的发展水平出发，遵循幼儿的年龄特点，应选取具有趣味性、教育性和艺术性的文学作品作为教育内容。

（一）主题健康活泼，内容有趣

为幼儿选择的文学作品首先要具有健康的思想内容和艺术价值，主题健康向上，情节曲折、紧凑，角色的性格鲜明并为幼儿所喜爱。要选择那些能陶冶幼儿性情的，表达诚实、聪明机智、朋友情谊和富有想象力的优秀的幼儿文学作品，激起幼儿愉悦的情绪，让幼儿在欢笑中获得积极的情感体验。

（二）符合幼儿的生活经验

丰富的生活经历和生活经验对于幼儿来说具有重要意义，只有幼儿具有比较丰富的生活经历和生活经验，对事物的理解和认识才会更深刻，情感体验也会更丰富。幼儿原有的经验直接影响他们对文学作品的理解和情感的迁移。

（三）语言浅显，形象优美

幼儿的思维主要是具体形象思维，很难理解抽象的词语，因此，在选择幼儿文学作品时，要注意作品中的语言要浅显，形象要生动有趣。幼儿喜欢的文学作品具有对话重复、动作性强、可爱有趣等特点，因此可以选择有较多重复的句式、对话有趣、动作性强，幼儿愿意模仿和讲述的幼儿文学作品，如《拔萝卜》《小猪变干净了》《金色的房子》等。

同时，要选择语言优美的幼儿文学作品，如《金黄色的马车》：绿油油的草地上，停着一辆金色的马车，这辆马车是金黄色的，由四匹紫色的小马拉着。语言优美的幼儿文学作品还能在很大程度上帮助幼儿学习词汇和句式。

教师应尽可能多地为幼儿选择多样的文学作品，让幼儿感受到不同体裁、题材、表现形式的文学作品所传递的语言特色与风格。

二、活动实施的基本步骤

（一）导入活动

1. 导入活动的目的

导入活动在整个文学作品活动中非常重要，不可或缺，其目的一般有两个：一是创设一个能吸引幼儿倾听的环境，充分调动幼儿对学习文学作品的兴趣和主动性，同时唤起幼儿的相关经验，为学习新知识做准备；二是导入活动作为首要环节，有着引出作品、渗透主题的作用。

2. 导入活动的方式

在文学作品活动教学过程中，导入的方式很多，一般采用以下方式导入。

（1）提问导入

结合幼儿的生活经验或文学作品的主要内容，提出几个幼儿感兴趣的问题，引起幼儿讨论，从而激发幼儿欣赏文学作品的兴趣。例如：大班故事活动"果酱小房子"中，老师提问："在我们周围到处都有房子，你能不能告诉我，哪座房子给你的印象最深，让你觉得非常有趣？"

（2）图片导入

教师出示与主题相关的图片让幼儿观察、感知、理解文学作品内容。如在故事《三只蝴蝶》中，教师出示蝴蝶的图片说："小朋友们，这是谁？今天老师要讲的故事也和它有关，咱们一起来听一听。"

（3）游戏导入

教师借助小游戏充分调动幼儿的积极性，让幼儿在愉快的氛围中倾听、学习文学作品。诗歌《家》是一首结构完整，语言优美生动的诗歌，它描绘出了自然界万物之间亲密的联系。教师可以为幼儿展示一大幅含盖美丽景物的背景图（蓝天、森林、草地、小河、红花、幼儿园），接着用小动物的贴纸图片让孩子玩"为小动物找家"的游戏，一下子就能把孩子们带入诗歌的情境中去。

 小案例

家

蓝蓝的天空是白云的家，密密的树林是小鸟的家，

绿绿的草地是小羊的家，清清的河水是小鱼的家，

红红的花儿是蝴蝶的家，快乐的幼儿园是小朋友的家。

（4）猜谜导入

猜谜导入即老师根据活动主题或主要角色，采用猜谜语的方式进行导入。教师可以直接给孩子提供谜面，年龄较小的孩子也可以提供图片线索。如在儿歌《小蚂蚁》的教学中，老师的导入语"小朋友们，今天我们邀请一位客人来做游戏，猜猜它是谁？"先用白纸遮住蚂蚁的身体，然后慢慢露出一对小触角和半个脑袋，让幼儿猜一猜。

导入活动的方式还有很多，在这里就不一一陈述，在选择过程中，教师要根据作品内容、本班幼儿的实际水平以及活动环境采用适宜的方式进行。不管采用哪种方式，都应注意导入的时间不宜过长，一般以 1~3 分钟为宜，同时切记导入要与活动内容、主题相关，不能偏题，也不能将文学作品的主要内容或中心思想全盘托出。

（二）呈现作品，感知作品内容

当幼儿逐渐进入学习情境时，教师要将作品内容呈现给幼儿，这是任何一类或任何一个文学作品学习都不可缺少的环节。根据作品的难易程度，教师可以采取不同的呈现方式。

1. 教师自身给幼儿呈现

教师有感情地讲述或朗诵文学作品，这是一种与幼儿真实的、有情感的互动方式。教师在讲述时，可以根据幼儿的反馈，调节自己的语速、音量、表情、神态、动作等。运用这种方式时，幼儿在听的时候，不只是听到，还会在头脑中联想故事中的画面，会把听到的语言信息转化为头脑中图画的信息，这是一种再造想象力的培养。

2. 利用辅助材料呈现

利用辅助材料呈现是利用直观形象的教具，如图片、PPT、桌面教具，或者借助美术、音乐等艺术手段来呈现作品。此种方式直观、形象，可以更好地帮助幼儿理解文学作品。

3. "中断式"呈现

"中断式"呈现是根据重难点在文学作品的关键处或发展的高潮部分进行中断，此时幼儿会自发地对文学作品进行质疑，教师则可及时地引导幼儿根据疑问对作品的情

节发展进行猜测。

（三）理解、体验幼儿文学作品

在倾听完文学作品后，教师可以运用提问的方式，帮助幼儿理解作品的人物、主要情节、对话和主题，体验作品所展示的人物的情感历程、心理世界，以及作品语言的美。在活动实际进行过程中，这一环节与上一环节往往是融为一体、交叉进行的，指导的重点要放在帮助幼儿全面、深刻地理解作品的主要内容和主题，体验文学作品特有的艺术魅力和情感特征上，也就是说，要引导幼儿学习如何欣赏一个文学作品，而不是用几个问题让幼儿草草地理解作品。

教师在课堂上的提问，直接影响幼儿参与活动的积极性以及理解文学作品的效果。因此，教师应把握作品的主线，有侧重地提问。教师的提问可以分为以下几个类型。

1. 回忆作品内容的提问

这种提问的目的是指导幼儿回忆作品的要点，如题目、角色；有时是回忆作品的具体内容，如作品中的角色说了什么、做了什么；有时是回忆作品情节线索，如开始怎么样、后来怎么样、结果怎么样等。

2. 针对生活经验的提问

教师根据幼儿已有的生活经验进行提问，幼儿经过理解、记忆、归纳、分析，最后进行回答，从而提高幼儿的思维能力和语言的运用能力。如故事活动《果酱小房子》中的提问："果酱是什么？有人吃过吗？"引导幼儿感知，同时唤起经验，与作品相互作用。

3. 针对作品语言的提问

文学语言的学习是文学作品活动最重要的目标之一，此类问题可以让幼儿理解词句的构造，丰富幼儿的词汇。一般的文学作品，如故事《三只蝴蝶》中，三只蝴蝶的语言："我们三个好朋友，相亲相爱不分手，要来一块儿来，要走一块儿走。"可以让幼儿学说语句，同时理解相亲相爱的意思。

4. 针对作品主题的提问

这种设问的目的是指导幼儿理解作品的内容，领悟作品的主题思想。对于不同的年龄段应有不同的侧重。如：是怎么回事呢？为什么这样呢？你是怎么知道的？等等。

对于幼儿来说，并非所有的故事都一定要说出道理来，尤其是一些欣赏性的故事，应着重让幼儿欣赏、品味，过多的说教反而会影响幼儿听故事的兴致。

5. 针对作品体验的提问

这种设问能够诱导幼儿表达对作品的体验，便于幼儿从整体上把握作品的思想内容。如：喜欢故事里的谁？不喜欢谁？为什么？为什么高兴？为什么难过？如果是你，你怎么做？体验性设问不是每次教学都会用到的，而是依据故事的内容而定的，一般用于情感色彩较浓或是非分明的故事。

文学作品一般讲述两遍，每次结束后提的问题有所不同。第一遍讲述完后，教师可通过提问帮助幼儿逐步确定主要人物及人物性格特征，了解人物之间的关系及情节发展线索，例如：故事（诗歌）里有谁？发生了什么事？结果怎么样？第二遍讲述可以提一些思考性的问题，引发幼儿关注作品的细节，如：怎么说的？怎么做的？××像××？喜欢谁？不喜欢谁？为什么？等等，从而感知理解作品。接着，提一些假设性的问题（如果你是……你怎么……），扩展幼儿的思路，帮助幼儿对故事的把握。教师提问的时候，还要特别注意用"开放式提问"。

不管采用何种方式，都必须紧紧围绕幼儿文学作品的内容引导幼儿理解与体验，让幼儿用眼睛去看，用耳朵去听，让幼儿围绕文学作品去思考。

如果是诗歌活动，在引导幼儿理解诗歌内容之后，还可带领幼儿学习朗诵作品，在配合肢体语言的生动吟诵中体会诗歌的意境，增进对诗歌的理解。

（四）迁移作品经验、创造性地想象和表述

文学作品展示的是建立在幼儿生活经验基础上的间接经验，这种间接经验使幼儿既感到熟悉，又让他们觉得新奇有趣，但仅仅理解是不够的，还要充分地将间接经验与直接经验联系起来。迁移作品经验的活动往往是可操作的、具有游戏性质的活动。教师依据文学作品的内容让幼儿进行文学作品讲述、表演、模仿作品形象及游戏等，通过亲身体验，进一步理解文学作品的内容和主题思想，通过绘画、歌曲、舞蹈等方式，帮助幼儿迁移作品经验。

1. 表演

幼儿文学作品中鲜活的角色、有趣的语言是幼儿模仿的对象，因此，表演是幼儿园文学作品活动中频率最高、幼儿最喜欢的一种活动方式。如故事《三只蝴蝶》，幼儿在理解故事的基础上，扮演三只蝴蝶和三朵花，可以小组进行，也可以单人进行；可以自身表演，也可以利用手偶、指偶等材料进行表演。在儿歌《虫虫飞》中，老师可以布置四个场景，让幼儿扮演虫虫，分别到"草地"——"喝露水"；到"花园"——"踢踢腿"；到"天空"——"排成队"；到"树上"——"睡一睡"。需要说明的是，并不是所有的文学作品都适合表演，一般情况下，供幼儿表演的作品要有一定的情境，有一定的场面，还应具有明显的动作性。情节要有起伏，情节的发展要重点突出，脉络清晰，且易于表演。

2. 仿编

仿编活动是幼儿在欣赏、理解文学作品内容及结构的基础上的一种创造性的学习活动。幼儿在欣赏文学活动的基础上，感知、理解作品中的一句话或一段话的结构特点，调动自己的生活经验，想象构思出新的内容，以借用原作品的结构，通过替代一个词或几个词，甚至是几个句子的方式完成仿编活动。例如，在学习和理解了诗歌《家》后，进行仿编活动。教师可以引导幼儿讨论：为什么大树是小鸟的家呢？大树除了是小鸟的家，还可以是谁的家呢？在引发幼儿讨论完后，教师可以进行示范仿编，例如，教师可以编出"绿绿的大树是毛毛虫的家"。幼儿根据自己的生活经验大胆想

象，编出"深深的地下是石油的家，宽宽的马路是汽车的家，蓝色的大海是船儿的家"等。幼儿在仿编的过程中体会到创造性地运用语言的快乐。

教师需要注意的是，不同年龄班诗歌、散文仿编的重点会有所不同。小班仿编活动的重点是要求幼儿在原有画面的基础上更换某个词语，通过换词来体现文学作品画面的变化；中班仿编活动的重点是要求幼儿通过换一个词语而构成句子的变化；大班仿编活动的重点是要求幼儿对原来的文学作品的结构进行部分变动，也可以根据幼儿已有的知识经验仅向幼儿提供一个开头作为仿编的线索，引导幼儿自己独立完成文学创作的仿编活动。大班幼儿的仿编在结构上的限制相对少一些，允许幼儿大胆想象进行再创造。仿编完成后，教师与幼儿进行整理、理解新的作品。

3. 故事编构

故事编构时，教师要注意创设宽松愉悦的氛围，启发幼儿大胆想象，鼓励幼儿积极讲述。由于幼儿编构故事需要具有一定的生活经验，并且有较强的语言表达能力，因此，不同年龄班的故事编构有不同的要求。小班可编故事结局，中班可编构高潮或结束部分，大班可进行完整故事的创编。在编构故事活动中，教师要把握以下几方面指导要求。

（1）教师应帮助幼儿理解故事作品的构成要素，包括故事的时间、地点、人物、情节等。

（2）丰富幼儿的知识与经验。教师要鼓励幼儿多观察周围的事物，了解一些粗浅的自然科学现象，如人与自然的关系、动植物与自然的关系。通过这些直接经验和间接经验的积累，为幼儿编故事提供内容上的准备。

（3）丰富幼儿的词汇，提高其语言表达能力。教师应创设一些情景让幼儿运用词汇说一句或一段话；另外，引导幼儿学习一些故事、童话中优美的词汇、句式，并感受、理解故事作品的语言表达方式。采用替代的方式，增强幼儿对句式的理解和认知。

此外，教师要有效利用一日活动中的各个环节，进行生活中的文学作品欣赏。在日常生活中，可以利用晨间谈话、自由活动、区域活动、离园活动引导幼儿参与文学作用欣赏活动。

第四节　幼儿园文学作品活动常见问题与指导策略

 案例导入

悯　农

锄禾日当午，汗滴禾下土。

谁知盘中餐，粒粒皆辛苦。

问题

如果选择这首浅显易懂的古诗作为幼儿园文学作品活动的材料，那么应该挖掘里面的什么核心价值呢？是否适合所有幼儿来学习呢？

在教育实践中，由于老师对幼儿园文学作品理解得不透彻、不深入，对幼儿园文学作品活动的组织要点不熟悉，在活动组织与实施过程中存在这样或那样的问题，导致幼儿园文学作品活动没有成效，对幼儿语言的发展造成不利影响。文学作品学习活动中主要存在以下几个方面的问题。

一、未能挖掘作品的核心价值

分析、熟悉幼儿文学作品是开展文学作品学习活动的前提。文学具有开放性，不同的读者对同一部作品具有不同的理解和感受，教师作为读者之一，对作品的理解是建立在自己的知识经验的基础上的，对同一个作品可能有不同的认识。

 小案例

会动的房子

小松鼠在树顶上住腻了，于是决定在地面上重新建造一座房子。

在大树底下，他发现了一块大石头，由七块小石头拼成，很硬，也很光滑。小松鼠说："嘿，就在这上面造一座房子！"

房子终于造好了，忙了一天的小松鼠也累了，在新家里睡着了。

"呼呼呼！"什么声音？小松鼠被吵醒了。推开窗户一看，呀！自己在美丽的山脚下，小风吹奏起动听的山歌。真奇怪，昨天还在树下。今天却来到了山脚下。可小松鼠又一想：没关系，山脚下也挺好的，有动听的山歌做伴。

第二天，又传来"哗哗哗"的声音。小松鼠推开窗一看。呀！又来到了大海边，浪花发出欢快的歌声。小松鼠这下可乐了，"我的房子会动，我的房子会动！"现在，小松鼠又有浪花声做伴。

第三天，小松鼠想，今天我来到哪儿啦！推开窗一看，呀！眼前是一片大草原，马儿在哒哒地奔跑。小松鼠禁不住在房子里手舞足蹈。

突然，传来一个声音，"小松鼠呀，快别乱动。"咦，是谁在说话？是这块硬硬的大石头吗？

"小松鼠你真粗心，把房子盖在我的背上，我驮着你走过了许多地方。"小松鼠低头一看，原来是乌龟，那硬硬的大石头竟然是乌龟的背。小松鼠惭愧得脸都红了，赶紧说："你，你累坏了吧？"乌龟说："不，这下我们俩可以做伴了。"

案例故事语言优美生动，情节简单，充满童趣，形象鲜明，很容易让人感受到作品中清新的大自然画面，体验小松鼠和小乌龟之间的友谊。而有的学生在理解故事时将主题思想定位于"退一步海阔天空"。"瞧，小松鼠将房子建在乌龟的背上，乌龟都不生气……"很明显，这种理解不能较好地体现这个故事的中心思想。

同一个故事，其基本要素是稳定的，故事的创作是遵循一定的规律而展开的，因此，阅读儿童文学作品要具备一定的分析能力。在分析作品时，可以从以下几个方面着手。

（1）反复阅读，分析作者的意图，把握作品的主题。作品的内容或情节是为体现作品的主要内容服务的，要把握结构，明确主题和核心内容。

（2）分析作品特点（语言特点、人物特点），清楚各部分之间的关系，再找出重难点，突出作品的中心思想。同时，还可以帮助幼儿掌握作品中的重要句式。

二、活动内容与幼儿生活经验链接不够

有些老师在执教过程中，往往用几个问题使幼儿简单理解作品内容后，就急于让孩子迁移经验，常常忽略了活动内容与幼儿日常生活经验的链接。

老师在执教诗歌《春天的颜色》的过程中，为了激起幼儿的学习兴趣，让幼儿理解诗歌大意，特别画了几幅有关春天美景的图画。但不管老师怎么解释，幼儿就是记不住诗句，也不明白春天为什么会有颜色。之所以会这样，就是由于幼儿缺乏对春天的感性经验，要理解诗歌，就是要调动已有的知识经验。如果教师之前组织寻找春天的活动，让幼儿用眼睛去看春天，用耳朵去听春天，用鼻子去闻春天，用手去探索春天，从而加深对春天的体验，形成对春天的理解，进而丰富幼儿有关春天的知识和经验，加深对作品的理解。

 小案例

春天的颜色

桃花说："春天是粉红色的。"

柳树说："春天是嫩绿色的。"

迎春花说："春天是黄色的。"

大地说："春天是五彩斑斓的。"

第五节　幼儿园文学作品活动案例

一、案例：虫虫飞（小班）[①]

设计意图

《虫虫飞》是一首朗朗上口又富有童趣的儿歌，在"虫虫虫虫飞飞飞"句子反复的过程中，塑造了虫虫飞的可爱动感。扮演虫虫，模仿虫虫飞到不同的地方，是幼儿特别感兴趣的事情。

活动目标

（1）注意倾听，大胆表演，体验游戏带来的快乐。

（2）运用游戏的方式感知理解儿歌内容。

（3）学习有节奏地朗诵儿歌，发准"h""t""d"的音。

活动过程

1. 与教师共同模仿虫虫飞，激发活动兴趣

指导语：我们都是可爱的虫虫，让我们一起来飞一飞吧！

2. 玩游戏：请你这样做

（1）教师发出"虫虫虫虫飞飞飞"的指令，请幼儿边做动作边说一说。

（2）教师引导幼儿观察草地、花园、天空、树权的图片，用"虫虫虫虫飞飞飞，飞到××"的指令引导幼儿熟悉、理解和表达儿歌内容。

（3）教师用儿歌中的句子提示幼儿做相应的动作。引导幼儿理解和表演"喝露水""踢踢腿""排成队""睡一睡"的动作。

3. 回忆儿歌内容，欣赏儿歌

指导语：刚才虫虫们玩游戏，去了哪些地方？做了什么呢？我们听听儿歌是怎么说的。（教师完整朗诵儿歌，带领幼儿欣赏）

4. 观察儿歌图片，练习朗诵儿歌

教师出示儿歌图片，引导幼儿练习朗诵儿歌。

（1）引导幼儿用填空的方式参与朗诵。

（2）引导幼儿用接龙的方式朗诵儿歌。

（3）用幼儿朗诵、教师做相应动作的方式引导幼儿完整朗诵。

5. 集体玩指偶游戏

（1）部分幼儿念儿歌，其余幼儿扮演虫虫飞。

（2）幼儿集体念儿歌，边念儿歌边玩指偶游戏。

① 郭咏梅. 幼儿园优秀语言活动设计 70 例 [M]. 北京：中国轻工业出版社，2015：15-17.

专家评析

儿歌《虫虫飞》朗朗上口，简短又重复的语句非常适合小班幼儿学习，其押韵的尾词更增添了儿歌的趣味性，激发了幼儿学习的兴趣。

活动中，教师采取了难点前置的方式组织活动，在情境中引导幼儿熟悉儿歌结构——"虫虫虫虫飞飞飞，飞到××"；而教师适时出示的图片以及多种游戏相结合的方式，调动了幼儿的多种感官参与学习，让幼儿能饶有趣味地朗诵与表演。最后，教师出示指偶玩具，通过做游戏的方式让幼儿体验了学习的快乐。

附录：

虫虫飞

虫虫虫虫飞飞飞，飞到草地喝露水。

虫虫虫虫飞飞飞，飞到花园踢踢腿。

虫虫虫虫飞飞飞，飞到天空排成队。

虫虫虫虫飞飞飞，飞到树杈睡一睡。

二、案例：我也要搭车（中班）①

设计意图

《我也要搭车》整个故事内容生动有趣，故事中蹦跳的小兔子、有刺的小刺猬、淘气的狐狸、爱放屁的鼬、长脖子的长颈鹿和活泼的小松鼠无疑是生活中幼儿的化身，故事情节贴近幼儿的生活，深受幼儿的喜爱。本次活动重点定位在"约定"上，主要引导幼儿在仔细观察图片的过程中围绕狮子爷爷和兔子、刺猬、狐狸、鼬、长颈鹿、松鼠们之间的约定展开讨论，学习、理解故事情节，了解约定的含义，感受遵守约定的重要性。

活动目标

（1）学习、理解故事情节，了解"约定"的含义，感受遵守约定的重要性。

（2）学说狮子爷爷和动物间的对话，懂得请求他人帮助时要说有礼貌的话。

（3）了解乘坐公共汽车要遵守的规则，体验玩"搭车"游戏的快乐。

活动准备

（1）知识经验：幼儿有关于约定的经验。

（2）物质材料：故事PPT课件，角色图片，约定规则图示。

活动过程

1. 谈话引出故事内容，激发兴趣

指导语：你们知道什么是约定吗？如果没有遵守约定的话会有什么麻烦呢？今天，我们就来听一个关于约定的故事。

157

---

① 郭咏梅. 幼儿园优秀语言活动设计70例[M]. 北京：中国轻工业出版社，2015：45-48.

小结：约定就是和别人说好要去做的一件事情。

2. 观看 PPT 课件，理解故事前半部分，了解狮子爷爷和不同动物之间的约定

教师播放 PPT 课件，讲述故事 "……小松鼠们都跑来看公共汽车，'狮子爷爷，让我们也上车吧。''好好，让你们上车，但是要排队上车。'"

（1）了解狮子爷爷和小动物们的约定。

① 和小兔子的约定。

提问：狮子爷爷开着自己做的公共汽车遇到了谁？他们之间说了什么？为什么兔子不能在车上蹦蹦跳跳？（引导幼儿模仿角色对话）

小结：狮子爷爷知道兔子喜欢蹦蹦跳跳，在车上蹦蹦跳跳会有危险，所以狮子爷爷和兔子之间做了这样的约定。

② 和小刺猬的约定。

提问：狮子爷爷接着又遇到了谁？小刺猬也想搭车，狮子爷爷同意了吗？他们之间会有什么约定？（引导幼儿扮演角色表演）

小结：小刺猬答应了和狮子爷爷的约定，高高兴兴地上车了。

③ 和狐狸的约定。

提问：狐狸也想搭车，狮子爷爷是怎样和他约定的？

小结：在车上可不能跟朋友们打闹。

④ 和鼬的约定。

提问：狮子爷爷接着又遇到了鼬，他们之间又有怎样不同的约定呢？

小结：不要在车里放屁。

⑤ 和长颈鹿、小松鼠们的约定。

提问：长颈鹿和小松鼠们也想来搭车，你们觉得他们能搭车吗？为什么？（引导幼儿讨论）

总结：狮子爷爷和你们一样也有这样的担心，但是善良的狮子爷爷最后还是同意他们搭车了。他和长颈鹿约定不能把头伸出窗外，和小松鼠们约定要排好队上车。

（2）呈现约定规则图示，引导幼儿操作角色图卡和约定规则图示配对，鼓励幼儿模仿角色对话。

指导语：狮子爷爷和不同的小动物做了不同的约定，请你们找找看，狮子爷爷会将约定的规则图示送给谁呢？

（3）指导语：小动物们都答应了狮子爷爷要遵守这些约定，可是他们能做到吗？我们接着往下看。

3. 继续观看 PPT 课件，倾听故事后半部分，了解约定后发生的事

（1）教师继续播放 PPT 课件，继续讲后半部分故事，提问：仔细看看，发生了什么事？他们遵守了上车前和狮子爷爷做的约定了吗？

（2）小结：小动物们没有遵守和狮子爷爷之间的约定，违反了乘车的规则，所以撞车了。看来约定的事情一定要遵守，要说到做到，否则会造成严重的后果。

4. 倾听教师完整地讲述故事

5. 谈谈生活中和谁有过约定，制作公约小图卡

（1）指导语：在动物世界里发生了这样一个有关约定的故事，在我们的生活中也时时刻刻都有约定，你平时和谁有过约定？你遵守约定了吗？（幼儿自由交流）

（2）引导幼儿讨论上课应该怎样做，鼓励幼儿绘画公约小图卡。

（3）小结：我们要做遵守约定的人。和朋友约定的事情做到了，是一件很快乐的事情！和家人约定的事情做到了，你就是最棒的！

专家评析

本活动的选材有趣、生动，符合中班幼儿的年龄特点，故事情节深受幼儿喜爱。中班幼儿的社会意识正在逐步加强，因此，通过故事能培养幼儿初步的责任意识，对幼儿的学习与发展具有一定的价值。

活动目标定位清晰，各环节能紧扣活动目标层层递进，提问和回应也能紧紧地围绕"约定"和"遵守约定"展开，有效地达成了活动的目标。活动中，教师采用了情境体验、图示配对、连续画面讲述、图画记录等方式，引导幼儿欣赏、理解故事，并进行创造性的表达和表现。结束环节，教师没有一味地说教，而是结合幼儿的生活实际，引导幼儿设计班级公约。教师简短的小结则将活动推向了高潮，具有画龙点睛的效果。

附录：

我也要搭车

狮子爷爷做了一辆很棒的公共汽车。一天，狮子爷爷开着他的公共汽车，咕噜咕噜地跑在林间的小路上。车站边站着一只兔子请求让她搭车，狮子爷爷答应了，但对她提出了乘车的约定。接着，狮子爷爷又在路边依次碰到了正在等车的刺猬、狐狸、鼬、长颈鹿、小松鼠，每种动物上车时，狮子爷爷都会提出乘车的约定，小动物们欣然答应了。可是，当公共汽车上路后，小动物们都忘记了上车时和狮子爷爷的约定，违反了乘车的规则，导致车撞在了树上，吓飞了小鸟，撞掉了蜂巢。

三、案例：落叶（大班）

设计意图

树叶会给幼儿带来丰富的想象。在秋天户外活动时，幼儿最易观察到的就是落叶了。散文《落叶》，文虽短小，却充满了趣味、想象和动态感。结合季节的特征，本活动选择了落叶这个幼儿最熟悉的事物作为线索贯穿始终，让幼儿感受散文优美的意境，在领会散文内容的基础上学习初步的仿编，发展幼儿的口语表达能力与同伴沟通交流的能力。

活动目标

（1）感受小树叶和大树妈妈相互关爱的情感。

（2）感受作品所体现的优美意境，并能用语言较清楚地表达出来。

（3）欣赏、理解散文，尝试有感情地朗诵散文。

活动准备

（1）知识经验：幼儿有户外观察落叶的经历。

（2）物质材料：背景音乐，教材，大树头饰一个，树叶手环若干。

活动过程

1. 欣赏优美、抒情的背景音乐，扮演飘动的小树叶

指导语：想想如果你们是小树叶，会怎样进入活动室呢？

2. 欣赏第二段内容的课件图片，观察想象并讲述

（1）提问：你看到了什么？小树叶去了哪里？这是什么季节？你是怎么看出来的？春天的小树叶是什么样子的？夏天的小树叶是什么样子的？秋天的小树叶是什么样子的？（鼓励幼儿大胆想象与讲述，教师用散文中的语句总结）

（2）欣赏第二段散文内容

3. 欣赏第三段内容的课件图片，观察、想象并讲述

（1）提问：小树叶飘到了什么地方？那儿变得怎么样了？

（2）教师朗诵第三段内容，鼓励幼儿扮演小树叶飘到屋顶、小河等地方。

4. 欣赏配乐散文

（1）教师配乐散文

指导重点：朗诵时，教师用手指着相应的画面与文字，帮助幼儿把握散文的内容与顺序。

（2）引导幼儿回忆散文的内容，尝试用散文中的语言进行表达。

提问：你们听到了什么？这篇散文中的小树叶发生了什么变化？

5. 分享欣赏散文的感受，加深对散文意境的理解

提问：这篇散文听上去有什么感觉？你们听了这篇散文，想知道什么？

6. 配乐朗诵、表演，进一步理解散文内容

（1）鼓励幼儿扮演小树叶，和教师扮演的大树妈妈一起跟随配乐散文，用动作表达出各自的理解，以及对大树妈妈的关爱。

（2）个别幼儿示范，分享愉悦的表演经验。

7. 仿编散文

（1）集体讨论：小树叶还会飘向哪里？像什么？

（2）幼儿仿编散文，并表演出来。

专家评析

散文《落叶》充满趣味，又不乏优美的意境，动态感很强。而一篇好的散文，不仅可以丰富幼儿的知识，发展幼儿的想象力和思维能力，而且可以使幼儿的心灵和情

感受到良好的熏陶。

本活动设计了循序渐进的引导性提问，将"小树叶"的变化作为线索贯穿其中。在一个个的问题中，幼儿很好地理解了散文，为接下来的仿编奠定了良好的基础。在完整欣赏的环节，教师随着配乐散文的播放，用手指到相应的画面与文字，帮助幼儿把握了散文的内容和顺序。幼儿进行仿编前，教师采用集体讨论的方式，让每个幼儿都有说话的机会，使他们说话的愿望得到了满足。整个活动为幼儿提供了一个想说、敢说的环境。

值得注意的是，幼儿扮演"小树叶"飘落的时候，教师要用语言、眼神进行提示，鼓励幼儿动作舒展、优美些，与音乐的节奏相吻合，适时地渗透艺术领域的相关目标。

附录：

落　叶

大树是妈妈，小树叶是她的孩子。

春天，小树叶只是绿绿的嫩芽。夏天，小树叶已经长大了，在火辣辣的阳光下为人们撑起一把大伞，送去一片片阴凉。秋天到了，小树叶由绿变黄，一个个好像穿着金黄色裙子的小姑娘，挽着大树妈妈在秋风里翩翩起舞。

一天，一阵秋风吹来，小树叶告别了大树妈妈。小树叶不停地翻动着身子，飘啊飘，飘到屋顶上，屋顶变得金黄；飘到小河里，水面上像多了一层软软的地毯；飘到大树妈妈的脚下，大伙儿抱成了一团，好像在说："妈妈，妈妈，天气渐渐冷了，我们给您焐焐脚，让您暖暖和和过好冬。"

小树叶在秋风中飘啊飘，飘向四面八方，一个个都安下了家。他们心里还惦记着大树妈妈，盼望着大树妈妈明年春天生出许多小娃娃。

本章小结

文学作品活动是以幼儿文学作品为基本教育内容的语言教育活动类型，这类活动围绕一个具体的文学作品展开一系列相关的活动。本章对幼儿园文学作品活动的特征、目标、选材标准，以及幼儿园文学作品活动的设计与组织进行了说明。幼儿文学作品的主要形式有：幼儿故事、幼儿诗歌、幼儿散文，每一种幼儿文学作品活动又分为具体的活动形式。

幼儿文学作品学习核心经验主要有：文学词汇核心经验、文学形式核心经验和文学想象核心经验。其中，文学词汇核心经验又分为词汇经验、语句经验和修辞手法经验；文学形式经验分为诗歌的形式经验、故事的形式经验和散文的形式经验；文学想象的核心经验分为再造文学作品的想象和创造文学作品的想象。每种文学核心经验的形成对应三个发展阶段。

思考与练习

1. 为幼儿选择文学作品的依据是什么？

2. 学讲 10~20 则经典的幼儿故事，有感情地朗诵 10~20 首幼儿诗歌或散文。

3. 请结合以下材料，谈谈教师应该怎样帮助幼儿理解诗歌内容？

绿色的世界

绿色的天空，绿色的小猫，绿色的蛋糕，绿色的手套。

这儿一片绿，那儿一片绿，到处都是绿绿绿。

当我把绿色的眼镜拿掉，绿色的世界忽然不见了。

4. 仿编诗歌《绿色的世界》。

5. 请你设计《绿色的世界》教学方案，年龄班、目标自定。

第八章　幼儿园早期阅读活动

◀ 关键词

早期阅读；早期阅读活动；早期阅读活动的设计与组织；早期阅读活动指导要点

◀ 学习目标

1. 理解早期阅读的概念。
2. 掌握早期阅读对幼儿发展的价值。
3. 理解早期阅读活动的特点、目标。
4. 掌握幼儿园早期阅读活动的设计与组织。
5. 掌握幼儿园早期阅读活动的指导要点。

◀ 知识结构图

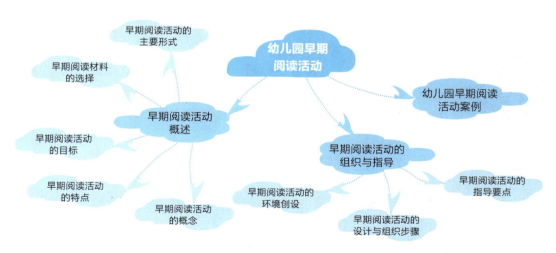

　　本章共分三节，先论述了当前关于早期阅读活动的基本概况，然后说明了早期阅读活动的目标、内容和形式，最后阐述了早期阅读活动的组织与指导及幼儿园早期阅读活动的案例。本章学习难点是幼儿园早期阅读活动的组织与指导。

第一节 早期阅读活动概述

案例导入

早上，幼儿们来到幼儿园。有些小朋友选择了积木区，有些小朋友选择了绘画区，有些小朋友选择了阅读区。阅读区有个小朋友拿着书问苗苗老师："为什么幼儿园里都是我们看过的图画书呢？我家有很多其他的书，我明天能带自己的书来幼儿园吗？"

问题

早期阅读活动就是带领幼儿阅读图画书吗？还可以阅读什么？应该如何选择？早期阅读活动除了课堂上的集体阅读和区角的自主阅读外，还可以开展怎样的活动呢？

幼儿的语言能力是在交流和运用的过程中发展起来的。因此，应为幼儿创设自由、宽松的语言交往环境，鼓励和支持幼儿与成人、同伴交流，让幼儿想说、敢说、喜欢说并能得到积极回应；为幼儿提供丰富、适宜的低幼读物。经常和幼儿一起看图书、讲故事，是丰富其语言表达能力、培养阅读兴趣和阅读习惯及拓展学习经验的重要方式。

一、早期阅读活动的概念

早期阅读

早期阅读活动是指以 0~6 岁幼儿的自身经验为基础，在适当情景中，通过其对文字、符号、标记、图片、影像等材料的认读、理解和运用，对幼儿身心所施加的一种有目的、有组织、有计划的影响活动。这不是单纯的看书、识字活动，而是一种结构相对完整、体系相对独立、能促进幼儿全面和谐发展的活动。

二、早期阅读活动的特点

（一）符号性和多维感知

早期阅读活动中的符号是指丰富多彩的阅读素材，比如图书中的文字符号与图像符号，学科学习中的数字符号与音乐符号，动画中的动态多媒体影像符号，生活中的常见标识符号等，幼儿在不同阶段都会表现出对这些特有符号的好奇。幼儿园早期阅读活动的过程，即幼儿感知各类信息符号并在头脑中系统组织各类信息符号所代表的意义的过程。这一过程需要幼儿将阅读内容与口头语言连接在一起，对符号做出理解和解释，并产生对表征意义的联想。

多维感知是指利用感官（视、听、嗅、味、触、第六感官等）对不同因素影响下的物体获得有意义的印象。众所周知，对于符号，首先是视觉的感知。离开了视觉感知，符号就不能发挥固有的作用。而视觉感知具体来讲，它包含四个层次的心理活动：发现、辨别、认同、再认。阅读行为中的感知是一种特殊的"看"，是需要多种感知参与的心理活动。

（二）理解性和情感体验

幼儿早期阅读活动是一种伴随着特有的情感体验的理解活动。如果说感知各类信息符号是阅读的第一步，是阅读活动发生的先决条件，那么理解和加工各类信息符号就是幼儿阅读的中心环节，是幼儿阅读的本质。幼儿的早期阅读活动是一种凭借思维来理解各类信息符号的心理过程。阅读时，幼儿凭借已有的经验，通过直觉、联想、想象、逻辑分析、综合判断等一系列的思维活动，把基本符号转化为具有特定个人特征和社会情境特征的"意思"。

研究表明，阅读过程是智力因素和非智力因素共同参与的过程。阅读过程中伴有动机、兴趣、情感等活动。幼儿可以借助具有客观意义的阅读材料来理解、分析他人的思想感情，同时，幼儿也可以借助于自己创造的阅读材料表达自己的兴趣和情感。

（三）活动性和创造实践

幼儿的阅读活动实际上就是幼儿与人、物、事之间的交际活动，这种交际活动的过程具有很强的活动性。我国学者朱作仁认为："阅读活动是从看到的言语到说出的言语的过渡。"因此，可以理解为幼儿阅读行为的特性之一就是不停留于表面的"看"，要有多样的活动形式及活动过程，并鼓励幼儿在活动中的创造和实践。阅读过程中的续编、创编、表演等都体现了这点。①

三、早期阅读活动的目标

阅读教育的整体目标应是以阅读能力目标为核心的多项目标的综合，它可以有多种构成形式。一般来讲，依据幼儿语言发展的一般规律和早期阅读活动的特点，将早期阅读活动的目标分为情感态度目标、认知目标、能力目标三大维度。具体来讲，包括以下三个方面。

（一）提高幼儿学习书面语言的兴趣

要学习掌握书面语言，首先应当对书面语言产生兴趣，有积极主动"接近"书面语言的愿望。在早期阅读活动中，我们有必要帮助幼儿萌发出对接受书面语言最初的、最根本的情感倾向。一般来说，在学前阶段培养幼儿学习书面语言的兴趣，要着重帮助幼儿获得两种基本的阅读态度。

1. 热爱书籍，养成自觉阅读图书的好习惯

在早期阅读活动中，幼儿有机会大量接触图书，在阅读图书的过程中，被图文并茂、生动形象的故事所吸引，从而产生愉悦的情感，并能与老师、同伴一切分享这种快乐。因而大量阅读图书可以培养幼儿对书籍热爱的情感态度。通过老师的帮助，幼

---

① 卢伟.学前儿童语言教育活动指导 [M]. 3 版 . 上海：复旦大学出版社，2013：107-109.

儿还可以进一步学会爱护图书，逐步形成良好的阅读习惯。

2. 乐意观察各种符号，对图画、文字有好奇心和探索欲望

在早期阅读阶段，尽管幼儿尚无必要正式学习和掌握文字符号，但仍然需要通过一系列的活动来培养他们对文字的兴趣。在世界上各种类的符号系统中，文字是最为纷繁复杂、容量硕大、含义丰富的符号系统，而阅读就是理解符号的含义。《纲要》也指出要培养幼儿对生活中常见的简单标记和文字符号的兴趣。因此，早期阅读活动的目标之一便是激发幼儿对各种符号的敏感性，并引发他们探索、感知文字符号的积极性。但要遵循培养兴趣和循序渐进的原则，由图画、标记慢慢过渡到文字符号。

（二）初步认识书面语言和口头语言的对应关系，开始懂得掌握书面语言的重要性

书面语言和口头语言是人类外部语言的两大反映形式。无论是从人类历史还是个体发展的角度看，书面语言都晚于口头语言。根据幼儿的年龄特征和人类掌握语言的规律，幼儿的语言教育主要是发展口头语言。而书面语言的发展是以口头语言为基础的。作为帮助幼儿接触书面语言的早期阅读活动应让其获得以下几方面的认识：一是懂得书面语言和口头语言一样，都可以储存信息，但书面语言用文字的方式记录储存，并具有可视的特点；二是懂得书面语言需要通过文字来表达；三是懂得书面语言和口头语言一样，都是人们交际的工具；四是懂得书面语言和口头语言一样，都是人们交际的工具，但是交际的方式不同。如果没有书面语言，在空间和时间条件的限制下，人们的交际将会出现障碍。显然，当幼儿初步获得有关上述认识后，他们就可以逐步理解书面语言和口头语言的对应关系，同时也会认识到书面语言的重要性。

（三）掌握早期阅读的技能，提高对书面语言的敏感水平

早期阅读技能，并不是那些具体字词的认识，也不是所谓的汉语拼音学习；而是幼儿将来全面学习书面语言所具备的基本学习策略的准备。幼儿获得的基本阅读技能包括以下几个方面。

1. 观察理解的技能

观察理解是幼儿早期阅读中最基本的能力。在阅读过程中，幼儿通过有顺序地翻阅图书，以观察理解画面内容。更主要的是，幼儿不但要理解单页画面内容，还要能够通过对画面上和画面间各个角色的表情、动作及他们的关系进行观察、分析、判断，从而明确画面与画面，画面与整个故事的关系，使阅读活动顺利开展下去。

2. 概括的技能

概括的技能是指幼儿在阅读完一本书后，能够讲述图画的主要内容。幼儿在阅读过程中需要对照前后画面的变化，寻找出画面与画面的相同点、不同点、衔接点，并在理解的基础上尝试用口头语言表达的形式，概括出图书的主要内容。

3. 预测的技能

预测的技能是指幼儿预测故事情节发展的技能，这种技能与故事续编有所不同。

续编是让幼儿对故事结尾做各种富有创造性的想象，想象的内容无对错之分。然而预测不同，它是要求幼儿在阅读图书开始部分时就敏锐地根据故事发生的事件性质、人物动作及表情准确地将故事的情节发展和结局预测出来，并且预测的结果要和图书开头相呼应。当然这种预测的技能对于幼儿的分析、推理、判断都提出了更高的要求。所以一般在大班以后开始培养。预测能力的提升可以有效地帮助他们理解具体的阅读内容，不断扩展其阅读经验。预测技能需在大量的阅读实践中慢慢发展。

四、早期阅读材料的选择

早期阅读材料是促进幼儿阅读能力发展的载体，直接决定了家庭及幼儿园开展阅读活动的质量。然而我国每年出版的儿童图书有上万种，早期阅读材料的数量如此巨大，其中难免鱼龙混杂，难以保证质量。如何为学前儿童选择合适的阅读材料逐渐成为幼儿园教师和家长关注的热点问题。法国文学史家保罗·亚哲尔认为，为儿童选择的图书应该是：忠实于艺术的书；可以解放儿童的心，使他们喜悦的书；能把人类高贵的感情吹进儿童心灵的书；承认游戏是重要的、不可或缺的活动的书；启发儿童天性的书；帮助儿童认识人性——人类心情的书；含有高尚道德的书。除此以外，教师还应提供更丰富的阅读材料，并将这些材料投放在图书区及儿童活动的各个区域。

（一）早期阅读材料选择的参考标准 ①

1. 内容方面

（1）是否贴近幼儿生活。

（2）是否符合幼儿兴趣。

（3）是否属于优秀的文化。

（4）是否涵盖自然常识教育、文学阅读教育、道德伦理教育、历史教育等。

2. 种类方面

（1）动用多种感官的视听材料：磁带、幻灯片等。

（2）来源于周围生活的社会性资料：广告、符号、标志灯。

（3）便于操作的活动性材料：文字拼图、图文接龙卡等。

（4）展示自我的幼儿自制资料：各类图书、自制录音带、标识、工具书、幼儿自编故事绘本等。

（5）生动有趣的象形资料（异形图书）：体现长颈鹿特征的"长形书"、描述蚕生长过程的"桑叶形书"等。

（6）起参考作用的工具资料：各类图文并茂的动植物知识宝典、交通工具知识宝典等。

（7）亲子活动资料等。

① 卢伟. 学前儿童语言教育活动指导 [M]. 3 版. 上海：复旦大学出版社，2013：107-109.

3. 形式方面

（1）材料的外观形式是否安全。

（2）材料的构图是否美观，易于观察且色彩适宜。

（3）材料的操作形式是否具有方便性、灵活性、可变性，是否刺激幼儿的多种感官，是否利于师生、生生、亲子共同活动。

4. 功能方面

（1）能提高大量的运用阅读基本技能的机会。

（2）能帮助幼儿理解阅读在现实生活中的价值。

（3）能激发幼儿与人交往的愿望。

（4）对幼儿今后的发展有潜在的积极影响。

（二）早期阅读材料选择的注意问题

1. 提高对阅读材料价值的认识

《纲要》中所体现的教育理念要求教师在早期阅读活动中起主导作用，教师对阅读材料价值的认识不足会直接影响到阅读活动开展的质量。研究发现，对阅读材料价值认识较高的教师能选择更适合幼儿的阅读材料，并更注重借助阅读材料与幼儿进行互动、交流，让幼儿在体验中理解作品。反之，教师容易选择不适宜幼儿的阅读材料，并更注重阅读材料中知识的传授，忽视幼儿的阅读兴趣和情感的体验。因而，要选择合适的阅读材料，提高阅读教学活动的质量，首先要提高教师对阅读材料的价值认识，让教师对阅读材料有全面而又科学的认识。

2. 熟悉不同年龄段幼儿的阅读兴趣和阅读特点

要为不同年龄段的幼儿选择适宜的读本或完成不同年龄段早期阅读活动的设计，均需要熟悉不同年龄阶段幼儿的身心发展特点和阅读特点，只有这样才能选出幼儿喜欢和参与度高的书本及活动。

3. 积极开展与阅读材料选择有关的学习和教研活动

教研活动是改进教学的有效途径，教师对阅读材料的认识、解析、反思有助于提高阅读教学活动的质量，但目前教研活动开展的质量有待提高。对于阅读材料的认识、把握和理解需要幼儿园多开展相关的教研活动来帮助教师提高早期阅读材料的解读能力。除此以外，就如何设计并组织好各类早期阅读活动，也需要通过开展相应的教研活动进行交流探讨。通过教研，教师更容易进行反思和批判自身不合理的认识，促进教师主动思考和完善正在进行的阅读教学活动，而这一过程本身也是提高阅读教学活动质量的过程。

五、早期阅读活动的主要形式

早期阅读活动有多种形式，可以根据幼儿当下的具体情况选择合适的形式。

（一）给班级幼儿朗读图画书

当教师持续为孩子读书时，至少有三件事情同时发生：首先，教师和幼儿建立了内在的联系，因为共读而拥有共同的精神情感密码；其次，教师的持续朗读使幼儿感到幸福快乐，在好书和幼儿心灵成长之间建立起了一座"通往特雷比西亚的桥"；最后，通过朗读使幼儿获得了最丰富的词汇量，词汇是阅读的前提，而阅读是教育的核心，每一项知识和技能的获得必须通过阅读这一关。教师可在图书角为儿童阅读；也可在午睡前为儿童阅读；还可在集体活动时间将纸质版图书与大屏幕电子书结合朗读。

（二）通过集体教学形式开展早期阅读活动

幼儿园中以集体教学的方式开展早期阅读的活动较多。当然，可以确定的是，集体阅读还是很有作用的。比如，当我们出示一些有关联的图片内容时，一个幼儿的表达毕竟是有限的，那么其余幼儿可以根据自己的想法再进行补充或者讲述，这样，整个讲述的内容就会比较全面。此外，集体的阅读活动中，教师的指导也会比较注重全面性。

（三）区域活动中的个别指导

在区域活动时，教师可以观察幼儿的独立阅读并适时指导，这样就能抓住每个孩子语言方面的特点，并进行有针对性的引导。

（四）以游戏的方式开展丰富多彩的主题阅读延伸活动

《纲要》中指出："教育活动内容的组织应充分考虑幼儿的学习特点和认知规律，各领域的内容要有机联系，相互渗透，注重综合性、趣味性、活动性，寓教育于生活、游戏之中。"这里，我们不难看出游戏的重要性。而游戏是幼儿最喜爱的活动，它最符合幼儿的年龄特点和心理特点。因此，我们可以阶段性地围绕阅读的相关主题开展丰富多彩的游戏活动，如绘本剧表演、手工制作、音乐欣赏等。

（五）利用多媒体进行阅读（听故事）

生活中，教师还可以在阅读活动中利用幻灯片、投影、录像等手段，让图书动起来，以此提升幼儿的阅读兴趣，使幼儿爱上阅读。

（六）与幼儿一起查阅图书

当幼儿遇到感兴趣的事物或问题时，教师可以和他一起查阅图书资料，让他感受到图书的作用，体会通过阅读获取信息的乐趣。

（七）家长与孩子进行"亲子阅读"

亲子阅读指的是父母亲给孩子朗读图书或和孩子围绕图书展开讨论、交流的一种分享性的、个别化的阅读活动。亲子阅读是早期阅读的重要组成部分，它是一种强调亲子间互动的阅读方式。通过家长和幼儿共同欣赏图画书，讲述其中的故事，交流讨论并引导孩子思考，使孩子的阅读能力尽快提高，人格得到健全发展的一种阅读教育方式，它对于幼儿的身心成长具有特殊的意义。

日本"图画书之父"松居直先生认为：绘本不是让孩子自己阅读的图书，绘本是大人读给孩子听的书，孩子用耳朵听语言，用眼睛看画面，用耳朵听到的语言世界和用眼睛看到的语言世界在孩子心里融为一体，绘本才真正产生。

不过，父母在朗读或"讲故事"之前，还要做好"功课"。首先，根据幼儿特点推荐适合的图书或让幼儿自己选取有兴趣的图书。其次，要熟悉所讲的故事，保证亲子共读的自然、流畅。再次，在朗读或讲故事的过程中，父母一定要全身心投入，除了绘声绘色地讲读外，须随时保持和幼儿进行目光交流，观察幼儿的反应，适时了解幼儿的感受和需求。

幼儿园要鼓励家长开展亲子阅读，并将教师处于指导、建议、协作、帮助的位置，把指导孩子进行"早期阅读"的好方法教给家长，配合家长培养孩子的早期阅读能力。

知识窗

亲子共读的概念并非新鲜，各地的故事团体训练出了一批批热情的故事妈妈。大家说故事的方式各不相同，有的故事妈妈对故事还未充分理解却夸张表演，有的讲完后如考试般向孩子提问。

小大有自己坚持的说故事方式，包括五不：不对着书本指指点点（学认字）；不破坏孩子欣赏图像；不做多余的动作；不中断；不考试。还有四要：忠实原味、真情投入、用心揣摩、自然演出。这是"最接近于阅读的方式"。

台湾的"小大读书会"（林真美创办）

第二节　早期阅读活动的组织与指导

案例导入

我爸爸

活动目标

（1）引导孩子看图片，喜欢阅读图画书，理解图书中所表达的内容，并大胆的表达表现。

（2）通过观察夸张、变形的图画，萌发孩子对爸爸的情感，爱自己的爸爸。

（3）让孩子体验父子亲情，爱自己的爸爸。

活动准备

绘本《我爸爸》

活动过程

1. 讲述和理解绘本故事《我爸爸》

（1）出示图片1（喝茶图片）引导幼儿观看。

（2）教师继续讲述故事，出示图片2（大灰狼）。

（3）教师继续讲述故事，出示图片3（跑步得第一名）。

（4）教师讲述故事，出示图片4（鱼）。

2. 自主阅读

提问：

（1）在书中你发现了爸爸什么样的本领？

（2）你最喜欢爸爸哪些本领？

3. 区域活动：阅读区

幼儿在每一日区域中阅读区选择绘本《我爸爸》。

4. 幼儿集体阅读

通过放轻音乐让幼儿跟随老师在饭前与饭后集体阅读故事。

5. 情景表演

幼儿进行情景表演，模仿爸爸的各种样子，通过情景表演萌发孩子对爸爸的情感。

问题

分析上述案例，思考如何组织早期阅读阅读？你同意以上早期阅读活动的步骤吗？教师应如何在早期阅读活动中做好指导工作？

一、早期阅读活动的环境创设

创设丰富、自由的阅读氛围会让幼儿的阅读行为自然地发生并帮助幼儿建立良好的阅读习惯。幼儿园阅读环境的创设可参考以下三个方面。

（一）位置

为幼儿设立专门的阅读区域，可选择教室内较安静的区域或半封闭的区域。所选的地方一定要光线充足，采光科学，光线过强或过弱都不适宜。同时，所选的地方应能容纳4人以上。

（二）材料

材料主要指适宜的图书及书架、书桌等。选择合适的位置后，接下来就需要投放相应的材料。

图8-1　阅读区/图片来源：幼师口袋

（1）安放适宜于幼儿取放且牢固的书架，书架要求色调温馨，材质结实，无安全隐患。建议书架是平铺展示书架，利于幼儿自主阅读。

（2）摆放适宜的图书。关于图书，主要指绘本，图书可根据年龄及主题变化不定期更换。阅读区的图书要适宜于幼儿并阶段性更换，也可以鼓励幼儿从家里带图书分享或和幼儿自编自创图书。

（3）相关的地垫、桌椅或靠枕。舒适的阅读环境会激发幼儿更多的阅读兴趣，阅读时间可低音播放适宜的背景音乐。

图 8-2　舒适的阅读环境 / 图片来源：幼师口袋

（三）墙面设计和阅读规则

必要的规则可使阅读活动更加有序，对于幼儿良好阅读习惯的培养也有积极的意义。幼儿园在阅读区一般会张贴相应的阅读公约或区域活动规则，如图书分类摆放的方式、阅读区的人数、进区阅读过程中及阅读完后需要注意的问题等等。

除了一定的物质环境外，良好的阅读环境中还需要教师经常阅读，起模范榜样作用。同时，教师要设固定时间的阅读活动，让阅读成为自然。

图 8-3　阅读区规则 / 图片来源：幼师口袋

二、早期阅读活动的设计与组织步骤

早期阅读活动是有目的、有计划的教育活动，科学适宜的早期阅读活动能促使幼儿产生积极有效的阅读学习。以狭义的早期阅读来讲，幼儿园的早期阅读活动可参考以下七个步骤设计和组织。

（一）创设情境，引发幼儿兴趣

创设情境的主要目的在于使幼儿在宽松愉悦的氛围中萌发对该阅读内容的兴趣和唤醒幼儿关于该内容的相关经验，为接下来的阅读活动做基础。创设情境导入的方法很多，如图片观察、语言游戏、角色表演、实物展示、聆听音乐等。

（二）幼儿独自阅读

若资源丰富，书本数量充足，在早期阅读活动开始时，教师可以首先创设让幼儿自己阅读的机会，让每个幼儿都有机会自由地接近阅读活动的内容，观察认识阅读对象，获取有关信息。具体来讲，即幼儿可在教师的指导下独自阅读本节课的阅读书本。教师可以提出观察及阅读要求，也可以通过操作演示等方法引导幼儿完整、安静地阅读。

（三）师幼共读

在幼儿自己阅读完毕后，教师可视情况以小组或集体的方式和幼儿一起阅读。其目的是在幼儿自己观察认识接触到的信息的基础上，带领幼儿进一步学习理解这些信息。

（四）围绕重点内容开展活动

师幼共读后，教师可以以多种形式组织幼儿围绕重点开展活动，如讨论、表演、游戏、再创造等。

1. 进行开放性讨论

不同的故事素材对于幼儿的故事理解能力有不同的影响，越是贴近幼儿知识经验的故事，幼儿所表现出的故事理解水平越高。同时，通过对故事情节的开放性讨论，不仅可以了解幼儿对故事的理解程度，也可以帮助幼儿提高故事理解能力。

讨论时，教师可适时提出问题让幼儿思考。和儿童文学作品学习一样，教师也可以使用三层次提问法。第一，描述性提问。即需要幼儿对所读内容进行回忆，并用语言描述。如读完《想吃苹果的鼠小弟》，教师就可以问幼儿："都有谁吃过苹果，它们都是怎样拿到苹果的？"第二，思考性提问。这类问题常见的句式是"为什么……？"第三，假设性提问。这类问题常见的句式是"假如……？"

2. 改编、续编和创编阅读内容

根据幼儿的不同发展特点及阅读能力，教师可在师生共读后，带领幼儿对阅读内容进行再创造。当幼儿能够找到故事中可以被改编的要点时，说明幼儿已经发现了故事的关键要素——时间、地点、人物、情节发展的重要条件等，即幼儿已经具备了一定的阅读准备策略。

3. 请幼儿表演阅读内容

表演也是为了帮助幼儿更深入的理解阅读内容。图画书是一种用图画和文字共同讲述故事的文学形式，其特点在于图画和文字相互补充和说明。许多文字不能或者不想表达的信息，通过图画都能表达得淋漓尽致。而幼儿对于图画的理解，如果能够通过肢体动作、语言等表现出来，则可以更好地体现幼儿对于阅读内容的理解。

（五）完整阅读

给幼儿讲述完整的故事能够帮助幼儿更好地理解故事的发展线索、搭建完整的故事结构，以及更好地积累故事素材。虽然激发幼儿主动参与阅读的对话式教学在一定程度上可以帮助幼儿明确阅读、思考的方法，为幼儿观察图画、提取主要信息做出示范，但也存在着一定弊端。

将图画书的阅读简化成看图画、猜文字的游戏，容易让一次完整的阅读理解过程变成单幅图的看图说话，使幼儿的阅读理解停留在对一幅画或几幅画的理解上，而不是对整个图画书、整个儿童文学作品的故事结构、思想内涵等的理解和赏析上。当教师过分强调阅读观察和对图文关系理解的技巧时，往往会忽视幼儿急于读下去的愿望。而这种愿望，正是早期阅读需要培养和支持的主要内容。

（六）归纳阅读内容

归纳阅读内容是总结性的活动，是整个阅读活动不可缺少的部分。归纳阅读内容的方式有很多种，如游戏式、对话式、竞赛式、展示式等。

（七）活动延伸

延伸活动的目的是延续幼儿的学习兴趣，帮助幼儿在生活中应用。延伸活动可以在区角进行，也可以在日常生活和教育活动中开展，还可以在家庭亲子活动中实施。

三、早期阅读活动的指导要点

（一）使幼儿能感受到阅读的快乐，萌发对阅读的兴趣

兴趣是最好的老师，激发兴趣是最重要、最有效的指导方式之一。课前，教师可采用情境教学法，根据活动目标和内容，设置或选择一定的情境，通过情景提出问题，引导幼儿思考激发阅读兴趣，调动幼儿的学习经验。另外，阅读过程中或最后总结时，还可以通过竞赛、表演等提高幼儿深入阅读的兴趣。

（二）使幼儿能在不断的交流和交往中提升阅读能力

阅读能力的提高是在不断地交流和交往活动中完成的，这样的活动包括教师引读、师幼共读、幼儿自读、亲子阅读、幼幼同读等。阅读中的讨论就是促进幼儿展开交流的一种方法，幼儿在讨论中学习，相互交流看法，相互启发，相互学习。

在幼幼同读中，可采用"本班交流""跨班级交流"的形式，即在实施早期阅读活动的过程中，不仅本班幼儿可以相互交流，还可以引导大班幼儿将自己制作的阅读材料（自制图书等）带到中班、小班去。

（三）幼儿能将阅读所积累的生活经验应用于日常生活和学习

幼儿的阅读过程实际上是一个积累过渡的过程，它积累的是生活经验，运用的是

阅读综合技能，发展的是终身学习的能力。所以在幼儿园的日常生活中，教师要引导幼儿细心观察生活，植根生活品味阅读，同时引导幼儿将所读内容应用于生活。如带幼儿春游时，可携带有关春天的图画书或根据所读图画书的内容在大自然中寻找春天。

（四）创设丰富的阅读环境并给予个性化的阅读

在课堂上我们常常发现幼儿间的阅读能力是有较大差异的，交流讨论时幼儿会有许多不同的观点。对此，我们首先需要创设多元的阅读环境，让不同能力的幼儿选择最适宜的阅读方式。同时，认真聆听每个幼儿的观点，给予足够的尊重和引导，以帮助其更好地成长。

第三节　幼儿园早期阅读活动案例

一、案例：抱抱（小班）

设计意图

《抱抱》是一个情节简单、角色分明、温馨和谐、感染力十足的图像故事，通过动物亲子的互动拥抱，勾起了小猩猩让妈妈抱抱的渴望。小猩猩看见动物们都用他们特有的方式享受着相互拥抱的温馨时刻，小猩猩再也忍不住号啕大哭，直到猩猩妈妈的出现，并及时拥抱了他，才纾解了小猩猩的思念之情。

绘本中只出现"抱抱""妈妈"和"宝宝"三个简单而重复的词语，却生动地勾勒出温馨的故事氛围。一个简单的故事，却蕴含着和乐、温暖的人际关系，为幼儿积累了感性经验，特别适合小班上学期的小朋友开展。

活动围绕"谈谈抱抱—欣赏绘本—理解画面—体验抱抱"的模式进行教学，让孩子们在听一听、说一说、抱一抱的过程中大胆讲述，快乐参与，对抱抱产生积极、美好的情绪和情感体验。

活动目标

（1）通过观察画面，能理解故事内容。

（2）能尝试大胆地学说："和妈妈 × 一 ×，真开心。"

（3）体验拥抱带来的愉悦感受。

活动准备

物质材料：绘本、PPT

知识经验准备：幼儿了解蛇、大象等常见动物的特点

座位：U 字形

活动过程

1. 情景导入，感受抱抱带来的快乐

过渡提问：你们喜欢抱抱吗？喜欢跟谁抱抱？为什么喜欢抱抱？

小结：小朋友们都喜欢抱抱，喜欢和爸爸妈妈、爷爷奶奶抱抱，因为抱抱很舒服，抱抱很开心，抱抱很快乐。

2. 看看讲讲，听听学学，感受动物间不同的拥抱方式

（1）观看多媒体，观察、模仿、理解大象和长颈鹿的拥抱方式。

过渡：今天老师也要带来一个抱抱的故事。故事的主人公是一只小猩猩，这个小猩猩有点调皮，他悄悄地离开了妈妈，一个人跑到大森林里去玩了。

提问：

①瞧，小猩猩看见了谁？他们在干什么？（幼儿可能回答抱在一起）

追问：你们看看他们是用什么抱的？鼻子是怎么抱在一起的？是什么心情？小象会对妈妈说什么呢？（师生互动，模仿大象拥抱）

②又看到谁了？小长颈鹿是怎么拥抱妈妈的？他们抱在一起的感觉怎么样？小长颈鹿会对妈妈说什么？妈妈又会说什么呢？（生生互动，模仿长颈鹿拥抱）

小结：小象和妈妈用鼻子勾一勾，真开心；长颈鹿和妈妈用头碰一碰，真开心。

（2）根据画面猜测，理解蛇的拥抱方式。

过渡提问：看，谁来了？蛇是怎么抱抱的？他们之间又会说什么？（用毛梗模仿蛇的拥抱）

小结：蛇用身体绕一绕来给对方温暖。

（3）小猩猩找妈妈，理解他也渴望被拥抱的心情。

过渡提问：小猩猩看着动物们都用他们特有的方式享受着相互抱抱的温馨，这时他怎么了？为什么不开心？他会怎么想？

过渡：小象、小蛇、小长颈鹿都在和自己的妈妈抱抱，可是小猩猩没有。他再也忍不住了，他怎么了？——小猩猩一直哭个不停，小动物没有办法了，你们快帮帮他吧！帮他一起喊"妈妈"。（请孩子帮助小猩猩喊出妈妈）

小结：看！谁来了？——妈妈伸出长胳膊，飞一样地跑过来，大声喊着——"宝宝！"小猩猩也喊着——"妈妈！"大步冲向了妈妈的怀抱。小猩猩趴在妈妈的怀里，妈妈的怀抱真温暖呀！小猩猩悄悄地对妈妈说了一句话，猜，他说了什么？——"和妈妈抱一抱，真开心！"

3. 一起抱抱，再次感受和同伴老师拥抱的快乐

原来一个抱抱可以让人感到如此温暖，我们一起来一个大大的拥抱，然后和后面的老师也一起抱抱，回到家后也给自己的爸爸妈妈一个抱抱好吗？

（资料来源：济南市天天阳光幼儿园　周华）

二、案例：彩虹色的花（大班）

活动目标

（1）理解故事情节，能用适当的语言表达自己对作品的理解和感受。

（2）感受故事中彩虹色的花与他人分享快乐、尽力帮助他人的美好情感。

（3）懂得乐于助人是一种永恒的美，并愿意这么做。

活动准备

《彩虹色的花》教学课件，与作品基调相匹配的音乐、图片

活动过程

1.通过图片对比，激发幼儿听故事的兴趣

（1）教师：原野上，有一朵非常美丽的花，你们觉得她美吗？美在哪呢？（出示美丽的花，引导幼儿说出花是七彩的，就像天空中的彩虹）

（2）教师：可是，这朵美丽的花最后却枯萎凋零变成了这样，（出示枯萎凋零的花）这是为什么呢？让我们一起到故事中去寻找答案吧！

（指导策略：兴趣是激发幼儿主动学习的最佳途径，通过对比图片，可以调动幼儿的好奇心，同时设置了悬念，让幼儿带着疑问来倾听故事，出示的两种截然不同的花的图片还起到了前后呼应的作用。）

2.讲述故事，引导幼儿理解故事内容

（1）（幻灯片1）引出故事题目"彩虹色的花"。

（2）（幻灯片2）教师讲述故事并提问：彩虹色的花心情怎么样？她想干什么？接下来让我们一起看看彩虹色的花会和谁一起分享快乐呢？

（3）帮助蚂蚁。（幻灯片3）教师：瞧，谁来了？小蚂蚁现在要去奶奶家，可是怎么才能过原野中间的水洼呢？幼儿猜测交流。（幻灯片4）原来彩虹色的花用一片花瓣当小船，帮助小蚂蚁成功划过了水洼。

（4）帮助蜥蜴。（幻灯片5）教师：咦，这是什么动物？他的表情看上去怎么样？我们一起问问他遇到了什么困难（播放蜥蜴录音，并引导幼儿理解"宴会"一词）。彩虹色的花会怎么帮助它呢？幼儿讨论交流。（幻灯片6）蜥蜴现在的表情怎么样了？

（5）帮助老鼠、鸟妈妈、刺猬。（幻灯片7~9）教师：还有哪些小动物得到了彩虹色的花的帮助？他们请彩虹色的花帮的什么忙？幼儿自由观察交流。

（6）教师小结：当小动物们遇到困难需要帮助的时候，彩虹色的花心甘情愿地把自己美丽的花瓣一片片摘下来送给他们。（幻灯片10）现在，她只剩下几片花瓣了？看到这朵残缺的花，你心里有什么感觉？那彩虹色的花自己心里又是什么感觉呢？你们现在觉得这朵花美不美呢？为什么？她还会把花瓣送给其他需要帮助的小动物吗？

（7）教师：这真是一朵善良、充满爱心而又乐于助人的小花呀！（依次出示幻灯片10~12，并加入低沉的音乐）教师继续讲述故事。

（8）教师提问：他们的心里为什么会觉得渐渐温暖起来呢？幼儿述说。

（9）教师小结：原来大家都想起了彩虹色的花曾经给过自己帮助，乐于助人不仅是一件快乐的事情，而且还能给人留下美好的回忆。

（指导策略：本环节前半部分采用的是分段讲述故事，引导幼儿观察猜测彩虹色的花与他人分享快乐的过程。在幼儿熟悉了故事的基础上，再通过自主观察交流，让幼儿在层层递进中进一步理解故事情节，感受故事内容，较好地体现了幼儿在活动中的主体地位。同时，在倾听故事时，背景音乐的运用较好地渲染了气氛，很多幼儿都沉浸在对彩虹色的花逝去的感伤中，情感体验非常到位。）

3. 完整朗读绘本（可播放背景音乐）

4. 通过讨论，引导幼儿迁移情感和扩展经验

师提问：小朋友们，在生活中你帮助过别人吗？你是怎么帮的呢？幼儿讨论交流。

师小结：我们小朋友在生活中也要互帮互助，这样别人就会感谢你，同时还会记住你对他的帮助的。

师：其实在我们的身边还有许许多多乐于助人、无私奉献的人呢！我们一起来看一下！（出示图片）

医生——救死扶伤，帮助病人看病。

老师——孜孜不倦，帮助我们学习更多的本领。

警察——兢兢业业，帮助我们抓坏人。

（指导策略：在孩子们懂得了彩虹色的花对别人的帮助后，进一步迁移幼儿的情感经验，让幼儿说一说自己在现实生活中对别人的帮助，从而明白乐于助人是一种永恒的美。最后环节欣赏图片则是幼儿情感的升华，使其知道我们的身边还存在许许多多这样爱帮助别人的人。）

（资料来源：济南市天天阳光幼儿园　周华）

本章小结

早期阅读活动是指以 0~6 岁幼儿自身经验为基础，在适当情景中，通过其对文字、符号、标记、图片、影像等材料的认读、理解和运用，对幼儿身心所施加的一种有目的、有组织、有计划的影响活动。这不是单纯的看书、识字活动，而是一种结构相对完整、体系相对独立、能促进幼儿全面和谐发展的活动。早期阅读活动具有符号性和多位感知、理解性和情感体验、活动性和创造实践三个特点。依据幼儿语言发展的一般规律和早期阅读活动的特点可将早期阅读活动的目标分为情感态度目标、认知目标、能力目标三大维度。要围绕目标选择丰富、适宜的早期阅读活动材料，同时运用多元的阅读方式开展活动。

早期阅读活动是有目的、有计划的教育活动。科学适宜的早期阅读活动能促使幼儿产生积极有效的阅读学习。因此，在生活和教学中，我们不仅要为幼儿创设丰富的阅读环境，更要认真细致地设计自己的课程。在早期阅读的集体教学活动中，我们可按照以下七个步骤开展教学：创设情景，激发兴趣；幼儿独立阅读；师幼共读；围绕重点内容开展活动；完整阅读；归纳阅读内容；活动延伸。同时在教学过程中可从四个方面给予幼儿有效指导。第一，激发兴趣——每个幼儿能感受到阅读的快乐，萌发对阅读的兴趣。第二，促进交流——幼儿能在不断的交流和交往中提升阅读能力。第三，鼓励应用——幼儿能将阅读所积累的生活经验和学习能力应用于日常生活和学习。第四，尊重差异——创设丰富的阅读环境并给予个性化的阅读引导以满足不同幼儿的需要和阅读特点。

思考与练习

1. 简述早期阅读活动的概念。
2. 早期阅读活动有什么特点？
3. 简述幼儿园早期阅读活动的目标。
4. 简述幼儿园早期阅读活动的主要形式。
5. 简述幼儿园早期阅读环境创设的要点。
6. 简述幼儿园早期阅读活动集体教学的七个步骤。
7. 简述幼儿园早期阅读活动的指导要点。

第九章　幼儿园听说游戏活动

关键词

听说游戏；设计要点；实施的基本程序和步骤

学习目标

1. 了解幼儿园听说游戏活动的概念、种类。
2. 掌握幼儿园听说游戏活动的设计要点。
3. 能够设计并组织幼儿园听说游戏活动。

知识结构图

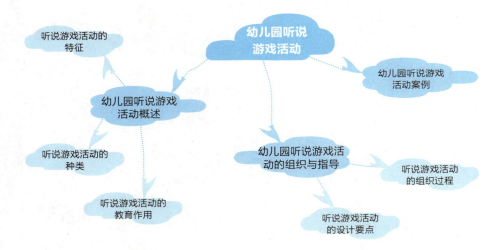

　　本章共分三节，分别是幼儿园听说游戏活动的概述、幼儿园听说游戏活动的组织与指导、实际案例的评价和分析。学习本章首先要了解幼儿园游戏活动的内涵和种类，其次要掌握幼儿园听说游戏活动的设计要点和组织过程。在此基础上，能够分析和评价幼儿园听说游戏活动等案例，做到学以致用。

第一节　幼儿园听说游戏活动概述

案例导入

顶锅盖（中班）①

游戏目的：能发准"盖、怪、菜"等容易混淆的音；学习集中注意力倾听。

游戏准备：幼儿对菜肴名有一定的积累。

游戏玩法和规则：

1. 教师带领幼儿一起学念儿歌，注意帮助幼儿发准"盖、怪、菜"等容易混淆的音。

2. 向幼儿讲解游戏玩法和规则。

（1）两人合作玩游戏：教师用手掌做锅盖，请另一人用食指顶着手掌锅盖。

（2）儿歌念完后，手掌锅盖马上去抓顶着锅盖的食指，同时食指也要赶紧缩回，不让锅盖抓住。

（3）若被抓住，就问："烧的什么菜？"被抓住者必须说出一道菜名，双方才能交换角色，继续游戏。

3. 请3~5名幼儿做顶锅盖的人与教师玩游戏，进一步讲清游戏规则。

4. 幼儿自由结伴进行游戏，鼓励幼儿流畅地讲出各种菜肴名称，迅速敏捷地做出反应。

附儿歌：

顶锅盖

顶锅盖，油炒菜，辣椒辣了不要怪。

噗！一口风。噗！两口风。噗！三口风。

问题

上述案例属于语言教育活动中的什么类型？它与语言游戏有区别吗？有什么区别？

　　所谓语言游戏，有一种相对固定的概念，是指幼儿在语言发展过程中自发地玩弄和操练语音、语词的一种现象。而听说游戏活动不是儿童自发组织的游戏，它是由教师有目的地设计和组织，幼儿有兴趣并自愿参加的教学游戏活动。因此，上述案例不是语言游戏，而是语言教育活动中的听说游戏活动。

　　听说游戏活动是一种特殊形式的语言教育活动，活动的目标是以培养幼儿的倾听和表达能力为主，活动的内容主要集中在听和说的理解和表达方面。它是用游戏的方

---

① 张加蓉，卢伟．学前儿童语言教育活动指导 [M]．3 版．上海：复旦大学出版社，2013：126.

式组织幼儿进行的语言教育活动，含有较多的规则游戏的成分，能够较好地吸引幼儿参与到语言学习的活动中去，并在积极愉快的活动中完成语言学习的任务。

一、听说游戏活动的特征

（一）具有明确的语言教育目标

听说游戏有明确的语言教育目标，每一个听说游戏都包含着对语言学习的具体要求。教师根据幼儿语言的发展水平和语言学习需要设计听说游戏活动的语言教育目标，并且围绕着目标设计组织语言游戏活动，将目标落实到幼儿接受理解和尝试掌握的教育过程中。例如，幼儿教师选择设计发音游戏，就是为了帮助小班幼儿正确掌握发音。

（二）具有清楚的游戏规则

规则是为实现语言的教学任务而制定的，是对游戏者在游戏中被允许或者被禁止的某些特定活动的规定。教师在设计听说游戏时，根据具体的教育目标，选择适当的语言学习内容，并将本次活动的语言学习重点转化为一定的游戏规则。当幼儿参与听说游戏时，他们必须遵守一定的游戏规则，在游戏活动中锻炼听说能力。

（三）活动过程中逐步扩大游戏的成分

听说游戏活动兼有游戏和活动的双重性质，从活动组织形式上看，具有从活动入手，逐步扩大游戏成分的特征。由于听说游戏活动带有明确的学习任务，活动开始时，教师需要帮助幼儿理解活动的内容，交代游戏的规则，并且示范游戏的玩法，然后带领幼儿开展游戏，在幼儿熟悉并逐步掌握游戏规则后，再放手让幼儿独立进行游戏。

二、听说游戏活动的种类

听说游戏，顾名思义，是以培养幼儿倾听和表达能力为主要目标的教育活动，一种是侧重"听"的教学游戏，另一种侧重"说"的教学游戏。但在具体的听说游戏活动中，既有"听"，又有"说"，二者是互相依存、共同发展的。按照语言教学游戏对幼儿语言发展起的作用，可以将听说游戏活动分为以下不同类型。

（一）语音练习游戏

语音游戏是以练习幼儿正确发音，提高幼儿辨音能力为目的的一种活动。它的形式和结构都较简单，着重为幼儿提供练习发音的机会，以利于幼儿学习和复习巩固发音。在此类游戏活动中，可以让幼儿着重练习他们感到困难的或者容易发错的语音，也可以组织幼儿进行方言干扰音的练习、普通话声调的练习等等，要注意每次练习的语音不要过多，以免难度过大，影响幼儿学习发音的效果。例如，小班幼儿普通话的难点主要有"zh""ch""sh""r"几个声母，教师可以根据幼儿的实际情况，选取这些声母与一定的韵母相结合的音节，设计一些游戏活动。如小班听说游戏活动"卖柿子"就较好地利用游戏的形式帮助幼儿掌握这些难发的音。

小案例

卖柿子（小班）

游戏目的：正确区分平翘舌音，发准柿、涩、子等字的音，分清买和卖两个字音，提高幼儿的发音能力。

游戏准备：柿子的图片，篮子

游戏玩法：教师提着篮子，说："柿子成熟的季节到了。看！老师这里有一篮柿子要去卖。我的柿子又香又甜，一点也不涩，谁来买我的柿子呀？"幼儿围成一圈坐好，教师扮演"卖柿人"，手中提着装有柿子图片的篮子，站在圆圈中间。

全体幼儿一起说儿歌，儿歌说完后，"卖柿人"走到一名坐着的幼儿面前，问："请问你要买柿子吗？"幼儿要问："你的柿子涩不涩？""卖柿人"回答："不涩，不涩，你要买几个？"幼儿说出要买的数量，"卖柿人"按数量卖给他。之后两人交换位置，游戏重新开始。

游戏规则："sh""s""z"的音要发准确。

备注：柿子红，柿子黄，柿子柿子甜如糖。

（二）词汇练习游戏

这类游戏是以丰富幼儿的词汇和正确运用词汇为目的。幼儿语言学习的一个重要方面是大量积累词汇，增加口语表达的内容。应该说，幼儿的词汇是在日常生活经验的积累过程中逐步地增长起来的。这类集中学习词汇的游戏，着重引导幼儿练习词汇运用的经验。用听说游戏的活动方式帮助幼儿学习词汇，是专门考察幼儿对词汇敏感程度的机会。

小案例

奇妙的口袋（小班）

游戏目的：能正确运用抱、开、摇、吹等动词，学说完整的短句。

游戏准备：神秘袋一只。

游戏玩法：教师拿出口袋念儿歌："奇妙的口袋东西多，让我先来摸一摸。摸一摸，摸出看看是什么？"教师摸出皮球，问："这是什么？"（这是皮球）教师再拍皮球问："老师在做什么？"（老师在拍皮球）

教师念儿歌："奇妙的口袋东西多，小朋友都来摸一摸。"当幼儿摸出玩具后，要求幼儿说出玩具名称以及相应的玩法及动作。

游戏规则：每次只能摸出一样玩具。

（三）句子和语法练习游戏

幼儿在学前阶段大量地积累句型，按照语法规则组词成句，这是他们语法习得和发展的重要阶段。一般来说，幼儿将从简单句过渡到复合句，不管是哪种句型，幼儿都需要经过一定的练习才能理解并正确运用这些句型。幼儿在日常生活中可能获得运用句法的机会，而听说游戏是有意识地帮助幼儿练习，可以让他们通过专门地、集中地学习，迅速地把握某一种句法的特点规律，并在尝试运用过程中提高熟练使用的水平。在游戏中学习句型，设定一定的激励机制，幼儿可以产生较高的积极性。

 小案例

悄悄话（大班）

游戏目的：通过传话游戏，培养幼儿良好的倾听和表达能力。通过竞赛，引导幼儿养成良好的团队合作精神。

游戏准备：一些游戏需要的短语或句子。

游戏玩法：教师和小朋友围成一个圈坐在一起。教师先把悄悄话说给旁边的小朋友听，依次传给后面的小朋友听。最后一位小朋友说出听到的句子，教师检查是否与最初的句子一致。

分组竞赛：将幼儿分成四组，纵队排开，告诉每排第一个幼儿相同的图片，幼儿用肢体语言表演给第二名幼儿，直到最后一名幼儿。哪组完成得最快，且传话正确，哪组就获胜。

游戏规则：传话的时候一个接一个地传，同时要仔细听，说清楚。

（四）描述练习游戏

描述练习游戏是以训练幼儿用比较连贯的语言具体形象地描述事物，提高幼儿的口语表达能力为目的的游戏。它要求幼儿语言完整、连贯，具有一定的描述能力。如大班听说游戏"金锁银锁"，通过让幼儿念儿歌，以对答的形式帮助幼儿学习用简短而有节奏的词语形容和描述一件事物。

 小案例

金锁银锁（大班）

游戏目标：学会用三个字的词语形容和描述一件事物。明确并遵守游戏规则，体验合作游戏的快乐。

游戏准备：幼儿已经学会儿歌《金锁银锁》，认识锁和钥匙。自制的神秘箱子、各种锁。

游戏玩法：教师请小朋友手拉手围成一个圆圈当作神奇的锁，手拉手的两位小朋友要想好自己组成的是什么锁。两位教师扮演钥匙，一个站圆圈里，一个站圆圈外，和所有小朋友一起边念儿歌边用手做开锁的动作。

游戏规则：如果扮演钥匙的人成功开锁，就可以扮演锁，如果失败了就要被冰冻5秒钟。

备注：金锁锁，银锁锁，两把钥匙一把锁，咔嚓咔嚓把它锁，小朋友快点来开锁。

（五）故事表演游戏

故事表演游戏主要是由教师组织的，以帮助幼儿理解并使用文学语言，发展幼儿在人前自然、大方说话为主要目的的游戏。它不同于创造性游戏中的表演游戏，不是幼儿自发、自娱的，而是教师创编的，有着明确的教育意图的活动。故事表演游戏将知识的传授与娱乐、游戏相结合，引导幼儿主动探索，获得有关经验，使幼儿真正地成为活动的主人，有利于激发幼儿学习的主动性、积极性，使幼儿在教育活动中始终处于主动学习的状态。

小案例

大刀将军（大班）①

游戏目的：根据不同角色特点，用适宜的声音说台词；配合音乐，有创意地设计动作；主动参与表演，体验表演的乐趣。

游戏准备

物质准备：可粘贴的挂图，小白菜、小蜜蜂、小蜻蜓、小青蛙、大刀将军的头饰，以及所需要的道具和菜园的小场景。

知识准备：幼儿已基本能讲述故事，并能够了解几种角色的基本特征。

游戏玩法

一是介绍游戏。"声音化妆"游戏，即在复习故事的基础上，结合故事情境，老师引导小朋友展开想象，模仿不同的小动物的声音。例如：扮演小蜜蜂的时候，声音会变得细细的、轻轻的；扮演青蛙的时候，声音是清脆的；扮演螳螂的时候，声音是上扬的。

二是将故事和表演结合在一起。加入音乐，教师启发幼儿大胆为角色设计动作，展示动作，跟随音乐一起做动作，体验表演游戏的快乐。

185

---

① 张加蓉，卢伟.学前儿童语言教育活动指导 [M].3 版 .上海：复旦大学出版社，2013：128.

　　三是分组进行故事表演游戏。戴上头饰以及道具，在教师的协助下，幼儿自主选择角色，并组成多个表演组，分组表演。

三、听说游戏活动的教育作用

1. 激发幼儿学习语言的兴趣

　　游戏是幼儿的主导活动，是幼儿园的基本活动和主要活动形式。寓教于乐是实现幼儿园教育目标的重要途径。听说游戏把语言训练的任务与游戏结合，教师留给幼儿更多的游戏空间，更好地贴近幼儿的学习特点，使幼儿在轻松愉快的氛围中进行学习，以激发幼儿学习语言的兴趣，增强学习语言的主动性和积极性，从而提高学习语言的效果。

2. 促进幼儿认知能力的发展

　　从语言与认知的关系来看，语言是思维的工具，幼儿早期的语言能力是他们认知发展的重要标志。从游戏的分类来看，听说游戏属于智力游戏的一种，是发展幼儿认知的重要手段。在游戏中，幼儿要按照教师的要求，理解游戏的玩法和规则，这些都需要感知、记忆、想象、思维等活动的参与。一个好的听说游戏，可以使幼儿在愉快的情绪伴随下，锻炼思维的敏捷性和灵活性，养成乐于动脑、动手、动口的习惯。

3. 提高幼儿的语言能力

　　《纲要》中明确指出："语言能力是在运用的过程中发展起来的，发展幼儿语言的关键是创设一个能使他们想说、敢说、喜欢说、有机会说并能得到积极应答的环境。"游戏的环境则是一种无压力的、轻松愉快的环境，而听说游戏又为幼儿提供了语言实践的机会，可以说，听说游戏是实现语言教育目标的重要途径。

第二节　幼儿园听说游戏活动的组织与指导

 案例导入

会变的脸（小班）[1]

　　游戏目的：能合理地拼贴人的五官，学习辨别、讲述各种丰富的表情；能用简单句讲述拼贴内容。

　　游戏准备：没有五官的脸几张、各种表情形态的五官数种。

① 张加蓉，卢伟. 学前儿童语言教育活动指导 [M]. 3 版. 上海：复旦大学出版社，2013：129.

游戏玩法：游戏时，幼儿先取娃娃脸放在桌子上，然后在盒子中任意选择象征不同表情的眼睛、嘴巴、鼻子，放在合理的位置；仔细观察娃娃的表情，学习用语言表达出来。如拼出的是笑脸，便说娃娃笑了。

游戏规则：拼贴时，要把五官摆放在相应位置；摆放完要正确说出娃娃的表情。

问题

听说游戏包括哪几个重要的部分？听说游戏的设计要点和组织结构是什么？

随着幼儿教师专业水平的提高和课程建设的需要，在实际的工作中，教师既可以依据语言教育的目标和不同年龄幼儿语言发展的一般特点选择现有的语言教学游戏作为教学内容，又可以根据本地区和本班幼儿语言的实际水平自编语言教学游戏，使语言教育更具有针对性。这就需要我们初步了解语言教学游戏的设计要点，以便进行教学设计。

一、听说游戏活动的设计要点

一个完整的语言听说游戏一般包括游戏目标、游戏准备、游戏玩法、游戏规则四个部分，趣味性一般体现在游戏玩法中。一个完整的语言听说游戏首先要有明确的语言教育目标，游戏的目标可以是单一的（只练习听音或者说等某个方面），也可以是综合的（如既要听音，又要发音等）；其次，游戏的内容、规则、玩法要明确，使幼儿能在游戏中按照游戏的规则、步骤完成游戏内容，顺利地实现语言听说游戏的目标；再次，要注意游戏的趣味性，因为只有做到有趣，幼儿才能乐玩、爱玩，在玩中受益；最后，教师要根据游戏内容的需要，准备好教具，使游戏形象、生动，具有吸引力。

二、听说游戏活动的组织过程

听说游戏活动的设计与实施有其独特的规律，按照下列结构去设计实施活动，可以产生更好的教育效果。

（一）创设游戏情境

在听说游戏开始时，教师需要调动一些手段去设置游戏情境，如用物品、动作或语言创设游戏情境，目的在于向幼儿展示听说游戏的氛围，引发幼儿参与游戏的兴趣。

1. 用物品创设游戏情境

教师使用一些与听说游戏有关的物品，如玩具、日用品等，布置游戏的情境，制造游戏的氛围，引发幼儿参与游戏的兴趣。

2. 用动作创设游戏情境

教师用动作表演，让幼儿想象出游戏的角色，或者游戏的场景，进而营造游戏情境的气氛。

3. 用语言创设游戏情境

教师通过自己所说的话，直接描述或指出游戏中的角色，以及所处的环境。比如，小班听说游戏活动"水果在哪里"，教师直接对小朋友说："秋天里，水果丰收了，我们和小动物一起到果园里去摘水果吧！"教师通过语言引导幼儿进入角色，营造游戏的气氛，同样可以达到创设游戏情境的作用。

（二）交代游戏规则，明确游戏玩法

在创设游戏情境之后，教师接着就要向幼儿交代游戏的规则，这一步骤的目的是要幼儿通过教师布置的任务、讲解要求，明确游戏的玩法。教师通过用讲解和示范相结合的方式，引导幼儿理解游戏的规则。

教师在交代游戏规则时要注意：第一，用简洁明了的语言讲解。在交代游戏规则时，切忌啰唆、冗长的解释，以免幼儿抓不住要领，不能及时领悟理解游戏规则，影响游戏的进程。第二，要讲清楚听说游戏的规则要点和游戏的开展顺序。听说游戏的规则要点一般都是游戏中幼儿要按照规范说话，教师应当让幼儿基本明白说什么和怎么说，以便他们能够在参与游戏时付诸实践。同时，要帮助幼儿清楚地理解先做什么，后做什么，什么角色做什么，这样他们才能够顺利地开展活动。第三，教师用较慢的语速进行讲解和示范。教师在交代游戏规则时使用的语言应当是速度相对较慢的语言，尤其是针对游戏规则回答问题或说一句话时，一定要保证让幼儿听清楚，因为这种语言带有示范的性质。

（三）指导幼儿游戏

教师带领幼儿开展游戏，是一种以教师为主导指导幼儿游戏的过程。在这一段时间内，教师在游戏中充当重要的角色，可以掌握游戏的进程。此时，幼儿可以部分地参与游戏过程，即一部分幼儿参加游戏，实行轮换，这样可使幼儿有观察学习的机会；也可以是全体幼儿参加游戏的一部分，待幼儿熟悉游戏的规则和玩法后再参加全部游戏。

教师指导幼儿游戏，有利于幼儿在活动过程中，熟悉游戏规则，进一步明确和掌握游戏的玩法，掌握在游戏中运用语言交往的基本思路，从而为独立开展听说游戏做好充分的准备。

（四）幼儿自主游戏

通过前面三个步骤的活动，幼儿已经比较熟悉并掌握游戏的规则和玩法，具备独自开展听说游戏的基础。在幼儿自主游戏的阶段，教师可以放手让幼儿自己开展活动。此时，教师已从游戏领导者的身份退出，处于旁观者的地位。在观察幼儿游戏时，注意对个别不熟悉规则和玩法的幼儿进行及时的指导点拨，帮助这些幼儿更快地加入游戏中去。教师还要注意及时解决游戏中可能出现的矛盾和纠纷，以免因角色分配不当或其他问题影响游戏的顺利进行。此外，教师应对幼儿的游戏行为进行及时的评价，教师对幼儿游戏行为的评价和态度能激发幼儿游戏的积极性，促使幼儿更加主动、积

极地活动，圆满地完成听说游戏的教育任务。

第三节　幼儿园听说游戏活动案例

一、案例：蚂蚁搬豆（小班）①

设计意图

一天，户外活动时，郝韵发现墙角处有一群小蚂蚁，小朋友们都纷纷围了上去，兴高采烈地谈论着。只听郑元帅说："小蚂蚁爱吃虫子。"郝韵说："小蚂蚁爱吃豆子。"……于是大家你一言我一语，对小蚂蚁产生了强烈的兴趣。为此，我组织开展了这次活动。

活动的设计与幼儿的生活紧密结合，以孩子的兴趣为出发点，游戏的形式也符合小班幼儿的年龄特点。

活动目标

（1）通过活动让幼儿在角色模仿中体验语言游戏的快乐。

（2）通过活动让幼儿明白团结力量大的道理。

（3）幼儿在活动中能够听懂指令，并做出相应的反应。

活动准备

材料准备：小蚂蚁头饰、音乐磁带、报纸团、海绵、拱形门、布、蘑菇。

经验准备：关于小蚂蚁的相关书籍、课前网上下载的图片供幼儿了解。

活动过程

1. 明确角色

活动开始时，教师出示小蚂蚁头饰问："孩子们，看看这是什么？""小蚂蚁！"

"你们自己选一个，看看是什么颜色的？""你这个是什么颜色的？""你的呢？"

孩子们兴奋地说："我的是红颜色的。""我这个是黑颜色的。"

分析：幼儿都能够用完整的语言回答问题。

接着教师说："把它戴在头上，你就是这个颜色的小蚂蚁了。你是什么颜色的小蚂蚁？你呢？"

孩子们很快地进入了角色，轻轻地晃动着头上的触角，抢着回答："我是红颜色的小蚂蚁。""我是黑颜色的小蚂蚁。"

"你们呀现在就是蚂蚁宝宝了。那我是你们的——"孩子们异口同声地说："妈

---

① 教育部教育管理信息中心．全国优秀幼儿语言教育活动课例评析 [M]．重庆：西南师范大学出版社，2015：22-25.

妈。""这儿就是咱们的家。宝宝们，今天天气真好，妈妈带你们到院子里玩一会儿吧！"于是，教师和孩子们一起听着音乐从"洞"里爬出去。

2. 按指令做游戏

（1）第一个指令：跟音乐节奏爬行

在爬的过程中教师发出指令，请幼儿像教师一样跟着音乐节奏爬。

分析：孩子们马上把注意力集中到教师身上，并认真地听音乐，按照教师的指令跟着音乐的节奏爬行。

（2）第二个指令：两只小红蚁拉拉手，两只小黑蚁拉拉手

在爬的过程中，教师又向幼儿提出要求，要求两只相同颜色的"蚂蚁"拉手。

（3）第三个指令：一只小红蚁和一只小黑蚁互相碰碰头

分析：孩子对模仿蚂蚁特别感兴趣，注意力很集中，能够很快地做出反应，但也有个别幼儿没有完全听明白指令，知道要两只小蚂蚁做动作，可配对的蚂蚁的颜色却不正确。

（4）游戏："和妈妈一起"

在这一环节中教师向幼儿发出了以下两个指令，孩子们完成得较好。

和妈妈一起爬到蘑菇下面，绕一圈，再爬回来。

和妈妈一起再爬到大树下面去玩一会儿。

3. 发现食物

接着教师发现了大树下的"豆子""面包渣"，故意用惊讶的语气叫道："呀！快来看这是什么呀？这些呀都是我们蚂蚁最爱吃的食物，这么多好吃的够咱们全家美美地吃上一个冬天了，咱们把它们搬回家吧。"

4. 游戏："搬运食物"

（1）指导幼儿进行分工，按指令搬运

在听到要把"食物"搬回家时，孩子们更加兴奋了，这时，教师又提出了新的指令："红蚁宝宝把面包渣搬到家里，黑蚁宝宝坐到妈妈身边休息一会儿。""黑蚁宝宝搬豆子，把它放在咱们家的空地上。"

分析：在这个环节中，孩子们的注意力、兴趣点虽然都在搬运食物上，但有了前面的环节做基础，他们都能按指令去做。

（2）启发幼儿用不同方法搬运食物

在搬运过程中教师问："宝宝们，你们还能用什么方法把这些好吃的运回去呀？""我背着豆子。""可以推着走。""我们两个一起抬。"

教师针对幼儿提出的方法进行适当指导，鼓励幼儿大胆尝试。

（3）启发幼儿自己解决问题，搬运最大的豆子，让幼儿知道团结力量大的道理

最后发现了一个最大的豆子，教师边搬边说："呀，这是什么？是个大豆子。妈妈试试，哎呀，搬不动，那可怎么办呀？"

幼儿立刻拥上来，一起抬起豆子运回了家。

教师问孩子们："这么大的豆子，妈妈一个人都搬不动，你们是怎么搬回来的呀？"

幼儿："我们好多人一起搬就搬回来了，比您的力气大多了。"孩子们显得很神气。

教师鼓励孩子说："我的宝宝既能干又聪明"

（4）引领幼儿退场

"宝宝们，咱们再去别处找找，看看还有没有好吃的东西了。"

教师自评

活动来自幼儿的发现。教师在活动中能够清晰地发出指令，并层层递进，逐渐加大指令的难度，将倾听指令这一目标通过游戏完成，生动有趣，符合小班幼儿的年龄特点。

专家评析

教师在户外活动中发现了幼儿的兴趣点，并设计了教育活动。游戏是小班幼儿最喜欢的活动方式，也是他们学习的最佳途径，因此，教师让幼儿在角色扮演中体验小蚂蚁找豆子、搬豆子的情节，并且创设了简单的游戏场景。游戏场景设置自然、巧妙，并富有挑战性，适合幼儿合作完成任务。各游戏环节衔接自然紧密，幼儿积极性很高，较好地达成了活动目标。

二、案例：山上有个木头人（中班）

活动目标

（1）记住"山上有个木头人"的游戏儿歌，知道"山、上、三"的正确发音。

（2）能正确发出"山、上、三"等字的音，区别"s"和"sh"，"an"和"ang"等音，并能听懂"山上有个木头人"的游戏规则，能按指令作出相应反应。

（3）积极参与游戏，体验听说带来的愉快情绪。

活动准备

材料准备：拉线木偶玩具。

经验准备：幼儿已经学习过"s"和"sh"，"an"和"ang"的发音和"山、上、三"等字的发音。

活动过程

1. 出示木偶人创设游戏情境，引起幼儿的兴趣

教师以小木偶的口吻向大家做自我介绍："小朋友们好！我是木头人。今天我想和大家一起玩一个游戏，名字叫'山上有个木头人'"。接着教师边操作木偶拉线，边念儿歌，帮助幼儿了解游戏的基本内容。

表演结束后，教师继续以木偶的口吻与幼儿交谈："谁想和我玩游戏呢？那你必须告诉我，刚才我说了些什么。"引导幼儿回忆儿歌内容，学会念游戏儿歌，正确发出每个字音，特别是"山、上、三"。

2. 向幼儿介绍游戏的规则及玩法

游戏时必须念儿歌，并可自由做动作。儿歌念完后就不能动，也不能发出声音。如果谁动了或发出了声响，就必须将手伸给同伴，而同伴则拉住他的手说："本来要打千千万万下，因为时间来不及，马马虎虎打三下。"然后边拍同伴的手心边说："一、二、三。"游戏结束。

3. 教师与幼儿一起练习

教师以游戏参与者的身份与幼儿一起游戏，给幼儿观察和练习的机会。教师带领全体幼儿边念儿歌，边坐在椅子上自由做动作，鼓励幼儿做出各种动作以增加游戏的趣味性。儿歌念完后，教师自己故意先动，然后伸出手让一名幼儿边说边打三下，给幼儿以练习游戏语言的机会。教师与个别幼儿游戏时，及时纠正其发不准的音。

4. 幼儿自主游戏

教师引导幼儿与同伴结对，自由组合，自主地开展游戏活动。注意提醒幼儿遵守游戏规则，与同伴友好合作游戏。

5. 结束活动

"你们想不想继续玩这个好玩的游戏呢？我们一会儿可以在语言活动区玩，也可以把这个游戏带回家跟爸爸妈妈一起玩哦。"

6. 活动延伸

改编儿歌玩游戏：让幼儿用"铁皮人""石头人""稻草人"等改编游戏儿歌，课后与家人或者小朋友一起玩这个游戏。

专家评析

这种传统的趣味歌谣最重要的就是让孩子们充分体验儿歌的趣味性，这一点在纲要中也有体现。整个活动中，孩子们边玩游戏边学儿歌，始终是积极投入的，充分地体验游戏儿歌的趣味性。游戏法是贯穿整个活动的主要方法。在以上活动之后，可以将儿歌的仿编活动作为延伸继续进行下去，发挥孩子的想象力和创造力，使孩子们更充分地体验到趣味歌谣和听说游戏的魅力！

附录：

山上有个木头人

山，山，山，
山上有个木头人，
三，三，三，
三个好玩的木头人，
不许说话不许动。

三、案例：看谁说得好（大班）①

活动目标

（1）学习运用已经掌握的形容词来描述图片，并编成一句完整的话，注意用词恰当。

（2）认真倾听别人描述，积极参与游戏，掌握游戏规则，培养语言的创造性。

活动准备

各种形态的大树、老奶奶、猴子、小弟弟等图片若干套。

活动过程

1. 出示图片，创设游戏情境

教师用生动活泼的语言告诉幼儿："小朋友们，今天老师带来了许多好看的图片，你们想不想得到它们呢？""现在我们一起玩一个游戏，游戏的名字叫'看谁说得好'，谁说得好，做完游戏后，我就把图片奖给谁。"

2. 介绍游戏规则及玩法

教师出示一张图片（例如小弟弟）问："这是谁？"幼儿回答后再问："这是一个什么样的小弟弟？"要求幼儿用学过的形容词来描述图片内容。例如："小弟弟"可用胖乎乎的、聪明的、可爱的、淘气的、活泼的等词来形容。而后再问："这个可爱的小弟弟在做什么？"要求幼儿根据图片内容说一句完整的话，例如："可爱的小弟弟在跑步"或"可爱的小弟弟在锻炼身体"等。

做摸卡片的游戏：让幼儿任意摸一张图片，并根据图片编成一句话。如摸到"小猴子"，可说："聪明的小猴子想出了一个好办法"，或说："调皮的小猴子摔了个大跟头"，等等。

教师在示范讲解游戏的玩法时，注意强调游戏的规则：图片只能任意抽拿，不可挑选；说出的句子必须完整，不可以与其他幼儿重复。

3. 教师以游戏参与者的身份与全体幼儿进行游戏，帮助幼儿进一步理解和掌握游戏的玩法和规则

教师引导幼儿游戏，可以让幼儿任意抽一张图片（例如猴子），说："这是一只顽皮的小猴子，这只顽皮的小猴子在爬树"。教师引导的同时，应注意观察、提醒幼儿遵守游戏的规则、注意倾听别人的回答，不重复别人的说法。

4. 幼儿自主游戏

请几名能力较强的幼儿当提问者，幼儿分组开展游戏活动。教师巡回观察、指导。教师组织幼儿进行讲评，将部分图片奖励给描述恰当具有创造性的幼儿。

活动评析

这个语言教学游戏的目标主要是发展幼儿表达能力，同时也要求幼儿认真倾听，

① 张加蓉，卢伟. 学前儿童语言教育活动指导 [M]. 3 版. 上海：复旦大学出版社，2013：134-135.

创造性地表述，这些目标具体、明确、全面，难度适合大班幼儿的年龄特点。各种形态的图片内容为幼儿的创造性描述提供了前提。

活动开始时，教师采用语言讲述和实物展示相结合的方法创设游戏情境，吸引了幼儿的注意，激发了幼儿对游戏的兴趣。语言教学游戏都有一定的语言学习的任务，并通过游戏的玩法和规则实现。该游戏要求幼儿用不同的词来描述图片并说一句完整的话，这种规则不仅提高了游戏的趣味性，而且促使幼儿在游戏中付出一定的努力，体现了语言训练的要求。

教师以和幼儿平等的身份参与游戏活动，请一名理解力较强的幼儿先玩一次游戏，起到了再次示范的作用，也可以发现幼儿游戏中存在的问题，为幼儿自主游戏做好充分的准备。采用分组游戏的方式，让每一位幼儿都能积极、主动、充分地参与游戏，使每一个幼儿都能有锻炼的机会，并在游戏中学会积极倾听别人的谈话，体会与人交往的快乐，培养幼儿与人合作的能力。

本章小结

幼儿园听说游戏活动是一种特殊形式的语言教育活动，活动的目标是以培养幼儿倾听和表达能力为主，活动的内容主要集中在听和说的理解与表达方面。它是用游戏的方式组织幼儿进行的语言教育活动，含有较多的规则游戏的成分，能够较好地吸引幼儿参与到语言学习的活动中去，并在积极愉快的活动中完成语言学习的任务。

幼儿园听说游戏活动有以下几个特征：具有明确的语言教育目标，具有清楚的游戏规则，以及在活动过程中逐步扩大游戏的成分。幼儿园听说游戏活动的种类较多，归纳起来包括语音练习游戏、词汇练习游戏、句子和语法练习游戏、描述练习游戏和故事表演游戏。幼儿园听说游戏活动具有激发幼儿学习语言兴趣、促进幼儿认知能力的发展和提高幼儿语言能力等方面的作用。

一个完整的语言听说游戏一般包括游戏目标、游戏准备、游戏玩法和游戏规则四部分。在组织过程中，教师首先要注意运用适当的方式创设游戏情境导入游戏；其次，要用简单明了的语言介绍游戏规则，要讲清楚规则的要点以及游戏的开展顺序；最后，教师引导幼儿开展游戏后，幼儿进行自主游戏。

 ## 思考与练习

1. 什么是幼儿园听说游戏活动？
2. 幼儿园听说游戏活动有什么特征？
3. 幼儿园听说游戏活动有什么作用？
4. 请简述幼儿园听说游戏活动的几种类型。
5. 幼儿园听说游戏活动的设计要点是什么？

第十章 幼儿语言教育评价

关键词

幼儿语言教育评价；功能与原则；内容与方法

学习目标

1. 了解幼儿语言教育评价的本质。
2. 理解幼儿语言教育评价的功能与原则。
3. 理解幼儿语言教育评价的内容与方法。
4. 掌握幼儿语言教育活动评价方案及写法。

知识结构图

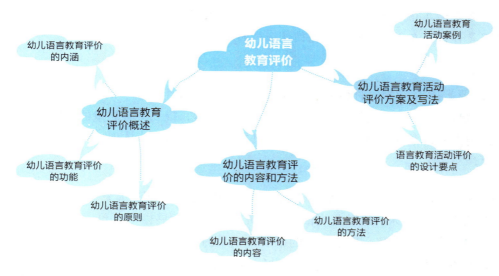

本章共分三节，分别是幼儿语言教育评价的概述、幼儿语言教育评价的内容和方法，以及实际案例的评价和分析。学习本章首先要了解幼儿语言教育评价的本质，明确其重要性，其次要掌握幼儿语言教育评价的功能与原则，理解其内容和方法。在此基础上，能够分析和评价幼儿语言发展水平以及幼儿语言教育活动等案例，做到学以致用。

第一节　幼儿语言教育评价概述

情景一

家长：老师，我们家孩子最近表现怎样呢？特别是语言方面有没有进步？

老师：您家孩子表现不错呢，语言进步很大。

家长：具体表现在哪些地方啊？老师您能不能详细说一下。

老师：……

情景二

老师：园长，最近区里开展的语言教育活动大赛我挺想参加的，但是又不知道从哪些方面着手准备，您能不能给我提一下建议？我太焦虑了。

园长：没问题啊，让我先看看你的活动方案。活动方案确定下来后，我还得去你班上看看你组织活动的情况，然后再修改方案进行打磨。

老师：这么复杂啊……

问题

什么是幼儿语言教育评价？怎样对幼儿语言教育做出评价呢？幼儿语言教育评价的作用是什么？在评价的时候要遵循什么样的原则呢？

《纲要》指出："教育评价是幼儿园教育工作的重要组成部分，是了解教育的适宜性、有效性，调整和改进工作，促进每一个幼儿发展，提高教育质量的必要手段。"对幼儿语言发展以及语言教育进行评价，有其重要和必要的价值体现。

一、幼儿语言教育评价的内涵

早在 20 世纪初期，意大利儿童教育家蒙台梭利就提出了听觉教育、命名、言语的分析等语言发展目标，并以此为依据，对儿童的语言发展做出评价。20 世纪 60 年代以来，由于受语言学和心理语言学的新研究成果的影响，专家认为，语言在人类思维发展以及可教育性上有关键作用。20 世纪 60 年代末，研究儿童口语能力发展的美国学者凯兹顿，根据其研制出的早期语言发展目标的明细表，提出了一套评价儿童语言发展的程序，包括发音与语音的辨别，单词，基础语法，使用精确的语言（描述、讲述、解释），应用语言进行交流，应用语言进行认知，操作语言（分析、转换和解释、评价），情感领域等方面。[①]

---

① 赵寄石，楼必生.学前儿童语言教育 [M].北京：人民教育出版社，2005：209-210.

在我国，对幼儿语言发展以及语言教育评价的研究大多止于一些质性的分析，较少采用标准化测验。赵寄石、楼必生在其《学前儿童语言教育》一书中，把对儿童语言教育评价分为两大方面，即儿童语言发展评价和语言活动过程评价，这两个方面之下有其特定的具体内容和合适的评价方法。到 1999 年，学者蔡淑兰构建了一套学前儿童语言教育评价指标体系（见图 10-1），可以看出，这套评价指标体系是建立在赵寄石和楼必生的评价体系之上，只是更加具体和细化[①]。从此以后，国内的学者几乎都是采用这套学前儿童语言教育评价指标体系。

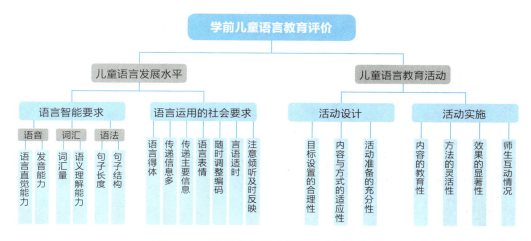

图 10-1　学前儿童语言教育评价指标体系

综上所述，我国强调把语言教育作为一个整体来进行评价，包括从儿童语言发展的状况来评价教育效果，以及对语言教育整体的各个部分及其相互关系的分析和判断来评价教育教学过程的实际运行状况。因此，幼儿语言教育评价是指通过收集教育活动系统方面的信息，并依据一定的客观标准，对学前儿童语言发展状况和儿童语言教育的过程、内容、方法、效果等做出客观衡量和科学判定的过程。

二、幼儿语言教育评价的功能

语言教育评价是语言教育整体结构中的一个要素，它是通过对其他各要素的评论及对语言教育整体运行中各个步骤的监测，对语言教育整体效果做出评价，是语言教育运行中前后环节之间连接和转换的环节。无论是幼儿园三年的语言教育，还是一个年龄班的语言教育，或者是某一个活动的语言教育，都包含教育目标、教育内容、教育活动过程和教育评价这几个环节，缺一不可。因此，语言教育评价在语言教育活动中非常重要，具备以下几个方面的功能。

（一）诊断功能

在语言教育评价中，通过对收集到的资料、信息进行整理、分析，能够发现幼儿

① 蔡淑兰 . 学前儿童语言教育评价指标体系的构建 [J]. 内蒙古师范大学学报（哲学社会版），1998（8）：73-74.

在语言发展、教师在语言教育活动中的优缺点和存在的问题，从而诊断评价对象的基本状况。这些资料来源于幼儿在日常生活活动、游戏活动以及学习活动中的语言表现，以及教师在设计活动方案、实施活动的过程以及活动后反思的情况。

小案例

一名 3 岁 8 个月大的幼儿在自发游戏中，一边钻过桌底，一边说道："我变成了一条小乌龟，在河里游来游去。"旁边的成人意识到他的表达有问题，故意说："哦，你变成了一条小鱼，在河里游来游去啊。""我不是小鱼，我是一条小乌龟。"幼儿继续强调。成人说："没有一条小乌龟的说法哦，是一只小乌龟。"幼儿听了后很愤怒，坚持自己的说法。

在此案例中，可以看出幼儿在掌握副词的过程中出现了偏差，以为在河里的小动物都可以用"一条"来表示，这与幼儿掌握词汇的过程是相符合的。他们最开始掌握的是日常生活中的名词、动词、形容词等实词，然后再掌握代词、副词等实词。正是在日常生活活动中，成人观察到幼儿的语言发展情况后，在接下来的阅读或者日常交流等环节，可以着重引导幼儿对于副词、量词等词类的拓展。

（二）改进功能

在诊断的基础上，可以对下一步工作提出针对性的教育策略和建议。比如上述案例中发现幼儿在表述时"副词使用混淆"（诊断），这就需要在之后的日常生活活动、游戏活动或者教育活动中加强对副词等词汇的相关引导（改进）。

（三）激励功能

评价通常会直接或间接地影响到评价对象的心理活动，能够激发其成就动机，使其追求更好的结果。不管是在幼儿语言的发展中，还是教师组织的语言教育活动中，只要给予的评价是客观的、科学的，不带主观偏见的理性评价，就会对幼儿或者实施活动的教师带来正向的激励作用，促使评价对象从中获得有益的成果。

小案例

在一次讲述活动中，讲述的主题是"大象救小兔"。教师一共出示了三张图片，第一张是三只小兔子在森林里遇到老虎，第二张是大象正在救小兔子，第三张是老虎向大象求饶，小兔子得救。重点在中间一副画面，教师要引导孩子表述："大象伸长了鼻子，翘起了尾巴，在河面上架起了一座大象桥。"

通过感知图片并且自由讲述后，教师请小朋友起来讲述。幼儿甲："一天，三只小兔子到森林里的一棵树前做游戏，突然，一只大老虎从树上扑了过去，三只小兔子撒腿就跑。老虎说：'我要吃掉你们！'三只小兔子就喊：'大象大象，快点来救我们呀。'大象听到了，就在小河那里面架起了一座大象桥，三只小兔走到了大象的身上，穿过了小河。老虎跑了过来，大象用它的鼻子吸满了水朝老虎喷去。老虎说：'大象饶了我吧，饶了我吧，我下次再也不敢欺负小动物了。'大象说：'你要是再敢来，我还用水喷你。'三只小兔子高高兴兴地对大象说：'大象，谢谢你，谢谢你。'"教师问："他讲得好不好呢？"小朋友们说："讲得好。"但是这时有个小女孩说："老师，老师，他没有讲'大象伸长了鼻子，翘起了尾巴'。"老师说："你说得真好，下次我们要把大象救小兔子的方法加进去。"但是最后老师请这个小朋友来讲述的时候，她也把这句话漏掉了。

活动结束后，在自评和他人评价这个环节，执教者和其他观看者都提道：这个活动的选材很生动，幼儿对这个很感兴趣，活动中的积极性和参与性都较强。活动的过程很流畅，师幼互动也较好。但是，活动的目标完成得不太理想，特别是对于活动重点的把握有待加强。在听了这些中肯的评价后，这位老师下去对自己的活动进行了深刻的反思，根据之前的问题对活动方案做了调整和修改，再去班上组织活动的时候，效果明显增加了。

（四）导向功能

评价是根据一定的价值标准进行价值判断的活动，是以评价标准为准绳、与评价标准逐步靠近的过程，是一个不断完善、不断追求高质量教育的过程。自2012年《指南》颁布后，学界在评价幼儿发展水平以及幼儿教育活动时，有了更加具体明确的方向，客观、科学的评价能够为每个领域的专业化打下坚实的基础。

明确评价的功能可以帮助我们根据《纲要》和《指南》的要求，更加科学而准确地设计幼儿语言教育评价的体系和评价指标，正确地开展评价工作，避免在评价过程中出现不符合儿童发展实际的、不利于儿童可持续发展的过低或过高的要求。

三、幼儿语言教育评价的原则

语言教育评价是由语言教育基本观点向促使儿童语言发展转化的一种检验。幼儿语言教育的目的是促进儿童语言发展，提升幼儿的听说读写等能力。教育评价的任务就是要弄清楚，进行了某种教育后儿童是否得到了发展，是怎样发展的，或者为什么没有发展。因此，评价一定要仔细、慎重，要遵守以下原则。

（一）客观性原则

实施幼儿语言教育评价必须采取客观、实事求是的态度，而不能主观臆断或掺杂个人情感，这是进行教育评价的最基本的原则。首先，评价者必须根据客观的评价标准来实施评价，评价标准一旦确定，就不能任意改动。其次，标准应适合于每一个评价对象，否则就不能称为客观的标准。再次，要以客观公正的态度对待每一个评价对象，不能因个人好恶而使评价结果出现偏差。

（二）整体性原则

对幼儿语言教育进行评价，包含对幼儿语言发展水平的评价和对语言教育活动的各个构成要素进行全面评价。既要对幼儿在活动过程中的语言学习行为变化的过程和结果进行评价，又要对教师在教育活动中的组织行为进行评价；既要对教育活动过程中教具、学具的选择与利用进行评价，又要对教师与儿童之间的言语和情感互动情况进行评价；既要对静态的活动要素进行评价，又要对动态的活动过程进行评价。

（三）科学性原则

参照性原则是指制定的评价标准要有依据。幼儿园语言教育评价标准的制定，首先要依据国家有关法规性质的文件，这是确定语言教育评价标准的根本依据。其次，要依据幼儿语言发展的基本规律，根据儿童在每个年龄段应有的水平做出恰当的规定，不可任意提高或降低标准。再次，要依据语言教育活动的目标，目标不但是教育活动组织和实施的指南，也是教育活动评价的指南和参照的依据。在评价过程中，那种脱离目标另定标准的做法是不可取的。

（四）发展性原则

幼儿语言教育评价不仅仅是指评价现在、过去怎样，更应该指向未来。如在实施评价过后，幼儿的语言有没有得到发展，幼儿语言教育活动有没有更加的符合幼儿身心发展规律，从而真正地提升幼儿的语言发展水平和教师的教学能力。此原则要求大家用发展性的眼光看待幼儿语言教育，立足于过去和现在已有的成果或者存在的问题，在未来的幼儿语言教育中取其精华，同时改善问题，提出建设性的建议。

（五）儿童权益保护原则

在对幼儿进行语言评价时，要从儿童权益保护的角度来对待评价结果。每个老师都在对班上幼儿的语言发展进行着评价（既有日常的评价，也有专业的评价），家长也在对自己孩子语言的发展进行着评价，同时，幼儿同伴之间也有着大量的评价。在处理这些结果时，应该非常慎重。比如老师之间、老师和家长之间在交流幼儿语言发展水平时，应该尽量避免幼儿在场，以保护幼儿的自尊心。

第二节 幼儿语言教育评价的内容和方法

案例导入

针对幼儿讲述能力的评价 [1]

评价指标：讲述。

评价方法：日常观察和情景观察。

评价内容：

1. 能用完整的简单句讲述

在日常生活和语言教育活动中，观察儿童能否使用完整的简单句与人交谈或根据图片讲述一件事情。

例如，看图讲述《自己的事情自己做》。（图片内容：一个小朋友坐在床上穿袜子，旁边有一只玩具小鹿）

教师向儿童提问："图片上说了什么？"（小弟弟起床了，小弟弟自己穿袜子，这只小鹿看着小弟弟笑）

2. 能用完整的句子清楚地讲述

在日常生活和语言教育活动中，观察儿童是否使用完整的句子与人交谈或根据图片讲述一件事情。

例如，看图讲述《关紧水龙头》。（图一：一个小姑娘正在看滴水的水龙头；图二：小姑娘正在关水龙头）

教师提问："图片上说了什么事情？"（有一个小姑娘，洗完手刚要走开，听到滴答滴答的声音，回头一看，原来水龙头没有关紧。她赶紧走过去，踮起脚把水龙头关紧，这样就不浪费水了）

3. 能用完整的句子连贯地讲述

在日常生活和语言教育活动中，观察儿童能否用完整的句子连贯地讲述一件事情。

例如，看图讲述《共伞》。（图片内容：一辆公交汽车，一位头顶手绢的老奶奶，一位打伞的小姑娘）

教师提问："图片上说了什么？"（有一天，突然下起了雨，从公交车上下来一位老奶奶，她没有带伞，就用一块手绢顶在头上，急急忙忙往家赶。这时，一位小姐姐赶紧追上去，对老奶奶说："奶奶，咱们一起打伞吧。"老奶奶笑了，高兴地说："谢谢你，好孩子。"汽车上的人看见了，也夸小姐姐是个好孩子）

201

---

① 张加蓉，卢伟. 学前儿童语言教育活动指导 [M]. 3 版 . 上海：复旦大学出版社，2013：186.

问题

此案例是从哪个方面对幼儿的语言发展进行的评价？用了什么方法进行评价？除此之外，我们还能够从哪些方面对幼儿语言的发展以及幼儿语言教育进行评价？还可以选择哪些方法对此进行评价？

幼儿语言教育的评价应该包括两个方面的内容：一是对儿童语言发展状况的评价，包括对儿童的发音、词汇、倾听、表述等能力的评价；二是对语言教育活动的评价，包括对活动的目标、内容、方法、过程等方面的评价。对不同方面的评价内容应采取相应的评价方式或方法。

一、幼儿语言教育评价的内容

从学前教育的现状来看，要求专门人员从外部进行教育评价是不现实的。要使教育评价真正成为教育整体中不可缺少的组成部分，必须从教育实施者内部发展起评价力量，才有可能坚持进行下去。从评价的目的和作用来看，提高教师对自己的教育教学和幼儿的发展进行评价的能力，才能真正改变教与学。

（一）对幼儿语言发展水平的评价

语言的要素包括语音、词汇、语法和语言运用等几个方面，结合幼儿的特点，要评价幼儿语言发展的水平，可从语音、词汇、句子、理解文学作品、回答问题、讲述这几个方面入手。

1. 语音

语音是语言的基本要素之一，是语言的物质外壳。培养儿童听音、辨音的能力，有助于儿童语言的发展，只有发音清楚、正确，才有助于儿童对词汇的理解和掌握。幼儿的正确发音能力是随着发音器官的成熟和大脑皮层对发音器官调节功能的发展而提高的。对幼儿语音的评价包括幼儿能否发准音和幼儿能否意识到并指出别人的发音错误等方面。

小案例

　　一名3岁4个月大的幼儿与其母亲走在去幼儿园的路上。时值秋末，树上的叶子已经没剩下多少了，又赶上当天下雨，零星的树叶落在了地上。妈妈说："宝贝，你走路要小心，不要踩到地上的叶子（zhi），它们好可怜的……"幼儿："哈哈哈，妈妈，你好搞笑啊，是叶子（zi）不是叶子（zhi）啦，我不会踩到它们的……"

　　如案例中所示，3 岁过后的幼儿已经具有基本的辨音能力，他们能够自觉地模仿正确发音，纠正错误的发音。在正确的引导下，4 岁幼儿基本能够掌握本民族的全部语音。

2. 词汇

　　词汇是语言的基本单位，是儿童语言发展的重要标志之一。词汇的发展对儿童的社会交往也具有重要意义。在社会交往中，儿童对他人情感的理解，与他人思想的沟通，以及知识经验的交流，都要通过以词为基本建筑材料的语言来进行。词汇丰富，可促进儿童语言表达能力和理解能力的发展，并直接导致儿童社会交往质量的提高。对词汇的评价包括词汇量和词义理解能力两方面。

知识窗

　　18 个月的幼儿平均拥有词汇量大约为 50 个能说的单词和 100 个能理解的单词。大约从第 18 个月起，许多幼儿的词汇量表现出骤然增长，即人们通常所说的"命名骤增"，幼儿开始对所看到的任何事物命名。在后面的几年里，单词学习快速进行，到 6 岁时，儿童的词汇量大约有 10000 个。[①]

3. 句子

　　语法是组词成句的规则，幼儿要掌握语言，进行语言交际，必须掌握语法体系，否则很难正确理解别人的语言，也不能很好地表达自己的思想。对句子的评价包括句子长度和句子结构两个方面。

知识窗

　　我国心理学家朱曼殊以 2~6 岁幼儿为被试研究了幼儿平均的句子长度，从表 10-1 中可以见到，从 2 岁到 6 岁，他们所使用的平均句长（以词为单位）有明显的增长趋势。[②]

表 10-1　2~6 岁幼儿的平均句子长度

年龄	2 岁	2 岁半	3 岁	3 岁半	4 岁	5 岁	6 岁
平均句长（词数）	2.91	3.76	4.61	5.22	5.77	7.87	8.39

① 鄢超云. 学前教育评价 [M]. 北京：高等教育出版社，2010：121.
② 鄢超云. 学前教育评价 [M]. 北京：高等教育出版社，2010：122.

4. 理解文学作品

儿童文学作品主要包括故事、儿歌、诗歌和散文。幼儿对文学作品的理解，以语言的发展为基础。也可以说，幼儿理解文学作品的能力，是幼儿语言发展的综合表现。培养幼儿对文学作品的理解力不仅对幼儿的语言发展有意义，而且对幼儿的认知能力，以及情感等方面的发展都具有重要意义。

5. 回答问题

回答问题指幼儿能够针对他人所提出的问题准确表达自己的看法，回答问题的能力是幼儿语言理解能力和语言表达能力两个方面发展的结果。回答问题需要多种心理活动的参与。首先需要倾听，即接受他人发出的信息，然后在大脑中储存和记忆信息，进而对信息进行分析、理解，在此基础上，才能对信息做出准确的应答。因此，培养幼儿回答问题的能力有利于儿童倾听能力、语言记忆能力、理解能力和表达能力的发展。

6. 讲述

讲述指幼儿能够独立、清楚、连贯地向他人表达自己的愿望和请求。讲述能力是在幼儿认知能力特别是思维能力发展的基础上产生并发展的，是幼儿口语表达能力发展的重要标志之一。幼儿讲述能力的发展主要表现在语句的完整性、语言的连贯性和逻辑性等方面，因此，关注和培养幼儿的讲述能力，对幼儿未来的学习和社会生活具有深远的影响。

（二）对幼儿语言教育活动的评价

幼儿语言教育活动的评价涉及许多方面，概括起来主要是两个方面：一是对活动中的幼儿进行评价；二是对活动本身进行评价。

1. 对幼儿的评价

教育活动评价是以引起幼儿身上出现的变化或幼儿在活动中的表现为着眼点的。具体说，可以从两个度来进行：一是从幼儿学习效果的角度，对目标达成情况进行分析和评价，称为静态的评价；另一种是从幼儿在活动中的表现对儿童的参与活动程度进行分析和评价，称为动态的评价。[①]

（1）对目标达成的评价

在对语言教育活动目标达成情况进行分析和评价时，要有整体观念。关于语言教育活动的目标，可以从三个层面来认识：第一层是指《纲要》和《指南》提出的语言教育方向要求，这一层的方向要求对儿童在语言教育这个领域的发展做出了全面的规定；第二层是指幼儿园语言教育各种活动类型的核心经验，这一层的核心经验对儿童的语言在某一方面的发展做了一个规定；第三层是指幼儿园语言教育具体活动的目标，这一层的目标对儿童在每一次活动之后应产生的变化提出了具体的要求。这三个层面

---

① 张加蓉，卢伟. 学前儿童语言教育活动指导 [M]. 3 版. 上海：复旦大学出版社，2013：177.

的目标在语言教育目标系统中相互联系、相互渗透。

在对活动目标的达成情况进行分析时，一般涉及认知、情感和能力三个方面。分析认知目标的达成情况，即了解儿童是否获得了目标所规定的语言知识，是否掌握了有关的词汇和句型，是否懂得了在什么样的语言环境下运用这些词汇和句型。分析情感目标的达成情况，即了解儿童是否形成了耐心倾听别人说话的态度，是否乐意在集体面前讲述自己经历的事情和图片内容，是否懂得并遵守语言交往中的一般规则。分析能力目标的达成情况，即了解儿童组词成句的能力和在具体语境下运用语言的能力，是否能根据活动中的语言情境来运用相关的词汇、语法和语调，是否能用连贯的语句说清楚自己所要表达的意思。

在对以上三个方面进行分析的同时，还应对达成的程度做出判断，一般分为完全达成、基本达成、未达成三个层次。经过这样两个维度的分析，就能对儿童经过教育活动后的变化有所了解。

（2）对幼儿在活动中表现出来的独立见解的评价

对幼儿在活动中表现出来的独立见解的评价用于考察幼儿对活动目标要求的理解程度以及自己有独立的生活、学习经验与该活动中语言学习任务之间相互作用情况等，需要列出某一幼儿与其他幼儿不一样的具体语言行为表现，如说出"跳跳糖很有趣，能在舌头上跳舞""核桃还可以用来给爷爷在手掌上面玩耍健身"等。

（3）对幼儿在活动中创造性运用语言的评价

对幼儿在活动中创造性运用语言的评价主要分析幼儿对语言结构的创造性运用，以及在操作、想象等方面的创造性表现，需要具体列出幼儿的行为表现内容，如使用了"到……为止"或者"不久之后"这类比较复杂的时间标记等。

（4）对幼儿参与活动程度的评价

对幼儿评价的另一个方面，是对幼儿参与活动程度的分析与评价，这是一种动态的评价。通过对幼儿在活动中的表现，可以了解活动设计与活动组织的情况，也可以了解儿童语言发展的状况。因此，重视观察幼儿在活动中的表现是个关键。关于幼儿参与活动的程度，可以分为三个等级：主动积极参与、一般参与、未参与。

以上几个方面的评价内容相互区别，又相互联系，共同构成了幼儿在语言教育活动中语言学习行为评价的主要内容。这些内容是根据幼儿园语言教育活动目标和语言发展目标建构而成的，它们反映了影响儿童在语言教育活动中语言学习效果各个方面的因素。教育活动适宜性见表10-2。

表 10-2　教育活动适宜性评价表 [1]

（以幼儿在教育活动中的表现为指标）

评价项目	等级得分		
	2	1	0
1. 对新内容的兴趣	高	中	低

续表

评价项目	等级得分		
	2	1	0
2. 主动参与的程度	高	中	低
3. 内容的接受和理解程度	高	中	低
4. 学习中的独立性和创造性	高	中	低
5. 互动与合作性	高	中	低
6. 常规与秩序	高	中	低

2. 对活动本身的评价

对活动本身的评价也可以说是对教师教学工作和教学效果的评价。虽然通过对儿童的评价能一定程度上反映教师教学的质量，但是教学质量并不能在对儿童的评价中得到全部的体现。因此，为了科学、准确地评价教育活动的效果，除了要对儿童进行评级以外，还要对教师的教学进行评价。这个内容的评价主要涉及教育目标、教育内容、教育方法、教育组织形式、教学环境材料的利用、教师与儿童之间的互动等。

（1）目标的评价

在评价教育活动的目标时，主要分析这一活动目标的提出是否以《指南》和各个活动类型的核心经验为依据，是否从本班儿童的实际情况出发提出恰当的教育要求，在目标中是否包含了认知、情感、能力等三个方面的内容，整个活动的设计与组织是否围绕教育目标而进行。

（2）内容的评价

在评价教育活动的内容时，主要分析内容的选择与目标的要求是否相一致；活动内容是否符合科学性和教育性，内容的分量是否恰当，有无过多或过少的情况，内容的组织是否分清了主次、突出了重点，是否抓住了关键内容，内容的分布是否合理，各要点之间的衔接是否自然流畅，与儿童的发展状况是否适合。

（3）方法的评价

在评价教育活动的方法时，主要分析方法的运用是否刻板划一，方法的选择与运用是否随着活动目标、活动内容及儿童实际的变化而变化，各种具体活动的组织方法与儿童学习方式是否合适，有没有采用有效的方式保障儿童积极参与教育活动。

（4）组织形式的评价

在评价教育活动的组织形式时，主要分析在活动展开过程中，是否适当地进行了集体活动、分组活动、个别活动等的组合与变化，是否只是局限于采用一种特定的活动形式，在活动的组织过程中，有没有考虑到因材施教的问题，在分组时，是否考虑到人际关系以及儿童的情感因素。

---

① 冯晓霞. 幼儿园课程 [M]. 北京：北京师范大学出版社，2000：18.

（5）环境材料的评价

在语言教育活动中，常常要创设和利用一些有助于儿童学习的环境、材料、教具和学具。在对其进行评价时，主要分析是否创设和选择了适合于活动内容和儿童实际的环境材料；利用这些环境和材料是否适合于教育活动的展开；选择的材料、学具等是否适合于儿童的操作；教具和学具能否做出若干组合；是否最大限度地利用了环境、材料、教具和学具所具有的功能。

（6）师幼互动的评价

教师与儿童的互动情况，对教育活动的效果有直接的影响。在评价教师与儿童的互动关系时，主要分析是否正确发挥了教师的主导作用，是否创造条件使儿童成为活动的主体，教师与儿童在活动过程中的交往是否和谐融洽，是否积极主动地相互交往，儿童的注意力、兴趣、情绪、意志、性格等非智力因素是否得到充分的激发。

二、幼儿语言教育评价的方法

近年来，我国幼儿教育领域提倡"幼儿发展水平观察与评估"，这是一种既有科学性又切实易行的评价幼儿发展的方法。教师通过对幼儿在日常生活活动、游戏活动和教育活动中的观察，了解幼儿发展的实际水平。这种评价方法有三个特点：一是由教师亲自观察，从中获得幼儿发展的第一手资料；二是把评价渗透在日常活动中，可节省教师和幼儿的精力和时间；三是对日常活动不易观察到的情况，教师能根据评价指标设计专门的活动，创造相应的条件，促使幼儿自然地表现。这三点是任何幼儿园的任何班级都具备的，评价的结果可为改进教和学提供依据。这种评价方法对评价幼儿语言发展尤其适合，它与语言在各项活动的渗透性相符合。因此，观察是获取学前儿童语言发展资料的主要方法，教师可以在日常活动中有目的地倾听儿童的语言、用词、语句结构、对话、看图书自发讲述等等，这就可能听到有些儿童在集体活动中没有机会表现的语言。然而，要了解全班儿童普遍的语言能力，等待儿童自发表现是难以取得效果的。这就要根据某一项或几项教育目标、设计相应的活动，引发儿童产生某种语言行为，从而做出评价。

评价中还应注意寓测量于语言游戏中，把教师对儿童的个别测查与儿童的自我练习结合在一起，根据教育目标编制多种游戏。例如，检查发音的成套卡片，看图说词、对词进行分类的卡片，连图造句、连图讲述的图片等，还可为了解某些儿童的某方面语言能力而专门设计一些游戏。

儿童自发的语言行为的记录对评价也是十分重要的，对一些特别能反映儿童语言发展或语言教育效果的事实要及时记录下来，当场实录难以做到，可在事后及早回忆并记录。若遇到儿童自发地讲故事、表演故事，而又有相应准备，可进行录音或录像，以供分析评价。

总结归纳起来，幼儿语言教育评价有以下几种方法。

207

（一）自然观察法

自然观察法是指在日常生活的自然状态下，有目的、有计划地对儿童的语言发展进行直接观察、记录，从而获取儿童语言发展信息的方法。自然观察法的特点有：不对儿童的语言发展进行人为干预和控制，教师与儿童都处于自然状态下，因此能观察到儿童在日常生活中最真实、最典型的语言发展情况。

小案例

幼儿语言能力发展观察记录 [①]

被观察者：章睿　性别：男　年龄：4岁2个月

观察情境：自然情境

观察时间：5月7日~5月9日

观察者：郑老师

片段1

郑老师：这是什么？

章睿：杯子。

郑老师：杯子是什么？

章睿：倒茶喝的。

郑老师：这是什么？

章睿：香蕉。

郑老师：香蕉是？

章睿：吃的。

观察者评价：会说出常见物品的名称及用途。

片段2

郑老师：你为什么喜欢吃糖？

章睿：糖很甜的。

郑老师：你觉得柠檬好不好吃？

章睿：柠檬好酸好酸。

郑老师：那你就吃石头好了。

章睿：石头不能吃的，石头很硬的。

观察者评价：会形容物品的特性。

片段3

章睿：老师，牛奶打翻了，裤子湿湿的。

章睿：老师，我不会画小人。

章睿：老师，我吃不下了。

观察者评价：有困难时会清楚地表达出来。

片段 4

章睿：老师，陈欢抢玉莹的娃娃，他们在打架。

章睿：老师，我爸爸昨天带我到肯德基去吃薯条送玩具。

章睿：老师，我今天带药来的，妈妈说要吃的。

章睿：晨晨丢积木丢到洋洋的头了。

观察者评价：会根据事件发生的顺序叙述。

片段 5

章睿：有个小朋友有长长的头发，有大眼睛，有嘴巴，她好漂亮。（一边画一边说）

观察者评价：会一边画图，一边叙述画的内容。

片段 6

章睿：从前有一只唐老鸭，他很会说话……

章睿：有三只小猪，一只猪大哥，一只猪二哥，一只猪小弟，然后……我忘记了。

观察者评价：会上台讲故事，但是说得不是很详细，只会简略说出故事的大致内容。

片段 7

章睿：小婷，笑笑要给你吃饼干，你去找笑笑。

章睿：笑笑，老师叫你。

观察者评价：会替老师传话，或替同伴传话。

教师总结：

4 岁左右的幼儿已经可以组成 6~8 个字的完整句子，句子中除了名词、动词以外，也会包括连词。但是，语法结构仍会产生错误。

章睿的语言发展已经基本稳定，达到 4 岁幼儿的语言发展水平，又因为他个性活泼、爱讲话，喜欢和小朋友一起玩游戏，因此更促进了他语言的发展。

（二）情景观察法

情景观察法是在教育的实际情景下，按照研究目的，控制和改变某些条件，将儿童置于与现实生活场景类似的情景中，观察儿童在情景中的语言表达能力。情景观察法有三个突出的特点：一是可以在一次活动中集中地获得大量信息；二是既可控制和改变某些条件，保证观察的效果，又可保持情景的自然和真实，易于观察到儿童的自然表现；三是方法比较简单，可以和幼儿园各个领域的教育活动结合起来使用。

 小案例

幼儿语言能力观察

观察目标：了解幼儿的语言能力，以及幼儿如何使用语言作为社会性互动的工具。

步骤：采用小组观察的方式，选择2~3名正在一起游戏而且彼此之间有相当互动程度的幼儿。如果观察中途幼儿解散了，先完成记录，再另寻一组重复相同的步骤。观察目的是要在幼儿的互动中，观察记录他们的语言行为。此外，还要记录幼儿彼此沟通时使用的特殊语言。尽可能逐字记录，其中也包括幼儿社会情绪的行为。

表 10-3　幼儿语言能力观察记录表

观察者：	幼儿姓名：	年龄：	性别：
观察时间：			
观察地点：			
观察情境（简单描述）：			
观察行为描述：		行为解释：	
所观察小组语言行为的描述：			

（三）测查法

测查法，全名测验调查法，是指用一组测试题（标准化试题或教师自编题）去测定某种教育现象的实际情况，从而收集资料数据进行研究的一种方法。在发展心理学、心理测量等学科中，都有对儿童词汇发展的测量与评价。

幼儿词汇掌握情况评价①

评价方法：测查法。

评价内容：通过幼儿对词的理解、定义来判断幼儿词汇掌握情况。

为了了解幼儿对词汇的理解情况，评价者逐一提及下列词语。指导语为："我想知道你已经懂了多少词，仔细听，告诉我这些词是什么意思。"

可以问的词汇包括鞋、刀、自行车、帽子、伞、钉子、信、汽油、驴子、跷跷板、宝塔、按钮、毛皮、有礼貌、家禽、参加、英雄、钻石、锯子、讨厌、显微镜、赌博等。

每次问新的词时，都重复"什么是××？"或"××是什么意思？"

分析幼儿的回答，并分别记为2分、1分和0分。

符合下列情况，可以记为2分：用一个好的、恰当的同义词进行解释，如用"加入"解释"参加"。说出物品的主要用途，如"伞"是"可以避雨的"。说出事物一种或者一种以上的主要形状、形式，如"信"是"在纸上与人交谈"。将词进行一般的分类，如用"武器"来解释"刀"。说出几种事物的正确形状，如"它有两个轮子和两个把手"来解释"自行车"。对一个动词的定义，能够说出该动词的具体动作或因果关系等，如"把两条线路连在一起"来解释"连接"。

符合下列情况，可以记为1分：回答并不一定是错误，但不能抓住突出的主要特征，如用"高的房子"解释"宝塔"。用含糊、不确切的同义词来进行解释，如用"鸽子"来解释"家禽"。说出物品的非主要用途，且未加以进一步说明，如用"杀人的"来解释"刀"。采用举例的方式来下定义，但举的例子中含有要解释的词，且不加以进一步说明，如用"你坐在上面跷的"来解释"跷跷板"。对与本词有关的另一个词下了一个准确的定义，如要求解释"赌博"，幼儿回答的却是对"赌者"的定义——"那些赌钱的人"。不是用语言、字句来回答，而是用动作来回答，如不断地做骑自行车的动作，用以解释"自行车"。

符合下列情况，记0分：明显的错误回答，如回答与所给的词毫无关系。用相同的词语进行解释，如用"皮衣服"解释"毛皮"，或者用"毛皮就是毛皮"的回答。

211

（四）谈话法

谈话法是通过与儿童面对面的交谈搜集语言发展评价信息的方法。运用此方法需

---

① 鄢超云. 学前教育评价 [M]. 北京：高等教育出版社，2010：123-124.

要教师对谈话内容进行记录，然后对谈话记录进行分析。谈话法的显著优点是可以弥补自然观察法和情景观察法的不足，能比较快捷地了解儿童语言发展中的问题，丰富已有资料。

小案例

针对幼儿问题回答的评价①

评价指标：回答问题。

评价方法：个别谈话。

评价内容：日常生活中通过与幼儿个别谈话，观察幼儿对教师所提问题的反应，或在教育活动中观察幼儿回答教师提问时的表现。

1. 能针对提问回答简单问题

例如，"今天谁送你来幼儿园的？""你的家在哪里？""周末你和爸爸妈妈到什么地方去了？"

要求：幼儿的回答必须与提问内容相符。

2. 能根据提问回答比较复杂的问题

例如，"为什么饭前便后要洗手？""小朋友为什么要来幼儿园？""你最喜欢什么游戏？为什么？"

3. 比较准确、简练地回答比较复杂的问题

例如，"为什么要尊敬老年人？""假如人们不节约用水，会有什么后果？""你喜欢上小学吗？为什么？"

（五）问卷调查法

问卷调查法是由评价者根据评价目的，向被调查对象发放问卷调查表，但有时通过这种方法得到的信息可能会不够准确和真实。造成这种现象的原因有很多，但主要可能有以下两点：一是家长未真正理解儿童语言发展评价的意义和调查的意图，顾虑较多，怕反映真实情况引起教师对儿童的偏见；二是调查题目和表达方式的设计可能存在一定的缺陷，影响家长对问题的理解。

（六）现场实录法

现场实录法是利用现代化的录音、录像设备，现场实际拍摄记录儿童语言发展评价信息的一种方法。这种方法的优点是：首先，搜集到的信息真实，拍摄记录的儿童语言以及伴随的动作内容可靠；其次，这种方法记录的信息可以多次再现，便于教师反复观察和研究；再次，现场实录法如果配合自然观察、情景观察等方法的使用，可

① 张加蓉，卢伟.学前儿童语言教育活动指导[M].3版.上海：复旦大学出版社，2013：186-187.

以弥补这些方法的不足，使观察记录的评价信息更加丰富和全面。

（七）综合等级评定法

综合等级评定法可以既对活动的各种因素进行分析和评价，又对活动的各种状态进行分析和评价，从而能够得到综合的评价信息。综合评定法从纵向和横向两个维度确定评价指标。纵向包括构成语言教育活动的各种因素，主要有目标、内容、形式、儿童活动参与程度、材料利用情况、师幼关系等。横向包括教育活动的各种因素在运行中的状态及等级。有关研究根据两个维度制定了以下综合等级（表 10-4），教师在活动评价中使用时，只要在相应位置上打"√"就可以。

小案例

表 10-4　综合评定表 ①

目标达成分析	目标	完全达到	基本达到	未达到
	目标 1			
	目标 2			
	目标 3			
适合程度分析		完全适合	基本适合	不适合
	内容			
	形式			
	方法			
活动因素分析	参与程度	主动参与	一般参与	未参与
	环境创设和材料利用	充分利用	一般利用	未利用
	师幼关系（回应）	积极互动	一般配合	消极被动

第三节　幼儿语言教育活动评价方案及写法

案例导入

幼儿教师们的困境：作为有着几年、十几年甚至二十几年教龄的幼儿教师，我们的弹、唱、跳、画等技能越发熟练，运用起来也是得心应手。同时，组织教育活动的能力也在不断提升，但是最让我们痛苦，也是最不擅长的便是写东西，大到论文写作，

① 张加蓉，卢伟 . 学前儿童语言教育活动指导 [M]. 3 版 . 上海：复旦大学出版社，2013：180.

小到活动方案的撰写，都让人头疼不已。上完活动课，还要写活动评析，这让我们从何入手呢？

问题

幼儿语言教育评价方案怎么撰写？具体包括哪些方面呢？

评价中需要使用一定的评价工具。所谓评价工具，就是指用来搜集事实材料和用来做出价值判断的手段及其所采用的材料。语言评价既要反映事实的数量，又要反映事实的性质，因而所用工具有的应便于量化，有的又需要有一定的对事实的描述。评价中常需采用多种多样的工具互相配合，这些评价工具的产生与完善需经较长时间的实践和研究，这里仅对语言教育活动的评价和儿童语言发展评价工具的设计提出一些设想和建议。

一、语言教育活动评价的设计要点

要求教师对所开展的每个语言教育活动做出评价是不现实的，也是没有必要的。然而，定期进行评价是重要而有益的。这种活动可能是专为了解儿童的发展而设计的，也可能是对某些内容、方法等的尝试。这类评价主要是由执教教师独立设计和实施的，可能花比平时的活动更多的时间进行深入而全面地思考，但最好在自然状态下进行，尽量避免人为的加工。有时这种评价也可有班级外部的参与（园长、其他班级教师、教研员、科研工作者等），采用集体研究的方式做出判断。

语言教育活动评价包括对活动设计的评价和对活动实施的评价。活动设计是在编写教案的基础上发展起来的，主要是把一个具体活动放在语言教育整体中来设计和评价，强调儿童的发展现状及活动的纵向、横向联系。若是设计一次谈话活动就要考虑儿童在谈话方面已有什么经验，已有什么技能，要求提高什么；考虑上次谈话活动的设计和实施结果；考虑儿童对谈话内容有什么感性经验（开展过观察自然或认识社会生活的活动后），是否有话想说，是否用其他方式（美术、音乐活动）表达过这些内容。活动过程设计重点应放在教师和儿童的相互作用上。教师要考虑怎样发挥自身的主导作用来调动幼儿的积极性、主动性。因此，对教师和幼儿的行为要求不限于教师提什么问题，幼儿该回答什么，或教师怎样示范讲解，幼儿怎样完成任务。

对活动过程的分析评议是活动评价的核心，因此，要重视观察者对过程进行记录，记录重点是教师和幼儿相互作用的行为表现。可以适当分工，各有侧重地记（有人着重记录教师的行为，有人着重记幼儿的行为），也可各人随意记录以便互相补充。观察并记录活动过程是搜集事实与分析判断的结合，其依据是活动设计中提出的目标和步骤。录像则有助于执教者自我分析，也可以为集体评议提供更多的具体素材。

集体分析评议是活动评价的关键，重点围绕师生相互作用过程中怎样将教育影响落实到儿童身上，由此来分析活动目标是否达到，以及内容、教材、教具、环境等因素所发挥的作用。评议的依据是活动设计的目标，评议的指导思想是语言教育的基本观点。评议过程中分析讨论可以交流思想、集思广益，这样不仅有利于提高以后的活动质量，也有助于执教者和观察者提高设计、实施及评价活动的能力。

二、幼儿语言教育活动案例

（一）案例：春天的电话（小班）①

学情分析

1. 本班幼儿语言发展水平

通过上学期的培养，我们班幼儿的语言表达能力有了很大的提高，能讲普通话，喜欢听故事。

2. 教材特点

《春天的电话》是一篇结构简单、短小精悍的童话故事。作品运用重复的手法，描述了五个小动物通过打电话相互传递春天的信息的故事，表达了小动物之间相互关爱的美好情感。作品中的语言精练优美、富有情趣，五个小动物的电话信息描绘了一幅美丽的春景图，既能激发幼儿观察春天变化的兴趣，又能使幼儿通过学习模仿打电话的语言练习说话，符合小班幼儿的年龄特点和学习特点。因此，这篇童话故事适合小班幼儿的教学。

3. 设计意图

"春天的电话"这一活动是在"春天来了"的主题背景下进行的。幼儿通过外出散步、春游等一系列活动，已敏感地察觉到了来自植物身上的变化，有了许多关于春天的话题，并且用自己的双手和教师、好朋友一起制作了花、草、树。但幼儿对春天的观察仅停留在植物的身上，实际上春天的变化还可以来自于人和动物身上。为此，我设计了本次活动，利用故事中的小动物打电话的方式来引导幼儿关注春天的变化。

活动目标

（1）在教师有感情的讲述中，幼儿喜欢听故事，知道故事的名称。

（2）幼儿借助背景图及图片，了解小动物打电话的顺序，学说小动物打电话的语言。

活动准备

材料准备：小熊、小松鼠、小兔、小青蛙、小鸡的图片；与故事内容相吻合的背景图。

经验准备：

（1）这个活动安排在本学期的中前期，在春天的季节特征比较明显的时候进行。活动前与家长联系，请家长带幼儿通过春游等活动亲身感受春天。

（2）活动前让幼儿了解小熊、小松鼠、小兔、小青蛙及小鸡的生活习性。

---

① 教育部教育管理信息中心．全国优秀幼儿语言教育活动课例评析 [M]．重庆：西南师范大学出版社，2015：17-21.

（3）教师组织幼儿玩过打电话的游戏，初步感知了打电话的过程，体会了运用这一沟通方式的乐趣。

活动过程

1. 直接引出话题，激发幼儿听故事的兴趣

提问：你们知道现在是什么季节吗？

那胡老师今天就给你们讲一个关于春天的故事，名字叫《春天的电话》。

分析：因为正在开展"春天来了"的主题活动，幼儿对春天的特征有了一定的了解，因此，为了调动幼儿的原有经验，教师采用直接引出话题的方式导入。

2. 教师有感情的讲述故事

（1）配乐讲故事

分析：这是本次活动的重点之一，教师用配乐讲故事的方法来完成。在教师声情并茂的讲述，使幼儿沉浸在美丽的故事情节之中，喜欢上了这个故事。

（2）针对故事内容进行提问

提问：故事的名字叫什么？故事里有谁？他们在做什么？

分析：这也是本次活动的重点之一，教师针对故事内容进行简单提问，使幼儿知道故事的名称；故事里有谁；他们在做什么。

3. 完整欣赏课件

让我们再来听听故事里是怎样讲的。

分析：教师在课件的制作上非常用心，将故事内容一层一层地展现在幼儿面前。幼儿在视听结合的教学过程中理解故事的主要内容，以达到教师预设的目标，并从中反复感受、了解小动物打电话的顺序，学说小动物打电话的语言，体会小动物之间相互关爱的情感。这一环节为突破难点做准备。

4. 借助背景图，了解小动物打电话的顺序，学说小动物打电话的语言

教师借助背景图，边出示小动物的图片边提问：故事里有谁？他们在做什么？他们为什么要打电话？他们在给谁打电话？电话号码是什么？他们是怎样说的？引导幼儿回忆打电话时的语言，鼓励幼儿学说打电话用语，帮助幼儿熟悉小动物打电话的顺序。

小熊被什么惊醒了？醒来后他干了些什么？小熊看到春天来了，他连忙给谁打电话？电话号码是什么？他是怎样说的？

小松鼠听了电话以后又打给谁？电话号码是什么？他是怎样说的？

小兔听了电话后又给谁打电话？电话号码是什么？他是怎样说的？

小青蛙听了电话后又给谁打电话？电话号码是什么？他是怎样说的？

小鸡听了电话后又给谁打电话？电话号码是什么？他是怎样说的？

最后，他们一起出来才发现了什么？他们怎么说的？小熊又怎样表示的呢？

分析：这是本次活动的难点，教师在讲述故事的过程中，有意识地强化小动物打电话的顺序及小动物打电话的语言，通过图片使幼儿明白小动物之间是因为互相关爱而彼此打电话。教师可根据幼儿的情况引导他们学说对话，并鼓励他们加上动作。在幼儿学说电话号码时，不要求号码的准确性，可任意说出数字，使幼儿通过模仿、学说，感受、想象春天的美好。根据小班幼儿语言能力发展的特点，教师的提问指向明确，幼儿易于表现。如："小熊看到春天来了，他连忙给谁打电话？"鼓励幼儿之间互相模仿小动物打电话的语言，体会小动物之间相互关爱的情感。

5. 结束活动

"你们想不想把春天来了的消息告诉你的好朋友、你的爸爸妈妈，或者是你喜欢的老师呢？你想给谁打电话？一会儿在活动区玩的时候，你可以打电话告诉他春天来了。"

分析：鼓励幼儿之间利用小电话相互交流，让他们体验打电话的乐趣。

6. 活动延伸

（1）引导幼儿借助相应的图片、头饰及自制电话理解故事内容，并请幼儿自由结伴，在教师指导下表演故事。

（2）引导幼儿将观察到的变化通过"打电话"的形式，报告给同伴、老师及家长，培养幼儿的表达能力。

（3）引导幼儿在观察的基础上用绘画的方式表现春天美丽的景色。

（4）结合故事线索在丰富幼儿相关经验的基础上引导幼儿创编故事，如小鸡吃虫、小鸭游泳，鼓励幼儿表演给小鸡、小鸭打电话，进一步感受和体验春天的景色美。

教师自评

"春天的电话"这一活动是结合季节及正在开展的主题活动"春天来了"和在幼儿对春天有了一定的认识与了解的基础上开展的。在活动过程中，由于发现幼儿对春天的认识基本停留在植物上，对于动物的变化了解得并不多，所以选择了这一活动来丰富幼儿对春天的认识。

在本次活动中，幼儿对教师配乐讲故事及观看课件都非常感兴趣。大多数幼儿能专注地倾听与观看，认真思考教师提出的问题，重点目标达成得较好。在理解故事这一环节，教师借助背景图及图片，引导幼儿了解小动物打电话的顺序，学说小动物打电话的语言，大部分幼儿能对教师的提问进行思考与回答，但个别幼儿有思维游离的状态，这时就需要教师的随机教育来吸引幼儿的注意力。理解故事这一环节的活动组织得不太理想，故事的前半部分幼儿都能理解、表达，但故事的后半部分，对小班幼儿来说可能有些难度，致使教师在引导幼儿感受、表达时有些吃力。

此外，在本次活动中，通过运用课件的形式进行教学，幼儿非常感兴趣。今后可尝试将这一方法运用到各种教学活动中。

专家评析

该活动由于教师准备充分，对教材和幼儿的情况都十分熟悉，因此目标设置准确、具体，易于把握，使活动便于展开。对活动过程的记录与评析让人明显感觉到教师对活动掌控得十分到位，既体现出教师在活动中的主导作用，也不影响幼儿主体性的发挥。教师课前准备充分，使活动充分调动了幼儿参与的积极性。

幼儿对于教师声情并茂的讲述及观看课件都非常感兴趣，能非常投入地倾听与欣赏。针对理解故事中小动物打电话的顺序，对于小班幼儿来说的确偏难，不妨试试让幼儿通过亲子活动去感受、体验小动物之间的情感，因为人们对于春天的理解大多来源于欣赏和感受。

附：

春天的电话

"轰隆隆——"打雷了。

睡了一个冬天的小熊被惊醒了，他揉揉眼睛，打开窗户往外一看："啊，原来是春天来了！"他连忙拿起电话，拨号码——1-2-3-4-5，"喂，小松鼠吗？春天来了，大树发芽了，快出来玩玩吧！"

小松鼠听了，也拿起电话，拨号码——2-3-4-5-1，"喂，小兔吗？春天来了，小草变绿了，快出来吃草吧！"

小兔听了，也拿起电话，拨号码——3-4-5-1-2，"喂，小青蛙吗？春天来了，小河流水了，快出来游泳吧！"

小青蛙听了，也拿起电话，拨号码——4-5-1-2-3，"喂，小鸡吗？春天来了，虫子爬出来了，快出来捉虫子吧！"

小鸡听了，也拿起电话，拨号码——5-1-2-3-4，"喂，小熊吗？春天来了，桃花都开了，快出来采花吧！"

小熊听了，高高兴兴地来到外边，看见大伙儿全出来了。他碰见了小鸡，说："谢谢你给我打电话，告诉我春天来了。"小鸡指指小青蛙，小青蛙指指小兔，小兔指指小松鼠，都说："是他先给我打电话的，应该感谢他。"小松鼠指着小熊说："我们应该谢谢小熊！是他第一个给我打电话的！"

小熊听了，连忙用两只大手捂住脸，不好意思地说："不用谢，不用谢。"

这一天，大家玩得真快活。

（二）案例：掉进酒桶里的老鼠[①]

学情分析

一个偶然的机会，我在网上看了《掉进酒桶里的老鼠》故事的录像，故事中的情节深深地吸引了我。当嘴馋的小老鼠掉进酒桶里时，跑来的却是老鼠的死对头——小猫，小老鼠该怎么办？小花猫会救小老鼠吗？被救后小老鼠会被小花猫吃掉吗？故事充满了矛盾的情节，引人入胜，给人以丰富的想象空间，对于想象力丰富的幼儿来说，这不单单是一个非常好听的故事，还是一个极好的语言想象创编活动素材，于是，我设计了这次中班创编讲述活动，让幼儿在看一看、想一想、讲一讲的过程中，发展他们的创造性讲述能力，并知道在危险的情况下应该用智慧战胜困难，做个聪明勇敢

---

① 教育部教育管理信息中心. 全国优秀幼儿语言教育活动课例评析 [M]. 重庆：西南师范大学出版社，2015：84-88.

的孩子。

活动目标

（1）幼儿能借助画面内容创编"救鼠"和"逃生"的故事情节。

（2）幼儿能用连贯的语言大胆地讲述，发展语言能力及想象力。

（3）通过活动引导幼儿体验创造性讲述的快乐。

活动准备

（1）故事《掉进酒桶里的老鼠》录像带、电视机、VCD机一台。

（2）鼠、兔、鸟、狗、羊、鸭、鸡、猴、猫、牛的图片及装有许多酒的酒桶图片各一张，布置在黑板上：酒桶图片在中间，鼠、兔、鸟、狗、羊、鸭、鸡、猴、猫、牛的图片呈圆形翻贴在酒桶图片外圈。

活动过程

1. 教师出示小老鼠图片，激发幼儿的活动兴趣

提问：小朋友，你们看谁来了？（小老鼠）

这是一只聪明勇敢的小老鼠，今天我们一起听听这只小老鼠的故事吧！（教师用一种神秘的口吻介绍幼儿即将看到的录像）

分析：活动一开始，教师出示小老鼠图片，然后过渡到听小老鼠的故事，导入自然。

2. 教师分段播放录像，幼儿欣赏并创编故事。

（1）播放录像第一部分：从故事开始到"小老鼠掉进酒桶里等着有人来救他"。

教师出示事先布置好的黑板，把小老鼠图片放在黑板上的酒桶图片上。提问：小老鼠为什么掉进酒桶？（想喝酒桶里的酒）

小老鼠掉进酒桶里后是怎么做的？（一边挣扎一边喊救命）

教师引导幼儿创编"救鼠"情节，提问：谁会来救小老鼠？怎样救的？（老鼠妈妈、小狗、大象、小朋友……）幼儿每说出一种动物，老师就把相应的图片翻过来，用粉笔画线，把动物与酒桶连起来。如果黑板上没有幼儿创编的动物的图片，教师就用粉笔画出来，幼儿没有提到的动物教师最后把它的图片翻过来，并引导幼儿进行创编。（教师给幼儿一定的思考时间，鼓励幼儿大胆想象，用连贯的语言大胆讲述）

分析：此环节中，教师为幼儿提供了丰富的语言环境，让幼儿利用动物图片进行创编故事，同时运用翻转图片这种具有吸引力的教学手段，极大地调动幼儿创编的积极性，使幼儿全身心地投入到创编活动中。

（2）播放录像第二部分：从"来了一只小花猫"到"我的命就是你的了"。

提问：小花猫和小老鼠是好朋友吗？（不是）

小老鼠为什么同意小花猫救自己？（想从酒桶里上来）

通过提问帮助幼儿理解故事内容，为下面的创编打下基础。

（3）播放录像第三部分：从小花猫"把小老鼠救上来"到"张嘴想吃小老鼠"。

教师引导幼儿创编"逃生"情节，提问：小老鼠被小花猫吃了吗？他是如何逃脱的？

幼儿用连贯的语言大胆创编小老鼠"逃生"的情节。

分析: 教学活动的成功是由于教师在引导方面下功夫,让幼儿有思考的机会,不是注入式地教学。只要是儿童自己能够想的,就应当让他自己想。在以上教学环节中,教师鼓励幼儿大胆表达自己内心的想法,增强幼儿表达的信心,为幼儿创设有话想说、有话敢说的和谐语言环境。

(4)播放录像第四部分:从"小花猫张嘴想吃小老鼠"到文末。

提问:当小花猫要吃小老鼠时,小老鼠说了什么?(我浑身是酒,你吃了肯定会醉的,不如先把我身上的酒烘干了,到时候再吃也不迟呀)

小花猫是怎么做的?(小花猫把小老鼠叼到火炉边烤着,用两只爪子摁住小老鼠)

小老鼠逃回洞里又是怎么说的?(我在酒桶里喝多了,说的全是醉话,哪能算数了呢?)

教师要求幼儿用故事中的语言回答问题。

分析: 教师利用提问的方式,帮助幼儿理解故事内容,并且让幼儿尝试用故事中的语言回答教师的提问,有助于提高幼儿的语言表达能力。

3. 教师引导幼儿完整地欣赏故事录像

教师要求幼儿边看边尝试着讲述故事。

4. 幼儿借助放慢的无声录像,复述故事

提问:这个故事真好听,小朋友还想听吗?

下面,我们请几个小朋友看着没有声音的录像为我们讲故事。

教师把录像放慢,请4名幼儿采用接龙方式,看着无声录像为大家讲故事。

这个故事那么好听,大家想不想学会了回家讲给家人听呢?下面,请小朋友跟着无声录像一起讲讲这个故事。(录像放慢)

分析: 教师采用为无声动画配音的方式,引导幼儿借助影像讲述故事,边看边说,符合幼儿的年龄特点。

5. 迁移故事主题,渗透品德教育

(1)提问:你喜欢故事里的小老鼠吗?为什么?(聪明、勇敢)

我们应该向小老鼠学习什么?(遇到困难想办法解决,不害怕)

教师结合自然灾害、迷路等日常生活实际对幼儿进行安全教育。

(2)小结:我们应该像小老鼠一样做个聪明勇敢的孩子,遇到困难的时候不要害怕,要动脑筋想办法克服困难,学会保护自己。

分析: 教师注意拓展故事的教育功能,在完整讲述故事后让幼儿说说为什么喜欢小老鼠,利用故事内容对幼儿适时地进行品德教育。

教师自评

1. 故事教育价值的深入挖掘

《纲要》在语言领域中提出,发展幼儿语言的关键是创设一个能使他们想说、敢

说、喜欢说、有机会说并能得到积极应答的环境，以及鼓励幼儿大胆、清楚地表达自己的想法和感受。《掉进酒桶里的老鼠》故事中，小老鼠和小花猫这对冤家在一种特殊的情况下相遇了，使得故事情节更加戏剧化，给人以丰富的想象空间。于是，我改变传统的故事教学模式，不单纯让幼儿理解故事内容，进行情感教育，而是充分发掘故事本身的教育价值，从幼儿发展的角度创造性地设计了本次教学，用幼儿喜欢的录像、图片等直观教具引导幼儿大胆想象，创编故事情节，积极讲述。活动为幼儿创设了一个想说、敢说、喜欢说的情境，发展了幼儿的讲述能力和想象能力，让幼儿成为学习的主人。

2. 直观教具的巧妙运用

幼儿的思维有具体形象的特点，从幼儿认识事物的特点来看，在幼儿园语言教育中贯彻直观性原则非常重要。因此，我采用录像、图片等直观教具刺激幼儿的视听器官。录像贯穿整个故事教学，动物图片引导幼儿思考，这些直观教具的巧妙运用，增强了活动的趣味性，使幼儿在活动中积极主动地参与，情绪愉快，充分体验到创造学习的乐趣。教学活动进行得生动活泼，教育目标得以轻松完成。

专家评析

活动目标符合幼儿的年龄特点，能很好地促进幼儿语言能力的提升；教学内容贴近幼儿生活，使幼儿的创编活动具备了可行性；教具简单、易于准备，突显了材料为目标服务的宗旨；活动过程的组织符合幼儿的学习特点；游戏和直观教学法调动了幼儿参与活动的积极性和主动性。教师引导幼儿根据自己的理解创编故事内容的活动方式，符合中班幼儿的认知特点。活动中，问题起到关键作用，有助于引起幼儿思考的兴趣，同时激发幼儿强烈的好奇心。整体而言，活动在设计、组织上，目标达成得较好，幼儿出点子的兴致十分高涨，幼儿之间的互动较多，是一个能够较好地发展幼儿发散思维能力的语言活动。

附：

掉进酒桶里的老鼠

农夫买了一桶葡萄酒，放在了地窖里。有一天，他想喝酒，就让小儿子去舀酒。可是小儿子太粗心，舀完了酒，却忘记了把酒桶的盖子盖上。酒的香气呀，就慢慢地飘了出来，飘呀飘呀，地窖里到处都能闻到。有只小老鼠闻到了香味，他嗅着嗅着就爬上了酒桶，准备美美地喝上一顿，不料一不小心脚下一滑，"扑通"一声，就掉到桶里去了。酒桶里呀满满的都是酒，小老鼠四只爪子乱扑腾，怎么也爬不出来，只好一边喊救命，一边拼命地游啊游啊，等着有谁来救他。

这时来了一只小花猫，老鼠连忙对小花猫说："猫先生，快点救救我吧！"小花猫说："让我救你也行啊，但是你上来后愿意让我吃掉吗？"小老鼠有点犯愁了，但又想，能出去总比淹死强啊，于是就对小花猫说："我尊敬的猫先生，只要能把我救上来，我的命就是你的了。"小花猫听了很高兴，就伸出爪子，把老鼠救了上来。小花猫张嘴想吃掉小老鼠的时候，老鼠连忙说："慢着，慢着。"小花猫不放心地问："干什么？你不会想赖账吧？"小老鼠转了转眼珠子说："当然不是了，我是想啊，现在我浑身是酒，你吃了肯定会醉的，不如先把我身上的酒烘干了，到时候再吃也不迟啊！"小花猫一听，觉得很有道理，就把老鼠叼到火炉边，还用两只爪子摁住老鼠，免得他溜走了。

火暖烘烘的，慢慢地，小花猫忍不住打起了瞌睡，又过了一会儿，小花猫睡着了，还大声地打起了呼噜，爪子也慢慢地松开了。小老鼠一看，哈哈，机会来了，就悄悄地从小花猫的爪子底下爬出来，"吱溜"一下钻进洞里去了。小花猫被惊醒了，赶紧跑到老鼠洞前，非常生气地问小老鼠："老鼠，老鼠，你不是答应让我吃掉的吗？"小老鼠笑着说："啊，刚才，刚才我在酒桶里喝多了，说的全都是醉话，哪能算数了呢？"小花猫气得吹胡子瞪眼睛，扑上前去捉小老鼠时，"嘭"的一声撞到了墙上，疼得小花猫"喵喵"直叫。这时候呀，小老鼠早就钻到洞的深处去了，再也不出来了。小花猫左等等，右等等，但小老鼠却再也没有露面，只好灰溜溜地走了。

（三）案例：奇怪的桥（大班）①

学情分析

在设计这一活动时，考虑到故事情节和幼儿的年龄特点，我根据情节的发展，把故事分成几个场景，让幼儿作为故事主角在背景音乐、场景设置的帮助下，以"我"的身份去积极主动地思考、想象，获得身临其境的感觉，进而更好地理解故事内容，发展创造性思维能力。

活动目标

（1）幼儿以故事角色的身份想象、思考，理解故事内容，发展创造性思维能力。

（2）让幼儿懂得当同伴有困难时应热心帮助的道理。

活动准备

（1）配乐故事及录有雨声和轻快音乐的磁带，录音机，小鸡及鸡妈妈头饰若干，排图卡片人手一份。

（2）在活动室内布置三个故事场景：小鸡的家、河面、对岸的小山坡。

活动过程

1. 教师扮演鸡妈妈，幼儿扮演小鸡，一起在轻快的音乐声中到对岸的小山坡上捉虫子吃，然后愉快地回家

分析：本环节通过亲身活动，使幼儿结合自己的体验和感受融入故事情境之中，猜想与验证的过程使活动充满了情趣，激发了幼儿参与活动的积极性。

2. 教师引导幼儿根据故事情节进行创编活动

师：孩子们，外面下雨了，下雨好不好呢？下雨会对我们产生什么影响？将会发生什么事呀？

幼：下雨不好，我们不可以过河了；下雨不好，我们不能出去游戏了；下雨不好，

① 教育部教育管理信息中心. 全国优秀幼儿语言教育活动课例评析 [M]. 重庆：西南师范大学出版社，2015：199-202.

会把我们的家冲走；下雨不好，我们的家会进水，并且我们不会游泳，会淹死的……

分析：教师运用引发幼儿联想的提问方式，激发了幼儿回答问题的积极性，孩子们踊跃发言，将自己的猜想告诉老师和同伴，在老师创设的想说、敢说、喜欢说、有机会说的环境中得到锻炼。

师：雨停了，孩子们，我们想个好办法过河找吃的吧。

幼：我们把石头扔到小河里，然后踩着石头过河；我们请别的小动物帮忙；我们找游泳圈；我们划船过去……

师：咦，孩子们，快看！水里出现了一座小桥，这是谁搭的呀？

幼：鸭爸爸；叔叔；小白鹅阿姨……

分析：这一环节的设置，充分调动了幼儿的活动积极性，从幼儿的表情中可以感受到幼儿对活动内容产生了浓厚的兴趣。

在音乐声中，鸡妈妈带领小鸡们排队过河，来到对岸的小山坡上，回来时发现桥不见了。

师：小桥哪去了呀？孩子们快过来，我们怎么过的河呀？为什么桥面不见了呀？

鸡妈妈启发小鸡自己想办法过河回家。（启发幼儿大胆想象）

分析：孩子们一边游戏一边思考，融入教师创设的情境中。

3. 引导幼儿带着疑问完整倾听故事录音一遍，说说自己听到了什么

师：大家刚才都听到什么了？圆圆的像石头的东西原来是什么？你能告诉大家吗？

4. 提供排图卡片，鼓励幼儿边听故事录音，边排列图片顺序

分析：运用倒叙的方法，既增强了活动的趣味性，突显了故事结局的悬念，让幼儿紧张的情绪得以宣泄，又符合大班幼儿的年龄特点，使幼儿养成认真观察和理解画面内容的良好阅读习惯，逐步培养幼儿合乎逻辑的推理判断能力。

教师带领幼儿去户外玩过桥游戏，结束活动。

教师自评

在本次活动中，孩子们一直被故事的内容吸引着，完全把自己融入故事的情境中去，无论是听故事还是讲故事，都表现出极大的兴趣。总之，在此次活动中，每个孩子都听得非常认真，参与活动的积极性很高，教育目标达成得较好，是一节成功的语言活动课。

专家评析

教师始终以幼儿为主体的教学理念来组织活动，为幼儿创设轻松愉快的学习氛围。突破传统教学常规，将故事与游戏融为一体，在调动孩子参与积极性方面确实取得了一定的成果。但故事教学活动要有相应的语言发展目标，活动中如果缺乏这些具体目标的指引，活动的组织就会盲目。本活动中，对幼儿语言方面的要求可以再提高一些，以更好地促进幼儿的发展。

附：

奇怪的桥

鸡妈妈的家在一个大土坡上，每天，她都有带着孩子们到对面的山坡上去捉虫子吃。这天夜里，天下起了大雨，到天亮的时候雨才停。鸡妈妈推开房门一瞧，哎呀！四面都是水，土堆变成了一个小岛。鸡妈妈可着急啦！这事被乌龟妈妈看见了，她很快爬回了家。过了一会儿，鸡妈妈和孩子走出门来，想看看四周的水退了没有。忽然鸡弟弟喊了起来："妈妈快看，水里有一座桥！"水里有一块块圆圆的石头，排得整整齐齐的，一直通过对岸。咦？奇怪！这座桥是谁搭起来的？小鸡们排好队，跟着鸡妈妈小心地踩着一块块圆圆的石头，顺利地到达了对岸。鸡妈妈回头一瞧，"哎呀！桥哪儿去了呢？"忽然，乌龟妈妈和她的孩子们从水里冒出头来。鸡妈妈和小鸡这才明白，原来是乌龟妈妈带着小乌龟们用硬硬的壳连成一座桥帮助他们过桥的。

本章小结

幼儿语言教育评价是指通过收集教育活动系统方面的信息，并依据一定的客观标准，对学前儿童语言的发展状况和儿童语言教育的过程、内容、方法、效果等做出客观衡量和科学判定的过程。

语言教育评价是语言教育整体结构中的一个要素，它通过对其他各要素的评论以及对语言教育整体运行中各个步骤的监测，对语言教育整体效果做出评价，具有重大的意义。幼儿语言教育评价具有诊断功能、改进功能、激励功能和导向功能。明确评价的功能，可以帮助我们根据《纲要》和《指南》的要求，更加科学而准确地设计幼儿语言教育评价的体系和评价指标，正确地开展评价工作，避免在评价过程中出现不符合儿童发展实际的、不利于儿童可持续发展的过低或拔高的要求。其次，在进行幼儿语言教育评价时，要遵循客观性原则、整体性原则、科学性原则、发展性原则和儿童权益保护原则。

幼儿语言教育的评价应该包括两个方面的内容：一是对儿童语言发展水平的评价，包括对儿童的语音、词汇、句子、理解文学作品、回答问题、讲述等能力的评价；二是对幼儿语言教育活动的评价，包括对活动中的幼儿进行评价和对活动本身进行评价。对不同方面的评价内容应采取相应的评价方式或方法。

思考与练习

1. 什么是幼儿语言教育评价？
2. 幼儿语言教育评价有什么功能？有什么原则？
3. 幼儿语言教育评价包括哪些内容？
4. 请选择合适的方法评价幼儿的词汇发展。
5. 可以从哪些方面评价幼儿语言教育活动？

参考文献

[1] 陈帼眉. 学前心理学 [M]. 北京：人民教育出版社，2003.

[2] 陈云英. 残疾儿童的教育诊断 [M]. 北京：科学出版社，1996.

[3] 冯晓霞. 幼儿园课程 [M]. 北京：北京师范大学出版社，2000.

[4] 范玲. 学前儿童语言教育 [M]. 武汉：华中师范大学出版社，2013.

[5] 高俊霞. 学前儿童语言教育 [M]. 北京：北京出版社，2014.

[6] 郭咏梅. 幼儿园优秀语言活动设计 70 例 [M]. 北京：中国轻工业出版社，2015.

[7] 黄瑾. 幼儿园教育活动设计与指导 [M]. 上海：华东师范大学出版社，2014.

[8] 教育部教师工作司.《幼儿园教师专业标准（试行）》解读 [M]. 北京：北京师范大学出版社，2013.

[9] 教育部教育管理信息中心. 全国优秀幼儿语言教育活动课例评析 [M]. 重庆：西南师范大学出版社，2015.

[10] 李玉峰，李志行，侯红霞. 幼儿园语言教育与活动指导 [M]. 北京：北京师范大学出版社，2017.

[11] David R. Shaffer. 发展心理学 [M]. 邹泓，等，译. 北京：中国轻工业出版社，2005.

[12] 劳拉·E. 贝克. 儿童发展 [M]. 5 版. 吴颖，等，译. 南京：江苏教育出版社，2002.

[13] 皮亚杰. 儿童心理的发展 [M]. 傅统先，译. 济南：山东教育出版社，1982.

[14] 阿·尼·列昂捷夫. 活动 意识 个性 [M]. 李沂，等，译. 上海：译文出版社，1980.

[15] 施燕，韩春红. 学前儿童行为观察 [M]. 上海：华东师范大学出版社，2013.

[16] 乌美娜. 教学设计 [M]. 北京：高等教育出版社，1997.

[17] 戴维. 克里斯特尔. 剑桥语言百科全书 [M]. 任鸣，等，译. 北京：中国社会科学出版社，1995.

[18] 鄢超云. 学前教育评价 [M]. 北京：高等教育出版社，2010.

[19] 王振宇. 学前儿童发展心理学 [M]. 北京：人民教育出版社，2004.

[20] 张加蓉，卢伟. 学前儿童语言教育活动指导 [M]. 3 版. 上海：复旦大学出版社，2013.

[21] 周兢，余珍有. 幼儿园语言教育 [M]. 北京：人民教育出版社，2004.

[22] 周兢. 幼儿语言教育与活动指导 [M]. 北京：高等教育出版社，2015.

[23] 赵寄石，楼必生. 学前儿童语言教育 [M]. 北京：人民教育出版社，2005.

[24] 教育部. 3—6 岁儿童学习与发展指南 [R]，2012.

[25] 蔡淑兰. 学前儿童语言教育评价指标体系的构建 [J]. 内蒙古师范大学学报（哲学社会版），1998（8）.

[26] 苏周简开，周兢，郑荔. 普通教育机构中低幼儿童语言障碍情况的调查报告 [J]. 学前教育研究，1999（6）.

[27] 杨凯，赵芝. 试析普特南对乔姆斯基"天赋假说"的批判 [J]. 广西社会科学，2007（1）.

[28] 周兢，陈思，Catherine Snow，等. 学前语言教育的新取向：重视儿童学业语言的发展 [J]. 学前教育研究，2014（6）.

[29] 潘宏宇. 儿童语言发展理论在俄语教学中的应用 [D]. 东北师范大学，2005.

版权声明

根据《中华人民共和国著作权法》的有关规定，特发布如下声明：

1. 本出版物刊登的所有内容（包括但不限于文字、二维码、版式设计等），未经本出版物作者书面授权，任何单位和个人不得以任何形式或任何手段使用。

2. 本出版物在编写过程中引用了相关资料与网络资源，在此向原著作权人表示衷心的感谢！由于诸多因素没能一一联系到原作者，如涉及版权等问题，恳请相关权利人及时与我们联系，以便支付稿酬。（联系电话：010-60206144；邮箱：2033489814@qq.com）